晋学研究

第一辑

侯慧明 主 编
谢耀亭 副主编

商务印书馆
The Commercial Press

图书在版编目(CIP)数据

晋学研究.第1辑/侯慧明主编.—北京:商务印书馆,2021
ISBN 978-7-100-19981-0

Ⅰ.①晋⋯　Ⅱ.①侯⋯　Ⅲ.①文化史—山西—文集　Ⅳ.①K292.5-53

中国版本图书馆CIP数据核字(2021)第104039号

权利保留,侵权必究。

晋学研究

(第一辑)

侯慧明　主　编
谢耀亭　副主编

商 务 印 书 馆 出 版
(北京王府井大街36号　邮政编码100710)
商 务 印 书 馆 发 行
北京顶佳世纪印刷有限公司印刷
ISBN 978-7-100-19981-0

2021年8月第1版　　　开本 787×1092　1/16
2021年8月北京第1次印刷　印张 14½
定价:88.00元

目录

地方学研究

论晋学的求实精神　　　　　　　　　　　　　李裕民　　001

中华早期文明

70年前的山西考古　　　　　　　　　　　　　田建文　　008
《尧典》中的惇史　　　　　　　　　　　　　张怀通　　040
浅析洪洞地域的舜文化遗存　　　　　　　　　仝建平　　047

晋国史研究

20世纪以来晋国史研究述评　　　　　　　　　谢耀亭　　055
从"德"观念之沿变论春秋晋君霸权的合法性
问题　　　　　　　　　　　　　　　　　　　雷鹄宇　　069
晋楚邲之战"射麋丽龟"注质疑
——兼论安大简《驺虞》篇的解读　　吕全义　王惠荣　080

三晋思想文化

论清代山西观音信仰的民间化 侯慧明	088
临汾晋山书院与平阳书院小考 程黎娜	113
伯希和与五台山研究 孙 宁	119
元代皇家寺院大承天护圣寺研究 温 旭	130

山西史论

史料即史学：河东裴氏家谱书写问题举例 刘 丽	142
隋汾阳宫新考 霍 斌	151
唐代大同藩镇的设置及影响 任艳艳	169
明代宣大山西地方官员与"俺答封贡"的实现 韩 帅	180
北方红巾军的失败与元末"中兴之局"的出现 郭玉刚	190
胡聘之《王庆墓碣》跋文的文献学考察 王玉来	216

论晋学的求实精神

李裕民

求实，就是实事求是，坚持真理。在历史领域，具体地说，就编写当代史的史官而言，就是要秉笔直书，将信史留给后人，不为尊者讳、为贤者讳；就后世研究者而言，必须去伪存真，弄清历史真相，决不因某种私利或搞运动整人，而任意歪曲历史。

"求实"两个字，说起来简单做起来难。在封建时代，史官要写皇帝或大臣，分寸很难掌握，好事常常要你夸大，坏事则不是抹平便是缩小。要秉笔直书，得罪了霸道的当权者，轻则贬官，重则掉脑袋。一般人在非文字狱时代写点笔记或野史，危险性不太大，可能要敢写一些，但他们也有缺陷，也会为尊者讳、为贤者讳，还要为亲者讳，写到自己或自己的亲友，隐恶扬善，这几乎是很普遍的。再则，由于每个人的所见所闻有一定的局限性，有些国家大事及其内幕不太了解，难免有道听途说的成分，即使想写准确也很困难。不少人写回忆录时，往往记不清具体的时间、地点和人物。

对于研究者而言，这里且不说那些投机取巧者和混饭吃者，只说真正想求实的人，要做到也很困难。一是资料不足，许多珍贵的第一手资料被有意无意损毁了；二是资料互相矛盾，真伪难分，必须下大力气考证；三是资料不确切，如历代正史，除了本纪记载事情发生的年月日外，各志、传等大多没有具体月日，有时年份也不清楚。这是受体例的限制，史书需要有可读性，人物不能写成履历表。像沈括这样的大科学家，要纪念他诞生多少周年都很困难，他的生卒年在《宋史》和有关资料里都没有明确的记载，后来历经好几位专家多次反复论证，费了整整一个世纪的时间，直到最近才搞清楚，可见求实的困难。

"求实"难，三晋的学者却偏偏不怕危险、不畏艰难，发扬着最为可贵的求实精神，试看下述几个典型例子。

一、在晋董狐笔

文天祥《正气歌》列举古代正气的典范,首先提到的便是"在晋董狐笔"。董狐是晋国的太史,专职修史,史官的最高道德标准就是要秉笔直书,不怕得罪强权者,不怕掉脑袋。晋灵公是一个暴君,他要杀害名臣赵盾,赵盾只好出逃,当赵盾还没有出晋国的边境时,其弟赵穿杀了灵公,迎回赵盾。董狐毫不客气地写上"赵盾弑其君",赵盾说:"是赵穿杀的,我没有罪。"董狐回答:"你是正卿,说逃亡,你没有出国境;回来后,又不去诛弑君者,这弑君之罪,不是你是谁?"在当时,赵盾大权在握,要杀董狐是很容易的,幸好,赵盾的人品不错,没有因此加害于董狐。孔子听说后,评论说:"董狐,古之良史也,书法不隐。赵盾是良大夫,为法受屈,当时,如果出了边境就好了。"(《史记》卷39《晋世家》)在古代,一旦确立君臣关系,臣就有义务为君复仇,但如果臣逃出国境,即表示君臣之义已绝,可以不为君之死而讨贼了。董狐忠于职守,不畏强权,维护史官的尊严,严格遵守当时的书法,是符合那个时代的最高标准的,文天祥为之赞颂,完全正确。

但从现在的史学角度看,史料的记述应具有客观性,董狐笔法还是略有欠缺的,应据实写赵盾出逃和赵穿弑君的经过,不应简单归到赵盾头上。

二、司马光的求实与创新

司马光的求实精神表现在不迷信权威上。司马迁是历史上最伟大的史学家之一,他所作的《史记》有很高的史料价值,但也不可避免存在着缺陷。对此,司马光编写《资治通鉴》,利用《史记》时是十分慎重的,他一一做认真的考辨,对正确的充分吸收,不对的则加以扬弃,并说明理由。如《史记·苏秦传》说到苏秦挂六国相印,联合对付秦国,使"秦兵不敢窥函谷关十五年",司马光根据《史记》自身的记载,就否定了这一说法。因为事实上,第二年,秦就拉拢齐、魏,共同伐赵。又过了两年,秦公子卬出兵,大败魏国,虏其将龙贾(《史记·秦本纪》惠文王七年)。可见"秦兵不敢窥函谷关十五年",乃是"游谈之士夸大苏秦而云尔"(《资治通鉴考异》卷1)。因而编《资治通鉴》时就没有采用这种夸大之词。

司马光的求实精神还表现在尊重历史事实,决不随便给本朝皇帝抹油彩,也不隐瞒其缺点,这一点是很了不起的。前者之例如下:

《宋史》卷1《太祖本纪》记载在后周显德四年（957）时，周世宗出征南唐，赵匡胤为先锋，攻打十八里滩的一件战事。云：

> 时南唐寨于十八里滩，世宗方议以橐驼（即骆驼）济师，而太祖独跃马截流先渡，麾下骑随之，遂破其寨。因其战舰乘胜攻泗州，下之。

这是说：第一，十八里滩是赵匡胤一马当先攻下的。第二，泗州也是他攻下的。然而司马光在《资治通鉴》中所记大不一样：

> 濠州东北十八里有滩，唐人栅于其上，环水自固，谓周兵必不能涉。戊子，帝自攻之，命内殿直康保裔帅甲士数百乘橐驼涉水，太祖皇帝帅骑兵继之，遂拔之。……辛丑，帝闻唐有战船数百艘在泗水东，欲救濠州。自将兵夜发水陆击之。癸卯，大破唐兵于洞口，……乙巳，至泗州城下，太祖皇帝先攻其南，因焚城门，破水寨及月城，帝居于月城楼，督将士攻城。……十二月乙卯，唐泗州守将范再遇举城降。以再遇为宿州团练使。上自至泗州城下，禁军中刍荛者毋得犯民田，民皆感悦争献刍粟，既克泗州，无一卒敢擅入城者。

这是说：第一，十八里滩之战，是康保裔首先率领数百甲士乘橐驼进攻，赵匡胤率骑兵继之，而后占领的。第二，攻泗州，赵匡胤有焚城门、破水寨及月城之功，但城是在周世宗督将士进攻后，唐将主动投降的，而且明确说周方没有一名士兵进城。倘若是赵匡胤攻下的，怎么会没有士兵入城？

二说不同，究竟谁止确？还需看一下旁证。《旧五代史》卷117记载：

> 车驾至濠州城下。戊子，亲破十八里滩。寨在濠州东北淮水之中，四面阻水，上（周世宗）令甲士数百人跨驼以济。今上（即赵匡胤）以骑军浮水而渡，遂坡其寨，携其战舰而回。……乙巳，至泗州，今上乘势麾军，焚郭门，夺月城，帝（周世宗）亲冒矢石以攻其垒。……十二月乙卯，泗州守将范再遇以其城降。

《旧五代史》所记与《资治通鉴》是一致的，值得注意的是，此史是宋初太祖在位时官修的，只会充分肯定太祖的功劳，不可能去缩小。

再看曾公亮《武经总要后集》卷14记载：

> 濠州东北十八里有滩，唐人栅于其上，环水自固，谓周兵必不能涉。帝（周

世宗）自攻之，命内殿直康保裔帅甲士数百，乘橐驼涉水，太祖皇帝帅骑兵继之，遂拔之。

此书为庆历七年（1047）修成，比《资治通鉴》早三十多年，所载内容全同，说明两者来源是一样的，当都来自宋初王溥所修《周世宗实录》。修实录时，当事人大多健在，不能不尊重事实，这种大事不会胡编乱造。

《宋史》本纪当来自《太祖实录》（太宗、真宗都修过），此录专为太祖竖碑立传，自然会夸大其事。然而这一夸大，又会和康保裔传发生矛盾，为了避免矛盾，又不得不对康传做加工，《宋史》卷446《康保裔传》中，对他在宋以前的事只简单地提上一笔："保裔在周屡立战功。"具体是什么战功却不说。很明显，既然在本纪中已将打十八里滩的功劳全部归于太祖，在《康保裔传》就无法再提了。司马光不取本朝实录，而取《周世宗实录》，实际上揭了《太祖实录》的短，其胆识和见识非同寻常。

司马光的可贵之处，还在于不讳本朝皇帝缺点，兹举一例如下：

司马光曾计划继《资治通鉴》之后，编本朝历史，他作的《涑水记闻》便是做的史料准备。书中记录他的所见所闻，并一一注明提供资料者的姓名。目的是和官方的记载相互对照，以求真相。值得注意的是，在书中他记录了宋太祖的缺点，其中卷3条87说：

> 王嗣宗，汾州人，太祖时举进士，与赵昌言争状元于殿前，太祖乃命二人手搏，约胜者一。昌言发秃，嗣宗殴其幞头坠地，趋前谢曰："臣胜之。"上大笑，即以嗣宗为状元，昌言次之。

状元有争议，竟让二人来一场摔跤比赛，谁胜谁当状元，状元本来是比文才的高低，却以比武解决，实在荒唐。这样的荒唐事在历史上恐怕绝无仅有。它充分反映了宋太祖作风粗鲁的一面。此说得自韩钦圣，钦圣名宗彦，其祖父韩亿曾任参知政事、同知枢密院事三年多（《宋史》卷315本传及《宰辅表》），身居执政高位，自然能听到一些秘闻，传给儿孙。流传时间长了，难免会有差错。考王嗣宗是开宝八年（975）状元，而赵昌言乃太平兴国三年（978）进士，根本不在同一榜，他不可能和王嗣宗摔跤。那么由此是否可以得出结论，这条材料全是胡说？不能，因为还有一条重要的旁证。同书卷6条154载：王嗣宗很骄傲，看不起种放一家人，种放便毫不客气地揭他老底，说："君以手搏得状元耳，何足道也。"嗣宗气极，上书攻击种放，从此真宗对种放不再像以前那么恩宠。这说明确实有"手搏状元"之事，只是对手是谁，已记不准，于是加到晚一榜的赵昌言头上，这当是后人传闻中的失误。

司马光记录这些材料，是为考证史实做原始资料用的，绝不表示他个人完全赞同，这与一般自认为正确才记的书不同。李焘很理解司马光的用心，在撰《续资治通鉴长编》时，显然对此做过一番考证，最后在注文中引了"手搏状元"之事（见卷76），而不记其对手是谁。南宋初，学者王明清注意到这个问题，他查了更早的记载，核实其事，在《玉照新志》卷4中说："宋咸（968—1048）《茂谈录》云：'……开宝八年廷考，王嗣宗与陈识齐纳赋卷，艺祖命二人角力以争之，而嗣宗胜焉。嗣宗遂居第一，而以识为第二人。'"足以证明，角力确有其事，只是对象是陈识，而不是赵昌言。

如果说上述事例，只是给后人看到司马光在具体历史问题上求实的成果，那么他在体例上的创新则给后人以更大的启示，那就是他独创的"考异"法，也即考据法，这为后来的乾嘉考据学派开了先河。司马光首次在编写大型编年史时使用这一体例，将对同一事的各种不同材料收集在一起，加以考证，寻求最可信的结论，写入正文，最后将全部考证成果编成一本书《资治通鉴考异》，凡30卷。它是我国第一部历史考据学的著作，此书一诞生便在当时产生重大影响，南宋两位最杰出的历史学家李焘和李心传都采用这一方法，编成两部不朽的名著《续资治通鉴长编》和《建炎以来系年要录》，此外，又有范冲《神宗实录考异》、吴曾《春秋考异》、赵希弁《资治通鉴纲目考异》等。这一方法还被应用到其他领域，出现了朱熹《韩文考异》、宇文绍奕《石林燕语考异》、无名氏《楚辞考异》等书，另外，叶绍翁《四朝闻见录》中有考异十则。清代毕沅沿用司马光的考异法修成的《续资治通鉴》，压倒了所有续修《通鉴》，成为传世名著。

司马光编写《资治通鉴》，特别值得推崇的一点是将史和论分开。他认真考辨事实，一意求实，放着执政官不做，从47岁到66岁，花去了人生最宝贵的十九年时间，编成了既可靠又生动的大型史书。同时，又以"臣光曰"的方式，从宏观的角度和古为今用的目的发表自己的观点。大家知道，观点从来就带有强烈的主观性，倘若和客观事实搅在一起，史书的可信度会降低。司马光将史和论分开记述，就避免了这一缺点，同意司马光观点的人可以读，持不同观点的人也可以读，大家都可以充分利用他的资料发表自己的看法。这就是《资治通鉴》不朽的原因所在，也是他与司马迁并称我国历史家的"两司马"的原因所在。

三、杨深秀在方志纂修上的求实精神

杨深秀是戊戌变法的主将之一，他是六君子中唯一的进士，不仅政治上有抱负，学术上也很有建树。他的知识面特别宽，儒、释、道、医、小说，无所不看，著有《文集》《雪虚声堂诗集》等。其史学方面也颇有成就，只是被他政治上的名声掩盖了，在这里有必要揭示，这方面的代表作便是《闻喜县志斠》《志补》《志续》各4卷。这是一种特殊的体例，在地方志的编纂史上可以说是前无古人、后无来者的名著。

在他以前，清乾隆三十年（1765）曾修过县志，到光绪五年（1879）他再修时已过了两百多年了。后修的志，一般的做法是推倒重修，或者只续修前志以后之事。杨深秀则不然，他见前志之版完好，其大部分内容尚有价值，保留旧志，可以节省经费，于是另修三志。这三志包括：一是对前志以后之事，作《志续》四卷，这是沿用上述第二种做法；二是对前志缺收的内容，则作《志补》四卷；三是对前志失误处，则作《闻喜县志斠》四卷。后两者可以说是他的新创。这三志和前志合在一起，就是一部全新的志了。

其中，《志补》表现其收集资料之勤、知识面之广。《闻喜县志斠》反映了他的考据水平与求实精神，书中最有特色的是建置沿革、人物、职官、选举、艺文，分别吸收了清代三位考据家的特长而修的。建置沿革的撰写，沿用了清代著名历史地理专家戴震《汾州府志》的体例。对闻喜地名自古以来的变化，广征博引，逐一考证，纠正明代李汝宽《桐宫辨》之失，文献之外，还引用碑刻资料，如以宋代的碑刻证明当时已有上姚、宋村、西傅等村名，只是今天宋村扩大为东、西二宋村，西傅讹为西阜而已。又，今天已属夏县的大李、沙流等村，宋碑表明在宋代则属于闻喜，可见历史上县域是常有变化的。人物、职官、选举类，以正史、碑刻为主，辅之以传记、别集、家谱，"主客互纠，有遗必拾"，则仿照清代毛奇龄《萧山县志刊误》的做法。旧志没有艺文类，则又引用清代朱彝尊《经义考》的体例，收入历史上闻喜人所撰的各种著作，不论现存的或已佚的书，都予收入，计经部45家61种，史部80家105种，子部47家73种，集部80家11部，总计350种书。一部《四库全书》收入了3461种，而一个小小的闻喜县，其著作竟然相当于它的十分之一，可见其文化发达的程度和曾经在国内占有的地位。其中，郭璞、裴秀、裴松之、裴子野、裴骃、裴頠、裴度、裴光庭、赵鼎等都是历史上赫赫有名的人物，内容涵盖了文学、哲学、史学、天文、地理、医学、军事学、法律学、艺术、宗教等领域，既有高深的学术著作，也有通俗的启蒙

读物，如《读书法》《小学必读》《蒙求》《诗法入门》《学文枢要》等，还收入了最易被人忽视的妇女作品，如潘梦鸾《兰雪诗草》。杨氏说，他这样修艺文志，目的有三：一是为地方增色；二是使后人振奋；三是为愿意解囊出版者提供书单。可谓思虑缜密，用心良苦。

上述三位山西学者的著作，难免会有一些缺点，但这丝毫不影响他们在史学上的巨大成就和深远影响，他们的求实精神永远值得后人学习和继承。

（李裕民，1940年生，浙江桐乡人，现为陕西师范大学历史文化学院教授、博士生导师，研究方向为宋史、文献学。）

70年前的山西考古

田建文

回顾70年前山西的5次考古工作，看看第一代考古人在艰苦条件下，如何开展前所未有的事业并取得值得记录的成就。总结过去，有利于更好地直面当下。

在5次考古工作中，经民国政府批准有计划、有组织地进行的只有3次：第一次是被尊为"中国考古学之父"的湖北钟祥人李济于1926年发掘夏县西阴村；第二次是万泉（今万荣）人卫聚贤于1930年发掘"汾阴后土祠"；第三次还是卫聚贤，于1931年发掘万荣荆村。

3次都在运城，这是因为运城盆地的矿产资源和地理位置，决定了它在中国文明起源、形成和早期国家研究中的地位。涿鹿之战、舜都蒲坂、禹都安邑、周祖后稷和夏桀商汤的鸣条之战等史实，长期以来主要靠史料、方志及民间传说来代代相传，考古学参与其中都到民国时期了。但考古学天生具有证实和证伪的能力，因而后来居上，更不用说以后考古学还创造出一种认识历史的方法论。

另两次都是日本人干的，多半是出于个人爱好，介于盗掘和学术之间：第一次是在1938—1945年，日本京都大学学者水野清一、长广敏雄对云冈石窟进行了全面调查，并于1951—1956年出版了十六卷三十二本的《云冈石窟——公元五世纪中国北部佛教石窟寺院的考古学调查报告》，代表了当时日本学者对云冈石窟的最高研究水平。著名考古学家、北京大学教授宿白先生在1947年整理北京大学图书馆所藏善本书籍时，发现了金代皇统七年（1147）《大金西京武州山重修大石窟寺碑》的转抄文，内容涉及北魏历代开窟建寺的问题，弥补了唐代贞观至金代皇统约五百年间云冈石窟修建的历史空白，为石窟开凿时间问题提供了难得的资料。1956年、1978年宿白先生连发两篇文章[1]，纠正了日本学者的错误，引起长广敏雄的激烈反驳并于1980年、1981

---

[1] 宿白：《大金西京武州山重修大石窟寺碑校注》，《北京大学报》，1956年第1期；《云冈石窟分期试论》，《考古学报》，1978年第1期。

年也连发两篇文章提出质疑①,1982年宿白先生予以答复②。最终,长广敏雄1990年在文章的一个"注"中承认③:"从文献学角度出发,宿白教授的推论当无误,因而分期论也是符合逻辑的,作为'宿白说',我现在承认这种分期论。"

这在中外考古学界传为佳话。

第二次是在1942—1944年,和岛诚一在山西工地调查了60余处古遗址,包括西阴村和荆村;在榆次源涡镇调查发现的仰韶晚期铜炼渣④,得到严文明先生的肯定⑤;在太原西郊阳曲王门沟采集到的夏代蛋形三足瓮⑥(见图1)。这次调查在中国考古学界引起的反响远不如第一次大,到现在也很少有人知道。

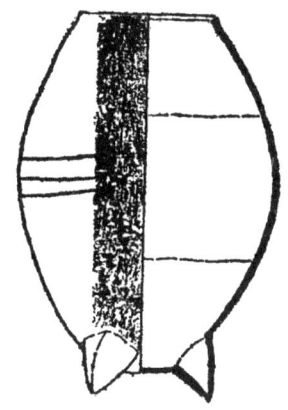

图1　阳曲王门沟采集到的蛋形三足瓮(冈山大学考古学陈列馆藏)

① 〔日〕长广敏雄:《驳宿白氏的云冈分期论》,日本《东方学》第60辑,1980年;《云冈石窟之谜》,《佛教艺术》第134号,1981年。
② 宿白:《〈大金西京武州山重修大石窟寺碑〉的发现与研究——与日本长广敏雄教授讨论有关云冈石窟的某些问题》,《北京大学学报》,1982年第2期。
③ 〔日〕长广敏雄:《云冈石窟第9、10双窟的特征》,《中国石窟》之《云冈石窟》(二),1990年,日文版。
④ 〔日〕和岛诚一:《山西省河东平原以及太原盆地北半部的史前调查概要》,《人类学杂志》58卷4期,1943年。转引自严文明《论中国的铜石并用时代》注(5),《史前研究》,1984年第1期。
⑤ 同上述,严文明先生文第37页。"山西榆次源涡镇,1942年在那里发现过一块陶片上附有铜渣,后经化验知其含铜47.67%、硅26.81%、钙12.39%、铁8%等,应是冶铜剩下的炼渣。如果这一推测无误,则当时冶炼的应为红铜。过去发掘者曾怀疑它是从上层混入的,后来根据它与彩陶、黑陶和灰陶共存的事实而定为龙山文化早期。从过去发表的资料和现存北京大学考古教研室的部分陶片标本来看,源涡镇遗址的文化性质和太原义井遗址基本一致,是仰韶文化晚期分布于晋中地区的一种地方类型,年代当在公元前3000年左右。"
⑥ 〔日〕秋山进午著,木易译:《山西省太原西郊王门沟出土的卵形三足瓮》,《北方文物》,1988年第4期。

附带介绍 1949 年之前，荣河县（今万荣县）后土祠旁河岸倒塌至少有 5 次发现过铜器。

1. 公元前 116 年，《汉书·武帝纪》载，汉武帝"元鼎元年夏五月五日，赦天下，大酺五日，得鼎汾水上"。

2. 公元前 113 年，《汉书·武帝纪》载，元鼎四年"夏六月，得宝鼎后土祠旁"。

3. 唐开元十年（722），唐玄宗修建后土时挖出两个青铜鼎，当然是祥瑞之兆了，遂改汾阴县为宝鼎县。

4. 金代，在明代陈继儒所撰《妮古录》中有："金大定中，汾东岸崩，得古墓，有鼎十余，钟磬各数十"，从"鼎有盖"看也出自后土祠旁。

5. 1862 年，即清末同治初年时发现很多古代器物。长安（今西安）一位雷姓商人获得邵钟 13 枚，上有 84 字的铭文（重文 2）。上海博物馆收藏 10 枚（见图 2），大英博物馆、台北故宫博物院各 1 枚，另有 1 枚仅存摹刻图像。

图 2　邵钟（上海博物馆藏）

而 1919 年离石马茂庄出土的东汉左元异画像石墓，被北京古玩商人黄百川卖给英国；1923 年浑源县李峪村高凤章发现的一座春秋大墓，随即招来村民们的疯狂盗掘，古董商们也闻风而动。后来统计随葬有 60 余件青铜器，但大都被倒卖到国外，法国巴黎吉美博物馆就有 15 件，中国只有上海博物馆保存了 11 件（见图 3）。

图 3　浑源李峪大墓出土的青铜牛尊（上海博物馆藏）

引子：人说山西好风光

（一）资源：盐池铜矿

运城盆地里有盐池，又称河东盐池，因古代属解州也称"解池"（见图4），位于中条山的北麓，东西长约30公里，南北宽约3—5公里，面积约130平方公里。由解池生产的盐，称为解盐，也称潞盐，都因产地而得名。

图 4　河东盐池

运城东部有中条山铜矿,以垣曲为中心,涵盖夏县、闻喜、绛县等县。今天的中条山有色金属公司是我国四大产铜基地之一,主要矿区为垣曲胡家峪、篦子沟、铜矿峪和绛县横岭关等。这几年闻喜千金耙发现夏商时采矿遗物,绛县西吴壁发现夏商时冶铜遗迹和遗物。

(二)交通:轵关陉与崤函古道

西周都城在今西安镐京,为了控制东方,在河南今洛阳地区设洛邑,东周周平王把都城迁到了洛邑开始了东周时代。镐京是华北平原的中心,洛邑是黄土高原间的中心,对于周王朝来说都是至关重要的。两地间的联系和纽带,在汉代以前主要是轵关陉和崤函古道两条交通主干线。北边一条是轵关陉,古代称山间道路只有选择在山脉中断处为"陉"。太行山有八条东西中断,就是太行八陉。从北向南分别为军都陉、蒲阴陉、飞狐陉、井陉、滏口陉、白陉、太行陉、轵关陉,也是古代山西穿越太行山通往河北、河南两省的八条要道。轵关陉,素有"太行第一陉"之称,起点在河南济源县东的轵城镇,终点在侯马市南峨嵋岭和绛山(紫金山)相交处的铁刹关,中间经垣曲、绛县、翼城南部后,往西到曲沃、侯马。

公元前647年,晋国闹饥荒派使者向秦国求救,秦穆公决定给予救济。一时间,从今陕西省凤翔县的秦都"雍"直达遗存的晋都"绛",都是运粮的船队,连接渭河、黄河、汾河、浍河,史称"泛舟之役"(见图5)。

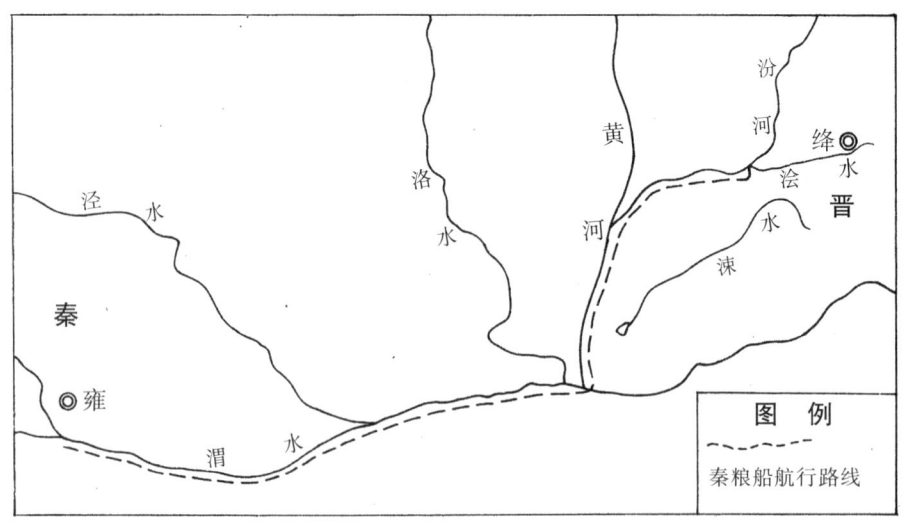

图 5 泛舟之役航线图

轵关陉北边的太行陉，从河南沁阳市常平村，到山西泽州县碗城村，道路较多而分散，太行陉南端起点至山西高平、泽州之间共有三条通道，分别是窑头线、常平线和丹河线。从《国语·齐语》春秋时期第一个霸主齐桓公"悬车束马逾太行"，到三国曹操在《苦寒行》一诗里说的"北上太行山，艰哉何巍巍。羊肠坂诘屈，车轮为之摧"，指的都是晋城天井关处羊肠坂的路盘绕似羊肠崎岖难行。泽州县往西隔沁水到了翼城就汇入轵关陉了。

南边一条是崤函古道，崤即崤山，函即函谷关，是指先秦至民国时期，西安和洛阳之间并位于今三门峡境内的一条交通要道，西出西安起于潼关，过秦函谷关，经陕州，过硖石关、雁岭关到今新安县东，出汉函谷关到洛阳，全长约200公里。秦函谷关在灵宝，汉武帝时东迁到新安称汉函谷关，秦汉函谷关之间设弘农郡。北魏地理学家郦道元在《水经注·河水》中描述崤函古道："邃岸天高，空谷幽深，涧道之狭，车不方轨，号曰天险"，意思是只能一辆车通过，不能并排。可想而知，崤函古道地势之险峻。公元前627年，秦晋崤之战就发生在这里，秦军大败，从此秦国三百年间再没有越过函谷关。

（三）学说：中国文化西来说

1856—1860年，中国在第二次鸦片战争中战败，英法联军攻进北京城，圆明园被烧毁，清政府先后签订了丧权辱国的《天津条约》和《北京条约》，从此一蹶不振。而早在17、18世纪，随着西方近代科学的发展，一些所谓的"中国通"通过传教士们的记述和古文字、神话、传说等，就想象和推断中国文化起源于埃及、巴比伦、印度或中亚等，甚至把中国的三皇五帝说成是巴比伦人。他们普遍认为，中国人既没有自己的史前文化，也没有自己的石器时代。中国古代文明源于西方，后来的中国文化乃至人种都是从西方而来的。这便是当时曾在业界盛行一时的"中国文化西来说"的理论根据。

弱国无外交，也没有文化和文化的尊严。

1895年，日本人鸟居龙藏没有经过清政府批准，就在辽东半岛开展田野调查，是带有盗掘性质的，这虽然是中国第一次考古，但是不能把它作为中国考古学的开端。而1921年瑞典学者安特生发掘了河南渑池仰韶村遗址，发现仰韶文化，揭开了中国新石器时代考古研究的序幕。中国考古学的标志，是从1921年仰韶村遗址的第一次发掘开始的。

图 6　1921 年发掘照。左一为袁复礼，左二为安特生，左三、左四是房东王兆琪父子

1921 年 10 月 23 日，经北洋政府农商部和地质调查所的批准，安特生和刚从美国留学归来的地质学家袁复礼等 5 名助手一起来到了仰韶村，从 10 月 27 日开始工作了 35 天，出土了一大批石器、陶器等珍贵文物及一具人骨架。出土的陶器以红陶为主，也有灰陶，其中尤为引人注目的是极具特色的彩陶。1923 年安特生发表了《中华远古之文化》一文[①]，认为仰韶遗址的发现证明中国存在史前文化，并且中国文化的根可以追溯到仰韶文化时代，同时提出彩陶是来自较早的中亚土库曼一带的安诺文化和特里波列文化。为了证明西方彩陶早于甘肃、甘肃彩陶早于河南的交通线路，他从 1923 年 6 月开始，用了 18 个月的时间在甘肃、青海进行考古活动，写成了《甘肃考古记》[②]，将甘青地区的古文化分为齐家期、仰韶期、马厂期、辛店期、寺洼期、沙井期 6 期，1934 年在英文版《黄土的儿女——中国史前史研究》中也有介绍。这就是安特生的中国文化西来说，长久以来遭到中国考古人的批评。1945 年，夏鼐先生在甘肃宁定县（今广河县）阳洼湾两座齐家文化墓葬的[③]填土中发现马家窑文化彩陶片，从而确定了马家窑文化年代早于齐家文化。后来，安特生对自己的"西来说"有所纠正。他在 1943 年发表的《中国史前史研究》中说道："当我们欧洲人在不知轻重和缺乏正

---

① 〔瑞典〕安特生:《中华远古之文化》,《地质汇报》,1923 年第五号第一册。
② 〔瑞典〕安特生:《甘肃考古记》,《地质专报》,农商部地质调查所印行,1925 年甲种第五号。
③ 夏鼐:《齐家期墓葬的新发现及其年代的改订》,《考古学论文集》,科学出版社,1961 年。

确观点的优越感的偏见影响下,谈论什么把一种优越文化带给中国的统治民族的时候,那就不仅是没有根据的,而且也是丢脸的。"由此观之,安特生是一名实事求是的考古学家。

正是安特生发现仰韶文化提出中国文化西来说,极大地刺激了中国的学术界,这也是李济发掘西阴村的主要原因,直接促成了他由古人类学家向考古学家的身份转换。同时也是20世纪后五十年中国黄河流域石器时代考古学发掘和研究的风向标。

一、1926年夏县西阴村:开中国学者独立主持考古工作的先河

1926年,李济发掘西阴村遗址,这是中国学者独立主持考古工作的开始。1928—1937年日本侵华之前,他又领导了河南安阳殷墟的发掘,成了中国现代考古学的奠基人。

李济在《西阴村史前的遗存》中说[①]:"近几年来,瑞典人安特生考古的工作已经证明中国北部无疑的经过了一种新石器时代晚期的文化……因为这种发现,我们对于研究中国历史上的兴趣就增加了许多。这个问题的性质是极复杂的,也包括很广的范围。我们若要得一个关于这文化明了的观念,还须多数的细密的研究,这文化的来源以及它与历史期间和中国的关系是我们所最要知道的……所以若是要得关于这两点肯定的答案,我们只有把中国境内史前的遗址完全考察一次。不作这种功夫,这问题是解决不了的。"尧都平阳、舜都蒲坂、禹都安邑,成为考察的首选地,果然在浮山蛟头河和夏县西阴村有所收获,"这个小小的怀抱就是我们挖掘那夏县西阴村遗址的动机"。

(一)调查

李济在《山西南部汾河流域考古调查》[②]中对西阴村遗址发现的过程有详细的介绍。他邀请到了我国地貌学和第四纪地质学的先驱袁复礼先生,他们从1926年2月5日至3月26日在山西进行调查,先到太原办了手续,然后南下,2月15日到介休,对居民进行人体测量,15日到绵山,25日到临汾,27日到仙洞沟。3月1日两人讨论了调查地点,李济说"应当部分地以历史遗址、部分地以可能的史前定居点作为前进的路标"。2日调查尧陵,5日在浮山交头河(今蛟头河)发现了第一个"仰韶期遗址"(见图7)。

---

① 李济:《西阴村史前的遗存》,清华学校研究院丛书第三种,1927年版。
② 李济:《山西南部汾河流域考古调查》,《考古》,1983年8期。

图 7　1926 年春，李济在浮山蛟头河遗址旁给当时的土地主人"李氏兄弟"照的相片

接着经翼城到曲沃，去绛州（今新绛）的时候，路过侯马。去时走的是北边的一条大道，回时走的是南边山间的一条小路，与现在人们熟知的侯马晋国遗址擦肩而过。17日到运城，18日到安邑，19日到舜陵寻访，21日离开运城，22日到达夏县，调查夏都和大臣陵墓，24日，袁复礼先生首先发现了西阴村遗址，用李济先生的话来说："这个遗址占了好几亩地，比我们在交头河发现的遗址要大得多，陶片也略有不同。"《西阴村史前的遗存》介绍："在民国十五年三月二十四日那一天，当着我们第一次往山西南部考古的时候，发展了这个遗址……。这遗址俗名叫着灰土岭，大部分现在都化为耕地。"

他们调查发现了西阴村遗址后，25—26日去安邑县北部的三路里等三处造像碑，就分开行动了。袁复礼去完成地质考察任务，李济到稷山翟店镇小宁村兴化寺看完元代壁画后，踏上返回北京的路程。

接着筹备发掘工作，李济先生当时在清华国学研究院任教，经商定，由清华研究院与美国弗利尔艺术馆联合进行发掘，清华研究院组织力量，美国弗利尔艺术馆提供经费，报告用中、英文发表，文物归中国等。

（二）发掘

1926年发掘地点在灰土岭，"灰土岭的南边壁立，突出于邻地约三四公尺。这种地势宜于'披葱式'的挖掘，所以我就决定了采取这个方法"。（见图8）

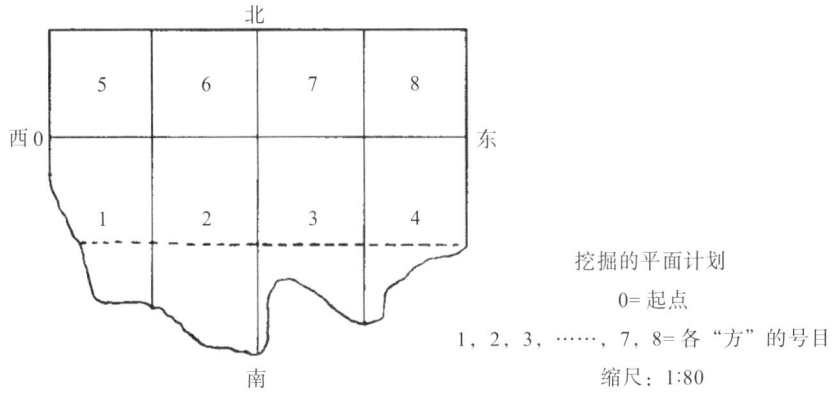

挖掘的平面计划
0= 起点
1，2，3，……，7，8= 各"方"的号目
缩尺：1:80

图8 1926年秋，发掘西阴村探方平面图

"挖掘时间由十月十五日起直到十二月初；中间因为下雨停了五天的工。所挖的地点靠着一条斜坡路，所以掘出来的土很便于向下移动。这个坑是分八'方'开出来的"。（见图9）所谓的"方"只有2×2米，由于发掘到南部断崖边，南边4个"方"南北2—4米，所以发掘面积约40平方米。

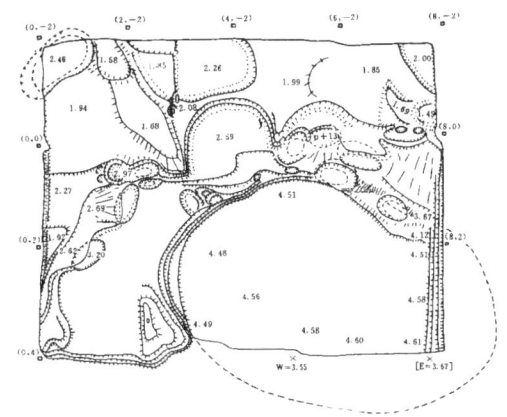

第三版 掘后的地形（袁复礼绘）(1/60)
注：无括弧的数目指各处的深度，即Z值，有括弧的数目，指口形记号所在
（即订木桩处）与起点（0，0）之相距，即X值与Y值，均以公尺为单位。

图9 1926年，西阴村探方图

这是中国学者独立主持发掘的第一个遗址，还体现了中国考古学在当时所能达到的最高成就，为1928年开始的殷墟发掘奠定了考古学基础。李济首先开探方进行发掘，并创造了一种"逐件把出土物的位置与参考点之间的三维距离记载下来"的"三点记载法"，这些基本的操作方法仍为现今的考古实践所遵循。在层位的处理上，李济又采用了一种等距离划分深度与依据土色进行分层相结合的办法。即"由起点下行第一公尺叫作A层；第二公尺叫作B层；依次递降，用英文字母大写字作记。每一层内又分作好些分层。分层的厚薄，由土色及每次所动的土的容积定。分层按上下次序用英文字母小写字作记。大字母小字母之间再夹着那方的号码，就完成了一个层叠的记载。假如有一堆物件上边标的是B4c，这号码的意思是：这堆物件是由第四'方'的第二层、第三分层找出来的。这个第三分层的深度，在记载本上找出来是1.17—1.25公尺"。尽管以英文大写字母所代表的等距离地层仍暗示着地质地层学根深蒂固的影响，但李济在发掘时却是按土色为单位来进行发掘和收集陶片的，并且又"择四个分层内的陶片，每分层代表一种不同的土色，作一比较的研究"。为了便于日后重新研究和检验地层，李济等还在各方交界的位置都保留着"土尖"，并绘有探方的地层剖面图，这正是关键柱和四壁剖面图的最早的雏形。这是以前考古学界所忽略的，实际上西阴村的发掘也是考古地层学中国化的开始。

（三）收获

西阴村的发掘收获很大，共装了76箱，运往北京时，由五六十匹骡子和马驾着9辆大车走了9天，行程800里，来到榆次火车站，被检查人员拦住检查，当他们看到一箱一箱的陶片时，觉得李济先生和袁复礼先生不太"正常"，就放他们过去了。这也是我们现在提起来就发笑的一段小插曲，实际上正反映了那时的中国，考古学还不为一般人所知的事实。

西阴村第四探方出土陶片总数为17372块，其中彩陶为1356块，还有石器、蚕茧等。《西阴村史前的遗存》就是以此为基础写的。结论是"比较西阴村全体的遗存与安特生所分的六期，那西阴村的遗存最接近于仰韶期。不但带彩的陶器是极相类，别的遗存也是这样……。但是，整个文化的时代呢？我没有找到什么新的，比安特生所说更靠得住的证据"。这本考古报告不久就发表了。结论是"比较西阴村全体的遗存与安特生所分的六期，那西阴村的遗存最接近于仰韶期"。（见图10至图15）

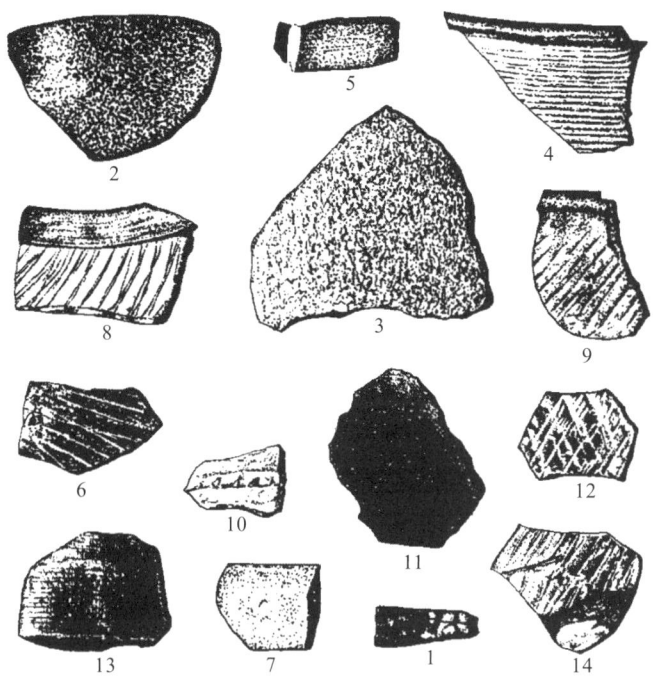

图 10　西阴村出土陶片一

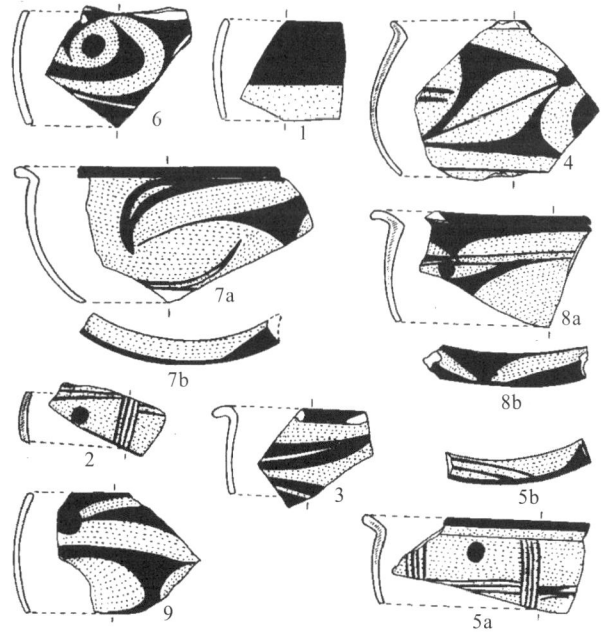

图 11　西阴村出土陶片二

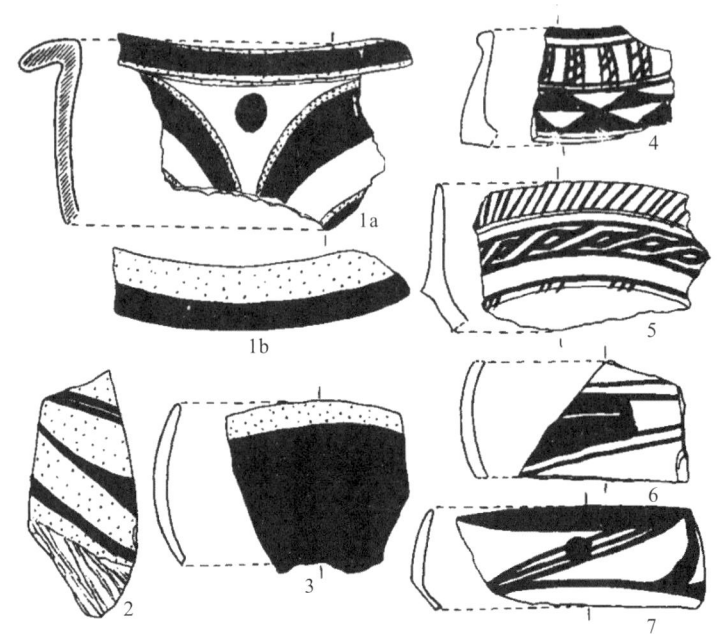

图 12　西阴村出土陶片三

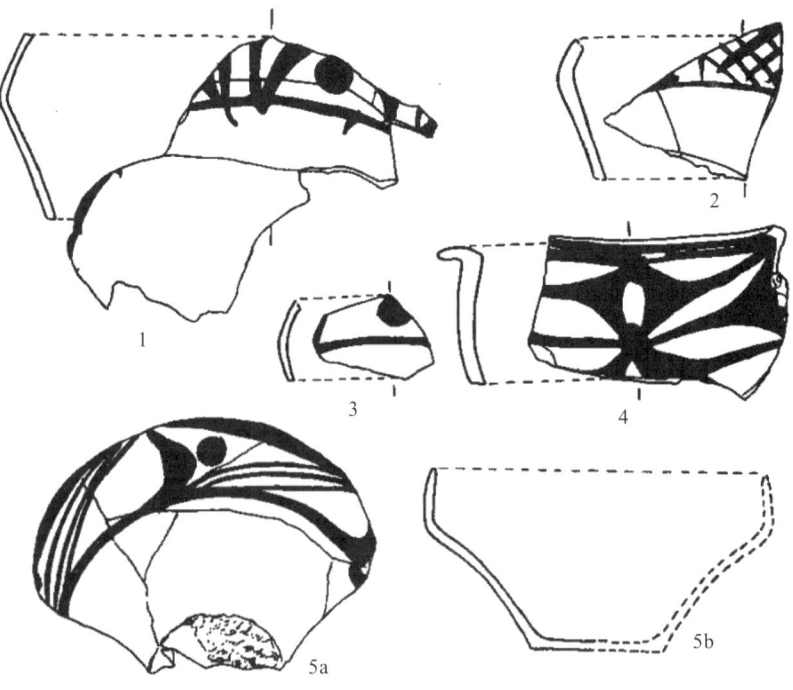

图 13　西阴村出土陶片四

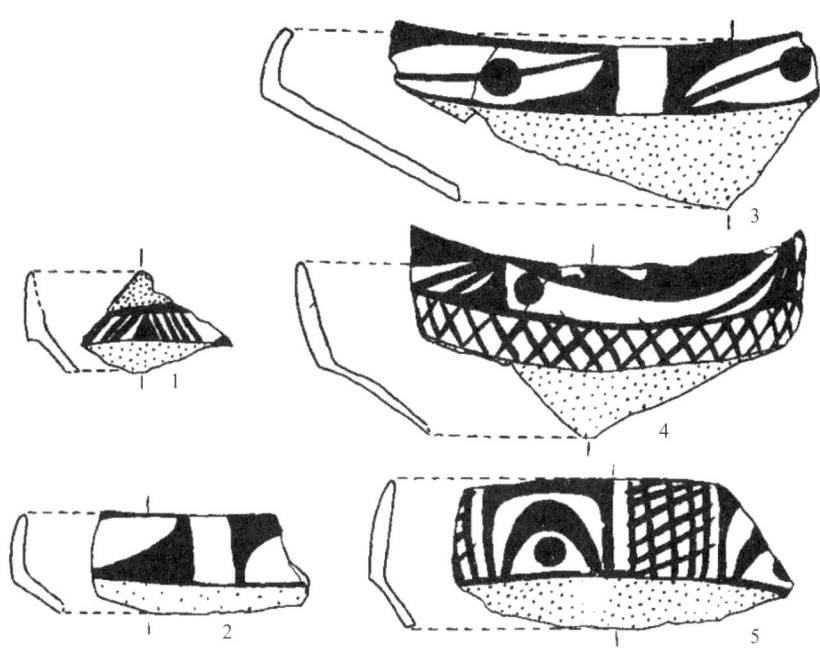

图 14　西阴村出土陶片五

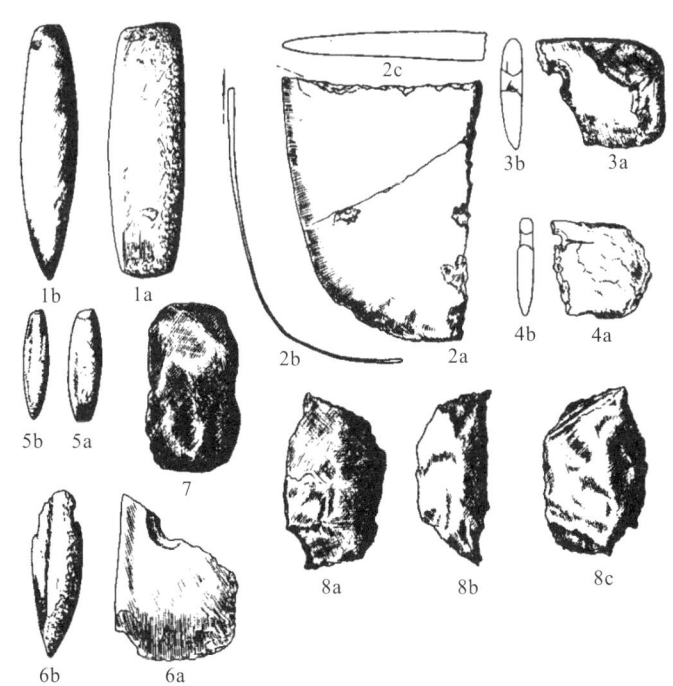

图 15　西阴村出土石器

（四）研究西阴村，成就梁思永

梁思永是梁启超次子，他于1927年7月开始整理西阴遗存，1930年用英文发表了《山西西阴村史前遗址的新石器时代的陶器》[①]，并获得了哈佛大学研究院考古专业硕士学位。文中对西阴村所有的陶片从陶质、陶色、纹饰到口部、底部、腹部形态都进行了分类研究，用类型学方法分析西阴村的年代和文化性质，并与仰韶村相比，彩陶相似多于相异，进一步认为相异是地方性和发展程度不一致及外来的影响所致，仰韶村年代可能略晚，出土的高圈足及竖把豆来自东方的影响；并与远东地区的相关遗址做了比较研究。西阴村的第一次研究，就将西阴遗存放在中国、放在世界来看。

1931年春，梁思永先生发掘小屯和后岗，发现了后岗三叠层，依据地层关系，第一次确证了仰韶和龙山两种新石器文化与商文化的先后年代，由此成为中国考古学的另一位奠基人，而他建立了考古地层学的典范，这也得益于早年对西阴遗存的研究。

（五）半个蚕茧之争

西阴村出土的半个蚕茧是一颗被割掉了一半的丝质茧壳，茧壳长约1.36厘米，茧幅约1.04厘米（见图16）。李济在这次的发掘报告《西阴村史前的遗存》中说，"我们最有趣的发现是一个半割的，丝似的，半个蚕茧。用显微镜考察，这蚕茧已腐坏了一半，但是仍旧发光；那割的部分极平直。清华学校生物学教授刘崇乐先生替我看了好几次。他说，他虽不敢断定这就是家蚕，然而也没有找出必不是蚕茧的证据。与那西

西阴村半个蚕茧

芮城西王村蛹形陶饰

图16 西阴村蚕茧和西王村蛹形陶饰

[①] 梁思永：《山西西阴村史前遗址的新石器时代的陶器》，英文单行本，1930年版。

阴村现在所养的蚕茧比较，它比那最小的还要小一点。"① 刘崇乐先生是我国著名的昆虫学家，并谈到蚕茧的出土情况，"这蚕埋藏的位置差不多在坑的底下。它不会是后来的侵入，因为那一方的土色没有受扰的痕迹；也不会是野虫偶尔吐下的，因为它是经过人工的割裂。当我最初发现它的时候，我知道这意义很重大，就非常注意这件事。但是我没有找到第二个。"

李济还注意到，"据本地的传说，这一带的丝织业是很古的。现在夏县城中还要好些绸子工场。但是这种工作代表着一种畸形的组合，最为研究人文学的所应注意。现在夏县丝织业的工人都是从河南来的，生丝一大半也是从河南买来的，因为本地产的不够用；更令人诧异的是，织成的绸子都运到陕西、甘肃去卖。所以夏县丝织业的存在，一不是因为地方上的工人的灵巧，二不是因为生丝出得多，三不是因为本地的需要多。按经济的原理，这确是一个不可解释的现象。但是按着人文学的说法，我们可以把它当作一种'文化的遗留'（Survival in Culture）看待。大概是很早的时候——早到什么时候那就难讲了——因为某种缘故，夏县丝织业很发达。名声作老了，所以在那产生这种工业的缘故研究消灭后，它仍旧继续存在下去。这件事也许与我们所找的蚕壳无关，但是值得我们注意。"可见李济在西阴村的时候就极其重视这件事，并做了一些调查研究。

回到清华学校即现在的清华大学后不久，李济还请国学大师王国维（字静安）看过蚕茧，"助教王庸端了一个盒子上来，其中有被割裂过的半个蚕茧，同学们都伸长脖子看。有人说，我不相信，年代那么久，还是这样白；有人说，既然是新石器时期的遗物，究竟用什么工具割它？静安先生说，那时候未始没有金属工具；同时提到加拿大明义士的话，他说牛骨、龟骨是用耗子牙齿刻的。李老师拿出一块仿佛石英一样的石片，说这种石片可以刻的……时"，1928年，李济还将这件蚕茧带到美国，华盛顿的史密森研究院博物家们也鉴定为家蚕老祖先，"蚕丝文化是中国发明及发展的东西，是一件不移的事实"。后来，李济在1977年出版的《安阳》英文本和1981年出版的《殷文化的渊源及其演变》等论著中都提到过。

最早提出异议的是安志敏先生，他在1949年就认为："以普通易腐朽之茧壳，何以迄今数千年犹保存原状？若此茧壳能保持数千年，则其他器物如木器、布类何以毫无存在之痕迹？此其一。此蚕茧之人工切开痕迹是否可疑，何以已腐朽之一半？且此蚕茧是否为后世之物，而混入史前地层中？此其二。因此二点，著者颇怀疑西阴村

---

① 李济：《西阴村史前的遗存》，清华学校研究院丛书第三种，1927年版。

所发现蚕茧之可靠性。中国史前时期之人类可能已养蚕，然其蚕茧等之痕迹，不于特殊条件（如泥炭或沙漠中）下，恐不易保存至今日，此问题仍需今后多事研究始可解决。"①

但日本学者藤井守一认为与蚕茧同时出现的纺轮，说明可能是用来把断丝纺成纱的，茧壳割成半截，原因或许就在此。1967年，另一位年轻日本学者布目顺郎从大小、形状上判断为与现在桑树上的被称为桑蟥的野蚕属于同一品种，他还证明了黄土层中长久保存蚕茧和用石刀平直切割蚕茧的可能性。

1972年，时任中国科学院考古研究所所长夏鼐没有看到日本学者的研究，也怀疑蚕茧在黄土层中保存几千年是不可能的、石刀切割不可能切得平直、大概是后世混入的②。而在1981年美籍华人何炳棣的《中国农业的本土起源》、1983年章楷的《蚕业史话》、1999年张树栋等著的《中华印刷通史》、2004年华梅撰写的20世纪中国文物考古发现与研究丛书《古代服饰》、2007年彭林编的《文物精品与文化中国十五讲》等著作中都予以肯定。

其实，1960年山西芮城西王村出土一件仰韶文化晚期的"蛹形陶饰"就是蚕蛹（见图16）③，2019年吉林大学在夏县师村又发现一件仰韶文化的石雕蚕蛹④。《诗经·魏风·十亩之间》有"十亩之间兮，桑者闲闲兮""十亩之外兮，桑者泄泄兮"之句，生动地记述了山西西南部的年轻妇女在桑林里欢欢喜喜采桑的情景，西阴村的蚕茧无可置疑。而黄帝的妃子嫘祖在《史记·五帝本纪》中的记载仅有"黄帝居轩辕之丘，而娶于西陵之女，是为嫘祖。嫘祖为黄帝正妃，生二子，其后皆有天下"，可见她在汉代还没有成为教民养蚕的"蚕神"，直到北宋刘恕《通鉴外纪》记载："西陵氏之女嫘祖为帝之妃，始教民育蚕，治丝茧以供衣服。"南宋罗泌《路史》则称："伏羲化蚕，西陵氏之女嫘祖帝为妃，始教民育蚕，治丝茧以供衣服。"嫘祖教民养蚕的传说才开始流行。既然黄帝与蚩尤为了争夺"潞盐"而战于山西西南部，他的妃子嫘祖与西阴村蚕茧之间，在所有号称"嫘祖故里"的全国各地中，其时间与地点都是最近的。

为什么李济发现蚕茧以后，考古工地成千上万，就没有出土第二个？如果不是上天冥冥之中对他的眷顾，那就是他工作的细致所致。那次发掘西阴村，工作了50天左

---

① 安志敏：《中国新石器时代论集》，文物出版社，1982年，第263页。
② 夏鼐：《我国古代蚕、桑、丝、绸的历史》，《考古》，1972年第2期。
③ 中国科学院考古研究所山西工作队：《山西芮城东庄村和西王村遗址的发掘》，《考古学报》，1973年第1期。
④ 吉林大学考古学院等：《山西运城夏县师村遗址发现仰韶时代早期聚落》，《中国文物报》，2020年1月5日。

右，仅仅发掘了约 40 平方米。

二、1930 年万泉"汾阴后土祠"：最后不了了之

（一）卫聚贤

卫聚贤（1899—1989），字怀彬，号介山，又号卫大法师。出生于甘肃庆阳，初名安双考，3 岁时父亲去世后，母亲改嫁山西万泉县（今万荣县）北吴村因躲债来到庆阳后来开杂货店的卫世隆。成为卫氏之后，卫聚贤在庆阳读小学，也在商店当过学徒。18 岁随其继父回到万泉读高小，毕业后当过小学老师，接着在运城二师上学时因支持"五四"运动中被开除的学生被学校勒令退学，后来借助（冒名）卫怀彬的文凭考上山西省立商业专门学校。1925 年毕业后来到北京，次年 8 月考进清华学校国学研究院，追随特约讲师李济先生的脚步，由此走上考古之路。1928 年任南京古物保存所所长，1929 年发掘南京明故宫，1930 年主持南京栖霞山三国墓葬发掘并致力于江浙古文化遗址调查，1935 年参与常州淹城遗址调查并参加上海金山卫戚家墩古文化遗址考察。1936 年，上海成立中国古泉学会，他担任评议并任"吴越史地研究会"总干事，主编《吴越文化论丛》。1943 年在重庆任"说文社"理事长，主编学术月刊《说文》。1951 年离开大陆，历任香港珠海、联合、联大、光夏、远东、华夏等书院教授，香港大学东方文化研究院研究员、台湾辅仁大学教授。

卫聚贤一生勤奋治学，写过《中国考古小史》《中国考古学史》《介子推隐地考》《中国人种的由来》《古史研究》《历史统计学》《山西票号史》《说文月刊》《文字学》《字源》《咬文嚼字》等著作，为当时西湖博物馆的施昕更编著的《良渚》做校对工作，在"校后记"中肯定了施昕更在学术上的贡献；但他也是奇葩迭出的学者，如认为黄帝距今五万年左右、墨子是印度人、中国人发现了美洲、中国人发现了澳洲、尧舜禹时期出现甲骨文等，包括他发掘"汉汾阴后土祠"遗址的初衷。现在有些人热衷于夸大自己的老祖先如何了不起，是他的衣钵传人。

由于卫聚贤没有专业背景，认识和看法属于奇思妙想类，1951 年后不再从事考古工作，因此知道他的人并不很多。

（二）卫聚贤清华期间的考古调查

清华学校国学研究院的学制只有一年，题目较难可以申请延续一年或两年。这个

研究院仅办了四届，卫聚贤考取的是第二届，学友则有徐中舒、王力、高亨等，教师是赫赫有名的梁启超、陈寅恪、王国维、赵元任等四大导师以及特约讲师李济。卫聚贤专修的是中国上古史，毕业论文由王国维指导，因而深得"二重证据法"的熏陶，王国维曾建议他来太原执教。

但卫聚贤受到年长他3岁的李济很大影响。当时李济讲授考古学、民族学等课，同学们都不喜欢听他的课，最后指导学生仅吴金鼎一人。卫聚贤看过李济在西阴村发掘后运回清华的遗物，也到地质调查所历史博物馆参观了实物。有了这点知识储备，1927年2月卫聚贤回到万泉时就得知老家也有新石器时代遗址了，开始在山西考古调查。他在《新石器时代遗址发现的经过和见解》中记述调查经过[①]，"去年二月回家就带了李济之先生掘得的陶片三种作为标准，到家询问本初有无此物，我侄月盛就引我到本村（北吴村）枣堰地，就有新石器时代遗址"，又在"南吴村药王庙前后、袁家村东沟、西沟、荆淮村沟楞、荆村瓦子斜（荆村发掘时，改为瓦渣斜）、南涧村、涧薛村沟沿、秦王寨、城内东城壕县党部后院、南门外沟沿、北门外文庙附近、西门外老母洞北，发现了许多。这些遗址是连续不断的，南北长十余里，东西宽二三里，沿孤山东麓黄土坡上壕沟两面尽是"。他还发现以上各地黄土层中夹（原文写作"加"）着一层高低不等的灰土层，更重要的是灰土层里出有很多与他从清华带回来的标准陶片一样的陶片，"彩色的也有，绳印纹、席印纹、条压纹也有，鬲腿鼎足碗把也有，残石斧残石刀也有，不必掘发，每天要几十担"，他还绘制了遗址分布图（见图17），返回清华时带了一部分标本，还请教过李济，"我的考古学兴味，从此日隆"。

卫聚贤暑假带了安特生《甘肃考古记》《奉天锦西县沙锅屯洞穴层》和瑞典人《河南石器时代之着色陶片》三本著作，回到老家继续调查，发现了许多"袋状土穴"和一块"作陶器的模型"等，九月返回清华时顺便把此次调查遗物捐献给山西教育厅。路上他又在平遥上西关采集鬲腿，在榆次县长凝村南、文水县上贤村西、汾阳县花枝村西，都找到了新石器时代遗址。"文水上贤村遗址为最广，其处多红底红花陶器，与万泉红底黑花的不同。与友人薛振太在上贤村略事掘发，所得石斧陶片甚多。本年（1928年）二月南来，带一部分捐送古物保管委员会。"[②]这时，卫聚贤已经注意到文水上贤村与荆村出土彩陶的不同了。

---

① 卫聚贤：《新石器时代遗址发现的经过和见解》，《东方杂志》，1929年第二十六卷第四号，第69—72页。
② 卫聚贤：《新石器时代遗址发现的经过和见解》，《东方杂志》，1929年第二十六卷第四号，第72页。

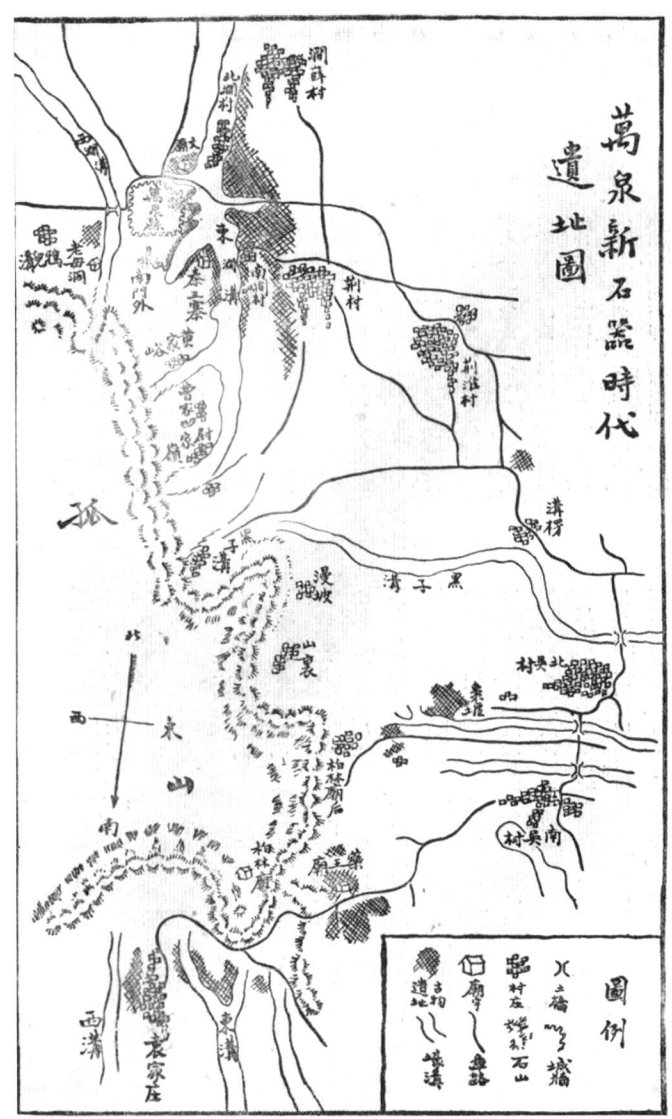

图 17　万泉新石器时代遗址图

（三）发现"汾阴后土祠"

1927年6月卫聚贤毕业后，先是在太原与朋友合办私立兴贤大学，后经人介绍于1928年2月到南京任大学院科员兼任南京古物保管所所长。当年他又一次回山西调查。上引《新石器时代遗址发现的经过和见解》说："北平克复，大学院派我到北平接收教育文化机关。事毕到山西调查古物。来时路过洛阳"，除不明白"劝阻图利的掘发古物的大举动"外，知道他还在洛阳附近跑调查，洛阳东十里史家湾看到陶鬲、东五里汤家湾采集残石斧二，在火车上看到渑池县西英豪镇车站东北土坡上有新石器时代遗址露出等，"到山西万泉重新考察，因装一大箱运到南京"等，从文末写作日期"一七，一一，一五记于南京古物保存所"和"本年二月南来"看，他是在1928年2月到南京，11月15日之前来山西的。①

卫聚贤的这篇文章，是他的新石器时代遗址发现的经过和见解，因而没有提及1928年调查万泉柏林庙东南二里严（有的文中写作"阎"或"延"）子疙瘩的事情，但在《汉汾阴后土祠遗址的发现》中有详细介绍②。当他在"南北长东西窄，约三百余亩，其西北角有乱石堆积名曰'小山'，小山北有用人工开凿宽丈余之大坡三，现已荒芜，遗迹尚可看见，相传其地名有古寺遗址"，"略加发掘"即得方砖及"长乐未央""宫宜子孙"瓦当（特别注明"此瓦当前人尚未见到"），特别是"卷首插图"的"后土祠的遗物"（见图18），有左伏羲、右女娲交尾图案相当珍贵，但已不知道是单独的还是在某个陶器上的装饰。这些砖瓦运到南京古物保存所陈列，与其他汉代砖瓦相比较后，他感觉到"确为西汉物"，便认为汾阴后土祠就在这里而不在很多书记载的荣河县，感到"这次西北考古，在万泉发现了后土祠的遗址。又推想在汉武帝未立后土祠时，汾阴旧有民祠后土祠为晋文公祠介子推的"③。在这篇写于"一九二九，六，十二"的文章中也做了"发掘的计划"，发掘"汾阴后土祠"需要3个月"一万元"。这也算是他1930年发掘万泉"汉汾阴后土祠"的前期准备工作。

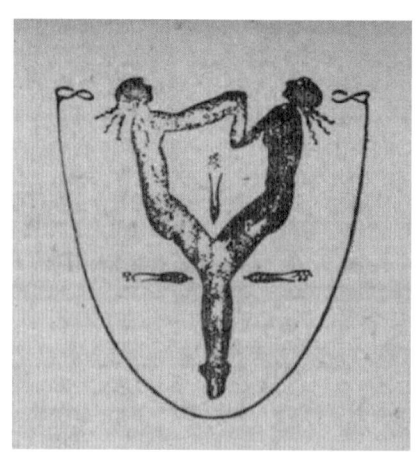

图18 后土祠的遗物

---

① 卫聚贤：《新石器时代遗址发现的经过和见解》，《东方杂志》，1929年第二十六卷第四号，第72页。
② 卫聚贤：《汉汾阴后土祠遗址的发现》，《东方杂志》，1929年第二十六卷第十九号，第75—76页。
③ 同上注，第71页。

(四)发掘"汾阴后土祠"

1929年后,卫聚贤在南京发掘明故宫和栖霞山墓葬,特别是后者还发现了新石器时代的"圆形地穴"和砖红色陶片及磨光石斧等,获得赞誉便遭人嫉妒。1930年在他没有编写完报告的时候被派往山西调查,自然解除了所长职务。

卫聚贤回到老家后,便和曾在史语所考古组工作参加过殷墟发掘的董光忠、张蔚然及山西公立图书馆图书部主任聂光甫,以山西公立图书馆的名义,于10月30日—11月8日,在万泉发掘了他所认定的"汉汾阴后土祠"遗址,获得铜器(五铢钱)、瓦当、陶器等一万余件(组),运到太原后举办过展览,也曾小有轰动。但卫聚贤写的发掘报告没有出版,只有董光忠1932年发表的《山西万泉县阎子疙瘩即汉汾阴后土祠遗址之发掘》[①]。从这份信息类的总结照片中可以看出,没有拉线按照探方或探沟的方式来进行,而是比较随意,跟刨土豆差不多,9天时间就挖完了,与其原来设计的3个月"一万元"相差太远,估计是经费的原因。这次发掘最后不了了之。

后土祠位于万荣县西南40公里处黄河岸边庙前村北,万荣县是1954年由荣河、万泉二县合并起来的,后土祠在这之前记载的是在荣河,现在看来他的说法是错误的。

图19 1930年发掘后土祠时吃午饭(最右边者为卫聚贤)

---

① 刘斌、张婷:《卫聚贤与中国考古学》,《南方文物》,2009年第1期。

图 20　1930 年发掘后土祠时的情景

三、1931 年万泉荆村：所收效果亦堪称丰美

（一）发现荆村

卫聚贤等人"汉汾阴后土祠"遗址发掘完后，又在周围调查，孤山以南、以东有石器和骨器，陶器纹饰有粗绳纹和篮纹，没有彩陶，在西南荆村瓦渣斜发现了彩陶，并进行了小规模的试掘。

后土祠出土的部分遗物运回北平后，包括荆村也在内。北平女子师范大学想在荆村发掘，又恐怕山西方面不允许他们把古物带出省，于是聘请卫聚贤为女师大研究所的研究员，实际上是作为担保人，同山西省国立图书馆合作发掘，并取得美国福利尔艺术陈列馆的经费支持。

（二）发掘荆村

卫聚贤于是又代表北平女子师范大学研究所，和代表美国福利尔艺术陈列馆的董光忠一起，联合山西省国立图书馆，于 1931 年 4 月 1 日至 5 月 15 日在万泉县的荆村瓦渣斜遗址进行了正式发掘，用了 45 天，《万泉县荆村发掘报告》未能面世，现在只能看到董光忠《本校与山西图书馆、美国福利尔艺术陈列馆发掘山西万泉石器时代遗址之经过》①了。发掘面积不清楚,但从工人最少十几位、最多四十几位可见规模还是不小的;由插图二第四十三坑看,所谓的"坑"实际上是探沟,至少开了43条探沟。值得注意的是,荆村发掘因为有董光忠、张蔚然两人参加,加上时间充足,展示出较高的田野水平;尤其是张蔚然地层学颇有一手,曾写过《殷墟地层研究》,于1930年发表在《安阳发掘报告》第二期上。荆村"至发掘时所采用之方法,与各坑次之划定,以及工作人员之工率如何,须视行将出版之万泉县荆村发掘之报告者,兹不重录"。但"发掘方法既较为详尽,所收效果亦堪称丰美,不独完整器物时可获见,即遗物之碎片残段亦多能粘兑,得睹器之原形"。发掘者不仅准确发掘出单个和相互打破的袋状灰坑,而且清楚地认识到,"按张(蔚然)先生之推测,则为如此交错之二窑或多窑,在古代当不能同时挖窑以住居,其必为一个先经一次住民挖窑住用,后又废弃,后再经另一次居民重在该处挖窑以居,非然者,二窑决不能同时住居;且经废弃后在二窑屯积之土层不能各自成形,分离甚清也"②。发现了陶窑、窖穴、灶址等遗迹和比较丰富的各种石、骨、陶器等遗物,"且易知其与夏县之西阴村、渑池县之仰韶村,所出陶器代表之文化实为近似"。但荆村遗址还有荆村文化60年后才被辨认出来。

图 21 1931 年,卫聚贤发掘荆村

董光忠在文中叙述,经查阅报告而知的石器时代遗址有保德、荣河等县,他们勘察而知的有文水尚贤村、太谷废河道堤岸间等,可以补缺。也谈了一些认识:"古代文

---

① 董光忠:《本校与山西图书馆美国福利尔艺术陈列馆发掘山西万泉石器时代遗址之经过》,《师大月刊》第三期,第101页。

② 同上。

化废址散布既广,发掘结果复又先后显示吾等以可资研究远古文化及有历史性质之材料,直使吾等有欲解决中华之远古文化系由西源与东来之诸大问题。(因安特生对于西源之说主张甚力,及按谭城所发现之遗物则学者又有东来之说)然欲解决此等大问题,断非固执己见及勉强期月之间所能竟事。当必广事搜罗,博采材料,以资凭证。"① 说明卫聚贤等人边调查、发掘边思考"中华之远古文化系由西源与东来之诸大问题"。

(三)荆村出土高粱之争

1943年,日本人和岛诚一报告了荆村出土的"黍稷之壳皮",经理学士高桥基鉴定为粟和高粱的碳化物后②,掀起了小小的风波。高粱又名蜀黍、秫秫、芦粟、荻子等,以前研究者认为,高粱原产于非洲,后传入印度,再到中国。我国学者安志敏1949年就持怀疑态度,"以吾人之知识而言,其输入华北及普遍种植时间较迟,于中国北部史前当不能有所存在"③。1981年他再一次强调④,怀疑者还有黄其煦⑤。

评价:有筚路蓝缕之功,开舍我其谁之风

简单梳理山西1949年以前的考古工作,现在看来方法上和认识上尚有许多不尽如人意之处,但我们怎么能够苛求中国考古学刚刚开始的年代?

(一)西阴村

在20世纪五六十年代仰韶文化大讨论中,1962年杨建芳先生提出仰韶文化"西阴村类型"的概念,"西阴村类型的主要特征,是彩陶多,纹饰繁缛,主要母体为圆点、涡纹、弧线及弧形三角等。通常单独使用黑彩,红彩极罕见,而且不单独施彩,

---

① 董光忠:《本校与山西图书馆美国福利尔艺术陈列馆发掘山西万泉石器时代遗址之经过》,《师大月刊》第三期,第101页。
② 〔日〕和岛诚一:《山西省河东平原以及太原盆地北半部的史前调查概要》(日文),《人类学杂志》58卷4号,1943年,第158页。转引自陈星灿:《中国史前考古学史研究(1895—1949)》,社会科学文献出版社,2007年,第84页注。
③ 安志敏:《中国史前时期之农业》,《燕京社会科学》,1949年第2卷,第49页。转引自安志敏:《中国新石器时代论集》,文物出版社,1982年,第257页。
④ 安志敏:《大河村炭化粮食的鉴定和问题——兼论高粱的起源及其在我国的栽培》,《文物》,1981年第11期。
⑤ 黄其煦:《黄河流域新石器时代农耕文化中的作物——关于农业起源问题的探索》,《农业考古》,1982年第2期。

只是作为黑彩的陪衬。素陶中,双唇明显的小口尖底瓶,曲腹的盆钵、内带横耳的敛口盂、敛口小平底大陶瓮及釜灶等甚为流行,而鼎则极为罕见。安(志敏)先生所说的庙底沟类型,当即指西阴村类型,当考虑到庙底沟仰韶文化实际包含了西阴村类型的和三里桥类型的遗存,不若西阴村类型单纯;其次,西阴村遗址的发现远较庙底沟为早,故本文采用西阴村类型一词"[1]。

张忠培先生于1993年在平朔举行的山西省考古学会第三届年会上,则首先提出"西阴文化":"现在,大家都肯定以庙底沟遗址上、下层为代表的那类遗存,确具独立的性格,依据考古学的惯例,实际上已分别名之为西阴文化和荆村文化。这倒不是为山西争名分,而是对那些考古学先驱已作出的成绩,进行必要的肯定。"[2]

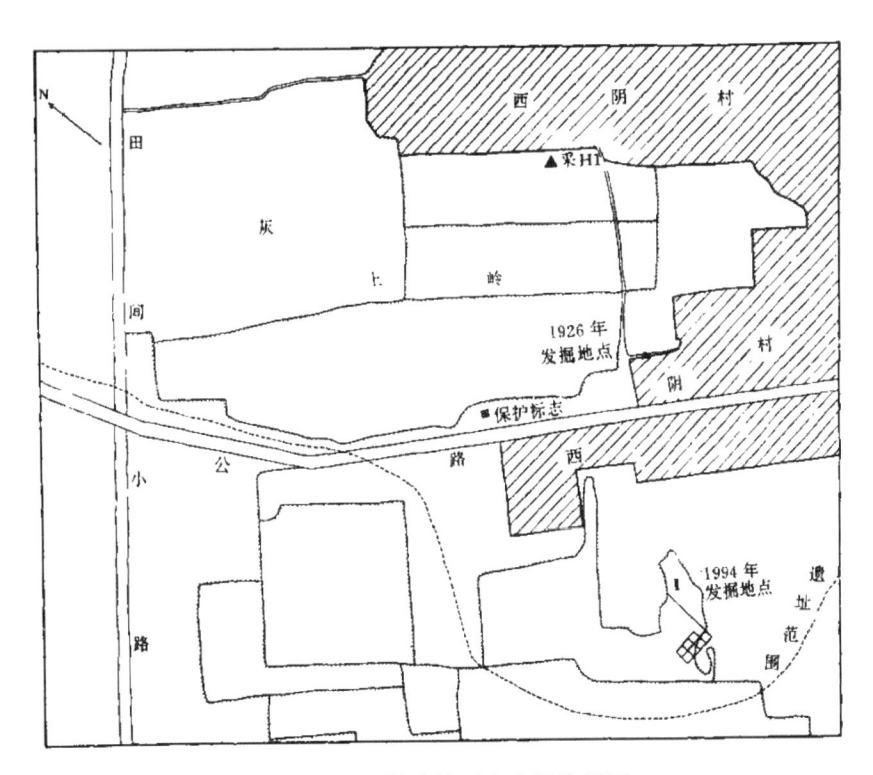

图 22 西阴村遗址两次发掘位置图

而1994年10月2日至11月28日,山西省考古研究所进行了第二次发掘工作

---

[1] 杨建芳:《略论仰韶文化和马家窑文化的分期》,《考古学报》,1962年第1期。
[2] 张忠培:《考古学史、"新考古学"与山西考古的几个问题》,《山西省考古学会论文集》(二),山西人民出版社,1994年,第33页。

（见图 22），发掘面积 576 平方米。发现了西阴文化（见图 23）、西王村Ⅲ期文化、庙底沟二期文化、二里冈文化的遗存，以西阴文化和庙底沟二期文化为主。并于 1996 年发表了《西阴村史前遗存第二次发掘》[①]。2006 年，余西云先生发表《西阴文化：中国文明的滥觞》[②]，第一次系统地论述了西阴文化这一在史前中国占有重要地位的考古学遗存。

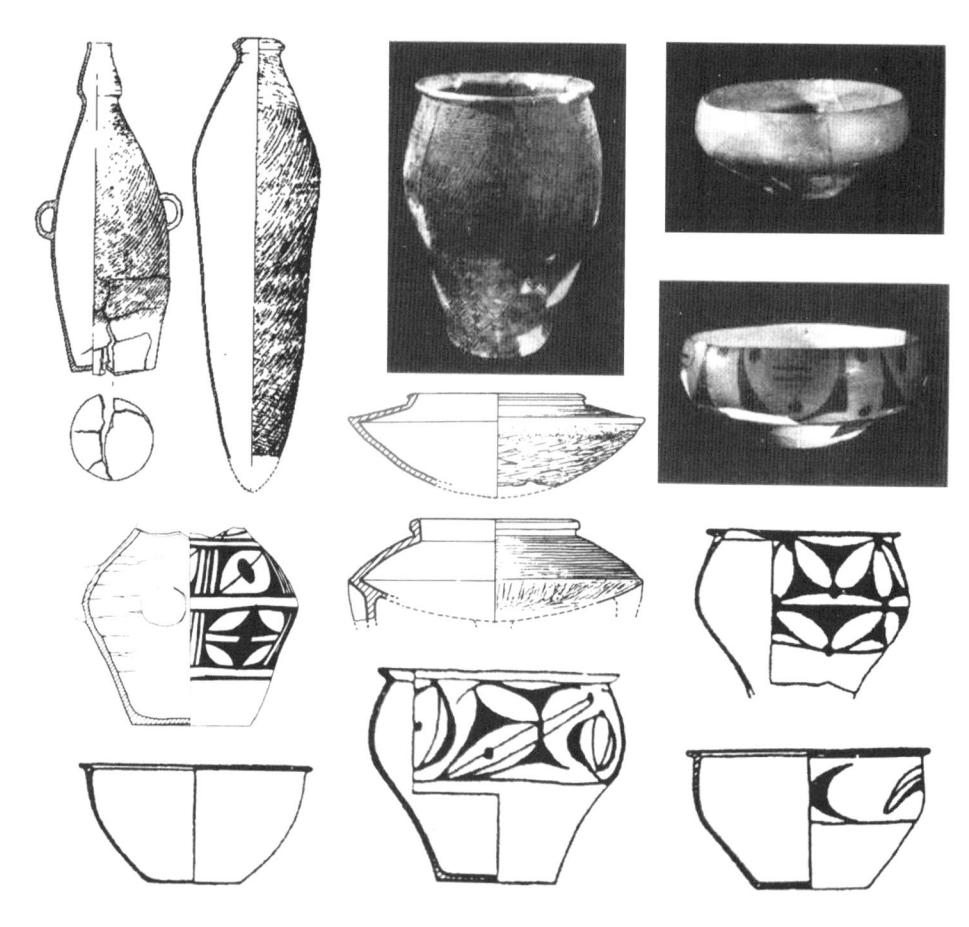

图 23　1994 年西阴村遗址中发掘出土的西阴文化陶器

2006 年 10 月 15 日，纪念西阴村发掘八十周年学术研讨会在夏县召开，为 1926 年的那次发掘竖立纪念碑，铭文为：

[①] 山西省考古研究所：《夏县西阴村遗址发掘》（田建文、范文谦），《三晋考古》（二），山西人民出版社，1996 年。
[②] 余西云：《西阴文化：中国文明的滥觞》，科学出版社，2006 年。

岁在丙寅，月在戊戌，日在丁丑，鄂人李济，而立之年，领朴素民族情怀之风；发掘西阴，开中国学者独立主持之先。噫欤哉！至于今，八十载矣。华夏变化，地覆天翻，再造文化精神，为首推之功焉。

先生发轫于西阴，成就于安阳，领导史语所，桃李满天下。忠诚真理，襟怀坦荡，孜孜忘倦，著作等身。评价先生，皆曰：考古之父。史册记载，不及二三。勒石铭之，以为永远。

如今，西阴遗址和西阴文化再度为讲好黄河故事、考古晋南在中华文明进程中的地位与作用，发挥着越来越重要的作用。因为在西阴文化晚期，距今五千二三百年前，中原地区开始迈步走向文明的门槛！①

（二）荆村

陈星灿先生在《中国史前考古学史研究（1895—1949）》一书中，介绍了卫聚贤在万泉长约25公里的范围内调查发现遗址后，写道："经过发掘的是荆村瓦渣斜新石器时代遗址，发现粟（stetaria italica）和可能是高粱（andropogon sorghum var. vulgaris）的壳皮，尽管关于高粱的真假问题尚有争论，但无疑这里是仰韶村之外另一处新石器时代栽培作物遗存的重要遗址。"②

虽然没有出版发掘报告影响了荆村这次发掘的知名度，但陶瓮残片和董光忠称为"鬲"实为陶斝的三足器，这两件器物牵挂住了几代考古人的心。

陶瓮残片是西阴文化，上有锥刺纹做成蛙形图案（见图24）。1978年严文明先生在《甘肃彩陶的源流》中③，说明了包括荆村陶瓮蛙形图案在内的大量彩陶纹饰："甘肃地区的彩陶是从陕西关中地区发源，而后逐渐向西开拓，在公元前第五千年的半坡期到达甘肃东部，在公元前第四千年前半叶的庙底沟期到达陇西和青海东界，在公元前第四千年后半叶的马家窑期到达河西走廊东端，此后通过小坪子期、半山期、马厂期和四坝文化，一直延伸到河西走廊的最西端（图三），这个事实是对半个多世纪以来不时出现的彩陶文化西来说最有力的驳斥。"这也圆了李济、卫聚贤的"考古梦"。

陶斝是釜形斝，1941年6月，苏秉琦先生在《陕西省宝鸡县斗鸡台发掘所得瓦鬲的研究》中指出，荆村"单色陶器中也有一件称为鬲的标本发表，侈口、敛颈、鼓腹，

---

① 田建文：《中原地区走向文明的门槛》，《南方文物》，2018年第3期。
② 陈星灿：《中国史前考古学史研究（1895—1949）》，社会科学文献出版社，2007年，第84页。
③ 严文明：《甘肃彩陶的源流》，《文物》，1978年第10期。

圜底，三种细而高，表面平滑"，从腹、足构造上"与罗振玉氏的《古明器图录》中的一件叫作斝的陶器倒近似。现在暂不论应当把它们叫作什么名称，就它们的形制和功用而言似乎与铜器中的角、爵、斝等具有传统关系，与鬲类似乎不是一个系统"。苏先生于1983年6月在这篇文章的"补序"中指出："更多的材料则说明鬲的原始型就是斝形袋足器。"①

图24 严文明《甘肃彩陶的源流》中图四"仰韶文化蛙纹和鸟纹的演变"

继1993年张忠培先生提出荆村文化后，2002年他又在《客省庄与三里桥文化的单把鬲及其相关问题》这篇长文中，专门对"荆村文化"做了专门研究，认为提出"荆村文化"，并不是对过去使用的"庙底沟二期文化"的简单替代，"荆村文化分布于

---

① 苏秉琦：《苏秉琦考古学论述选集》，文物出版社，1984年，第102、95页。

伊河、洛河、汾河之南包括涑水河及黄河和岐山以东的渭河流域，是有斝无鬲和以釜形斝和盆形鼎为特征的遗存"，并把荆村文化分成五段，表面上看与庙底沟二期文化具有相同的文化特征，只不过分期细化成而已，实际上张先生首先认识到庙底沟二期文化和三里桥文化之间还存在着"东关文化"（山西垣曲古城东关），也就是"斝式鬲"阶段，并且产生陶鬲的客省庄文化、杏花文化都有相应的这五段当中的某一段，陶寺遗存、东关文化则与杏花文化、客省庄文化产生"斝式鬲"的方式和时间都有差异。①所以，他首先提出来的荆村文化、东关文化，对于不同小地区陶鬲的生成和出现，都具有决定性意义。

荆村的这件陶斝，是黄河流域早期的空三足器之一，受其启示产生了不同型式的陶斝和陶斝式鬲，再演进为陶鬲（见图25）②，是中国古代炊器杰出代表。陶鬲在龙山、夏商西周春秋时一直占据主要地位，战国早期消失，是中国古代文明方国、王国阶段最具代表性的器物。

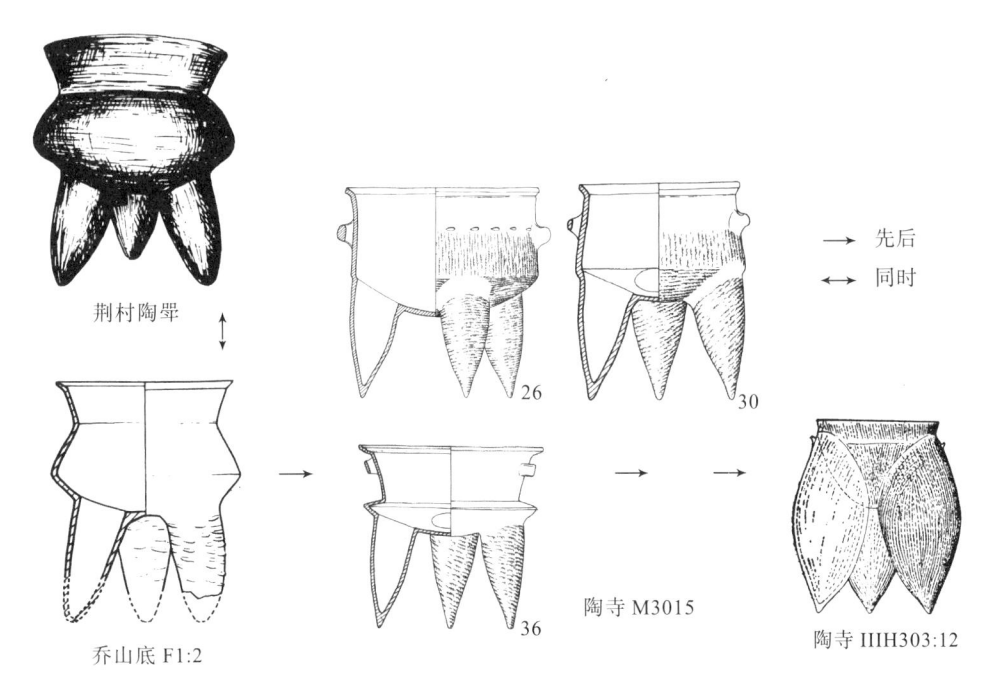

图25　从陶斝到陶鬲

---

① 宿白：《宿白先生八秩华诞纪念文集》，文物出版社，2002年，第17页。
② 张忠培：《黄河流域空三足器的兴起》，《华夏考古》，1997年第1期。本文以这篇论文为指导制成图25，荆村、侯马乔山底F1:2釜形斝同时，演变为陶寺遗址M3015:36；陶寺人采用以使用多年的釜灶之釜部和釜形斝的足部制成ⅢH303:12肥足鬲的前身，M3015:26、30盆形斝是釜形斝启示的产物。

（三）卫聚贤

卫聚贤于 1930 年在南京栖霞山的发掘中，"找到三处出土石器及几何印纹硬陶的地点，卫氏认为这是江南石器时代的遗物，从此揭开了长江流域史前文化研究的序幕"①。以发掘荆村成名的卫聚贤，不仅能跑调查，还有三点值得我们学习。

一是勤于思考。他的《新石器时代遗址发现的经过和见解》除了 1927、1928 年调查记录外，还有"新石器时代的所在地""陶器的制造""石器时代的所有物"三点见解，也就是聚落（遗址）的选择、制造陶器及从"传说""遗俗""发现"研究考古学现象，大胆提出独特的看法，如：

> 《唐风》"集于苞桑"，注家"苞桑"解作"丛桑"，现在山西安邑与万泉交界处堰头路旁条桑很多，这种条桑俗叫"桑铺陇"即是"苞桑"。又《魏风》"十亩之间兮，桑者闲闲兮"。山西南部在古宜桑可知。……山西高平县有一种特别蚕，名"桃色三眼蚕"，生长较易，适宜于古代天然生存。茧丝淡红色，时久当变为暗红色，其色泽与李济之先生所发现的正同。桃色三眼蚕茧小而硬，李济之先生所发现的蚕茧，轮廓甚小，其形正同。普通蚕茧每四百七八十个为一斤，桃色三眼蚕平均三百七八十个为一斤，质坚而硬，故能于一丈以下的土层中因日光直射不到，存在至今。是以断定李济之先生所发现的蚕茧为"桃色三眼蚕"一种。②

卫聚贤确确实实是李济先生的追随者，可惜此文发表在 1948 年就停办的杂志上，传播不广，更没有人对此看法深究了。

二是精于算计。卫聚贤因有成长在开杂货店的家庭和当过商店学徒、商业专门学校学习的经历，擅长发掘之前的预算，《新石器时代遗址发现的经过和见解》将他发现的遗址发布后，"希望大家再往调查一次，作一个掘发的工作计划书，再组织团体做大规模的掘发。兹将山西复查新石器时代遗址的路程说明于左"③，包括到万泉、文水道路有几条路线、在哪里倒车、怎么走，具体工具及价格都有交代，详细有加令人动容。

在《汉汾阴后土祠遗址的发现》一文中最后第四部分，列了"发掘计划"，分"得物估计""发掘计划"，很有意思。"得物估计"包括"当然得物""预计所得""进一步

---

① 陈星灿：《中国史前考古学史研究（1895—1949）》，社会科学文献出版社，2007 年，第 84 页。
② 卫聚贤：《新石器时代遗址发现的经过和见解》，《东方杂志》，1929 年，第二十六卷第四号，第 76 页。
③ 同上注，第 77 页。

希望"三部分，"发掘计划"包括"汉汾阴后土祠""新石器时代遗址""周秦汉遗址"三项，"新石器时代遗址"发掘山西万泉、太原，"周秦汉遗址"发掘河南洛阳、陕西咸阳。从发掘地点（若干小地点）到发掘人员、雇用人员、聘请人员、遗物运往南京等费用面面俱到，都罗列出来了。①

三是忠于事业。关于卫聚贤对考古调查、发掘资料的态度，他曾说：

> 余尝谓无考古知识而发掘古物是毁坏古物；无社会学识去考古是埋没古物。
>
> 不宜将发掘报告及古物图录不发表，而于其研究论文中插上几个图，作为发掘报告，这是不太科学的。有发掘报告作不出，古物图录不愿出，材料据为私有，于其研究论文中插上几个图，以为有人要用他的材料，就得引用他的结论，这完全是个人沽名主义，而学术上贡献太少。②

现在，依然是针砭时弊的良方。

山西考古学史，永远得从70年前的西阴和荆村说起，因为那是有筚路蓝缕之功、开舍我其谁之风的三次行动……

（田建文，1965年生，山西省考古研究院研究员。本文为教育部人文社会科学研究项目"出土文献与晋国史研究"［20YJC770032］成果。）

---

① 卫聚贤：《汉汾阴后土祠遗址的发现》，《东方杂志》，1929年，第二十六卷第十九号，第79—81页。
② 刘斌、张婷：《把名字写在水上：卫聚贤》，《大众考古》，2015年第5期。

《尧典》中的惇史

张怀通

《尧典》是今文《尚书》的第一篇,记载了传说中的华夏文明史早期圣王帝尧的事迹,其中有一段帝尧在晚年为选择继承人而向四岳等征询意见的文字:

> 帝曰:"咨!四岳。朕在位七十载,汝能庸命,巽朕位?"岳曰:"否德忝帝位。"曰:"明明扬侧陋。"师锡帝曰:"有鳏在下曰虞舜。"帝曰:"俞!予闻,如何?"岳曰:"瞽子,父顽,母嚚,象傲,克谐以孝烝烝,乂不格奸。"帝曰:"我其试哉!女于时,观厥刑于二女。"厘降二女于妫汭,嫔于虞。帝曰:"钦哉!"①

这段文字的大意是:帝尧让四岳继承帝位,四岳谦辞,师向帝尧推荐了生活于民间的身份卑微的虞舜。帝尧将二女嫁给虞舜,以观察虞舜的品行。

其中的"师锡帝曰:'有鳏在下曰虞舜'"一句话,尤其值得关注。"有鳏在下曰虞舜",即有一个单身汉在民间叫虞舜,这很好理解,但"师锡帝曰"四个字则令人费解。锡,即赐。"师赐帝曰"是一种居高临下的讲话姿态,似乎有违君尊臣卑的伦理准则。

一、学者对"师锡帝曰"的解释

学者对这句话做出了多种解释,据笔者目力所及,有代表性的是五家。其一,司马迁说:师锡帝曰,就是"众皆言于尧曰"②。其二,蔡沉说:"师,众;锡,与也。四岳,群臣诸侯同辞以对也。"③其三,皮锡瑞说:师,众人、乡党;锡,荐举。师锡帝,

---

① [宋]蔡沉撰,王丰先点校:《书集传》,中华书局,2017年,第6页。
② [汉]司马迁:《史记》,中华书局,1982年,第21页。
③ [宋]蔡沉撰,王丰先点校:《书集传》,中华书局,2017年,第6页。

即众人向帝尧荐举①。其四，章太炎说："经传以'锡'为'赐'，而彝器字只作'易'，是西周尚无'赐'字，况虞夏时乎？……彼此相予，古只作'易'，其后乃有'赐'字，为上予下之专称。'赐'可通言'易'，'易'不可变言'赐'。'师易帝'者，谓众予帝也。"②其五，杨筠如说："按古下对上似亦称锡，《禹贡》'九江内锡大龟'，又曰'禹锡玄圭'，锡并谓献也。"③

总结起来说，大家对"师"的解释较为一致，师即众人。对于"锡"的解释较为纷纭，司马迁、蔡沉是一类型，将"锡"含混地解释为言说、应答。皮锡瑞、章太炎、杨筠如是一类型，认为"锡"的意思是荐举、给予、献出。与此同时，章太炎、杨筠如还着重讨论了"锡"作为一个动词所表达的主与宾之间的上下关系，强调古代下级对上级的给予也可以使用"锡"。

笔者认为，上述学者对于"师锡帝"的解释，有些求之过深，原因在于学者对于"师锡帝曰"的性质及其产生的时代背景有隔膜。实际上，这四个字照字面意思理解就可以了。师，职官名称，商周时代的甲金文中有许多职官的师④，其最高级别可以位列公卿，典型代表就是西周初年的太公望，《诗经·大雅·大明》称颂他为"师尚父"⑤。锡，赐予。所谓"师锡帝曰"，就是"师赐予帝尧说"。

二、顶卣与"师锡帝曰"的文例

"师锡帝曰"的文例，也见于西周早期的青铜器铭文，如顶卣：

> 顶作母辛尊彝，顶𠭯【易、赐】妇婚曰：用鼎于乃姑閟。（《集成》10.5388）

细审上下文意，其中的"顶赐妇婚曰"，应该是"顶赐鼎给妇婚说"的缩略。以此衡量《尧典》的"师锡帝曰：'有鳏在下曰虞舜'"一句话，可知"师锡帝曰"的完整意思应该是"师赐虞舜给帝尧说"。二者虽然所赐有物与人的区别，但都是上对下的关系，则毋庸置疑。"赐"在商周金文中是一个常见的词语，笔者遍检《殷周金文集

---

① ［清］皮锡瑞撰，盛冬铃、陈抗点校：《今文尚书考证》，中华书局，1989年，第35页。
② 章炳麟：《古文尚书拾遗定本》，《章太炎先生遗书》，章氏国学讲习会印行，民国初年，第5页。
③ 杨筠如：《尚书核诂》，陕西人民出版社，1959年，第14页。
④ 张亚初、刘雨：《西周金文官制研究》，中华书局，1986年，第3—8页。
⑤ 程俊英等：《诗经注析》，中华书局，1991年，第751—758页。

成》①,"赐"字有主动与被动的分别,但都是上对下的给予,而没有下对上的例子,所以章太炎、杨筠如二位先生对于"赐"字表示的主宾关系的看法不能成立②。

公卿对君主讲话而采取居高临下的姿态,也见于《尚书·商书》的《高宗肜日》③:

> 高宗肜日,越有雊雉。祖己曰:"惟先格王,正厥事。"乃训于王曰:"惟天监下民,典厥义,降年有永有不永,非天夭民,民中绝命。"④

其中的"祖己……乃训于王曰",意思是祖己于是教训王说。训,教训。祖己,孔安国认为是"贤臣名"⑤,朱骏声认为是"王之宗族"⑥。当代学者如王国维、杨筠如、刘起釪等,认为是武丁之子孝己。王,是时王祖庚,武丁之子。孝己是祖庚的兄长,祖己是后世子孙对他的称呼⑦。"训于王"与祖己讲话中的"格王"前后照应。格,《尔雅·释诂》云"至也"⑧,至即致,所谓格王、致王,即将王招致⑨。先是招致王,然后教训王,居高临下的姿态,昭昭然不容回护。

顶卣证明,《尧典》"师锡帝曰"的文例可以成立。《高宗肜日》证明,公卿对于君

---

① 张亚初:《殷周金文集成引得》,中华书局,2001年,第725—731页。
② 笔者按:"禹锡玄圭"之锡,是一个被动词。这种主动被动不分的语法,在商周传世文献与出土文献中常见,如《逸周书·世俘》中的"太公望命御方来"等。"九江内锡大龟"之内锡,二字联言,而核心是内,即纳,即献,如同质量的重心是质。类似的例子,《禹贡》还有"橘柚赐贡"等,不能证明锡有下对上的意思。这样的字词结构,笔者推测很可能是口语的表现。
③ 笔者按:《高宗肜日》记载的祭礼,旧说是武丁祭祀成汤,现在学者从肜祭的性质入手,重新进行了考辨,认为是祖庚祭祀武丁。参见刘起釪先生的《谈〈高宗肜日〉》,《全国商史学术讨论会论文集》。《殷都学刊》增刊,1985年。此不赘述。
④ [宋]蔡沉撰,王丰先点校:《书集传》,中华书局,2017年,第105页。笔者按:对于个别标点,笔者进行了校改。
⑤ 裴骃《集解》引,见《史记》,中华书局,1982年,第103页。
⑥ [清]朱骏声撰,叶正渤点校:《尚书古注便读》,花木兰文化出版社,2013年,第83页。
⑦ 王国维:《高宗肜日说》,《观堂集林》,河北教育出版社,2001年。
杨筠如:《尚书核诂》,陕西人民出版,1959年,第119页。
顾颉刚、刘起釪:《尚书校释译论》,中华书局,2005年,第998—1000、1028—1031页。
⑧ [清]邵晋涵撰,李嘉翼、祝鸿杰点校:《尔雅正义》,中华书局,2017年,第28页。
⑨ 笔者按:历代学者对于"格王"之"格"的解释纷纭复杂,计有宽暇、谴告、至、正、嘏、阁、告等说法,见顾颉刚、刘起釪:《尚书校释译论》,中华书局,2005年,第1001—1003页。都避开了招王而致的意思,这与将训解释为训谏,是受了同样思想观念的支配,甚不可取。孔颖达与之有别,他说"既作此言,乃进言训王。史录其事,以为训王之端也。"见孔氏传、孔颖达疏《尚书正义》,阮元校刻《十三经注疏》,中华书局,1980年,第176页。虽然没有直接解释"格王",但大意不差,值得重视。

主讲话采取居高临下的姿态,在上古时代时或有之,《尧典》的"师锡帝曰"不是孤例。

三、由《高宗肜日》看"师锡帝曰"的惇史性质

公卿对君王讲话时采取居高临下的姿态,在秦汉以后的思想观念中显然有违纲常,所以伪孔传将"训于王"的"训"解释为"以道训谏"。增添一个"道"字,附加一个"谏"字,意欲用其下对上的意义,来缓和教训的上对下的刚性。

其实,这样做大可不必。近来,据笔者研究,《高宗肜日》是一篇惇史①,依据是《礼记》中的一段记载。《礼记·内则》云:

> 凡养老,五帝宪,三王有乞言。五帝宪,养气体而不乞言,有善,则记之为惇史。王亦宪,既养老而后乞言,亦微其礼,皆有惇史②。

五帝三王,是华夏文明史的早期。乞言,郑玄注云:"从之求善言可实行也。"惇史,郑玄注云:"史敦厚是也。"孔颖达疏云:"惇,厚也。言老人有善德行则记录之,使众人法则为敦厚之史。"③孔颖达又在《诗经·大雅·行苇》郑玄笺之下作疏云:"善言者,则惇史受之。《礼》有内外小史大史,无惇史。正以待接老人,择史之敦厚者掌之,惇非官名也,故彼注云:'惇史,史之孝厚者也。'"④这是讲惇史得名的来历。就

---

① 张怀通:《〈祭公〉与惇史》,《〈逸周书〉新研》,中华书局,2013年。
　笔者按:上博简(五)《竞建内之》云:"昔高宗祭,有雉雏于尸前,召祖己而问焉,曰:'是何也?'祖己答曰:'昔先君祭,既祭,焉命行先王之法'"。李学勤先生说:"这段话,我……猜想本于佚《书》《高宗之训》,讲的是殷高宗武丁举行祭祀,有雉鸣的灾异,贤臣祖己追述先王之德"。俱见氏著《〈鲍叔牙与隰朋之谏〉禹、龙解》,《通向文明之路》,商务印书馆,2010年。孔颖达在《高宗肜日》孔氏传下作疏云:"名《高宗之训》,所以训高宗也。此二篇俱是祖己之言,并是训王之事。《经》云'乃训于王',此篇亦是训也,但所训事异,分为二篇,标此为发言之端,故以'肜日'为名。下篇摠谏王之事,故名之《训》,始终互相明也。《肆命》《徂后》,孔历其名于《伊训》之下,别为之传。此《高宗之训》,因序为传,不重出名者,此以训王事同,因解文便作传,不为例也。"(孔氏传、孔颖达疏《尚书正义》,阮元校刻《十三经注疏》,中华书局,1980年,第176页)。《伊训》《高宗之训》已经遗失,但由传疏等揆之,应与《高宗肜日》一样,都是惇史。
② 王文锦:《礼记译解》,中华书局,2001年,第385页。
③ [汉]郑玄笺,[唐]孔颖达疏:《礼记正义》,[清]阮元校刻《十三经注疏》,中华书局,1980年,第1468页。
④ [汉]郑玄笺,[唐]孔颖达疏:《毛诗正义》,[清]阮元校刻《十三经注疏》,中华书局,1980年,第534页。

性质而言，所谓惇史，用现在的话说就是"嘉言懿行录"①。就体裁而言，惇史则是以《国语》为代表的语类文献的源头。

与《高宗肜日》同样具有惇史性质的传世文献，是今本《逸周书》中的《祭公》。《祭公》的开头是"公其告予懿德"，即穆王向年高德劭的祭公乞言；结尾是"王拜手稽首党言"，即穆王对于祭公善言致以隆重的拜谢②。此外，《梓材》《雒诰》《皋陶谟》、清华简《厚父》等篇章中的部分材料也有惇史的性质，大家可以参看笔者的论文③，为了避免枝蔓，此处不再赘述④。

《高宗肜日》是惇史，惇史是国家耆老应帝王乞言而讲述的善言，所以这些年高德

---

① 王文锦：《礼记译解》，中华书局，2001年，第385页。
② [清] 朱右曾：《逸周书集训校释》，商务印书馆，1940年，第125、127页。
③ 张怀通：《〈祭公〉与惇史》，《〈逸周书〉新研》，中华书局，2013年。
　张怀通：《由〈梓材〉论书篇的合成体例诸问题》，纪念清华简入藏暨清华大学出土文献研究与保护中心成立十周年国际学术研讨会提交论文，2018年，北京。
　张怀通：《鳌方彝、〈祭公〉与〈厚父〉诸篇体例》，《出土文献与诸子学研究新境——第四届诸子学术研讨会论文集》，上海大学，2017年，上海。
　笔者按：《尚书·吕刑》的开头云："惟吕命王，享国百年，耄。荒度作刑，以诘四方。"（杨筠如：《尚书核诂》，陕西人民出版社，1959年，第297页）《周本纪》意译为："诸侯有不睦者，甫侯言于王，作修刑辟。"（司马迁：《史记》，中华书局，1982年，第138页）其中的"惟吕命王"尤其值得注意。诸侯而命王，情态、性质与《高宗肜日》类似，其材料来源也可能是惇史。
④ 笔者按：与乞言、惇史类似的君主向年高德劭的公卿请教的材料，还有《诗经·大雅·行苇》与《小雅·皇皇者华》。《行苇》云"敦彼行苇，牛羊勿践履。方苞方体，维叶泥泥。戚戚兄弟，莫远具尔。或肆之筵，或授之几。肆筵设席，授几有缉御。或献或酢，洗爵奠斝。醓醢以荐，或燔或炙。嘉肴脾臄，或歌或咢。敦弓既坚，四鍭既钧；舍矢既均，序宾以贤。敦弓既句，既挟四鍭。四鍭如树，序宾以不侮。曾孙维主，酒醴维醹，酌以大斗，以祈黄耇。黄耇台背，以引以翼。'寿考维祺，以介景福。'"（程俊英等：《诗经注析》，中华书局，1991年，第808—812页）《毛序》云："《行苇》，忠厚也。周家忠厚，仁及草木，故能内睦九族，外尊事黄耇，养老乞言，以成其福禄焉。"其中的"缉御"，郑玄注云："缉，犹续也。御，侍也。兄弟之老者，既为设重席、授几，又有相续代而侍者，谓敦史也。"（郑玄笺、孔颖达疏：《毛诗正义》，阮元校刻《十三经注疏》，中华书局，1980年，第534页）
　《皇皇者华》云："皇皇者华，于彼原隰。駪駪征夫，每怀靡及。我马维驹，六辔如濡。载驰载驱，周爰咨诹。我马维骐，六辔如丝。载驰载驱，周爰咨谋。我马维骆，六辔沃若。载驰载驱，周爰咨度。我马维骃，六辔既均。载驰载驱，周爰咨询。"（程俊英等：《诗经注析》，中华书局，1991年，第444—447页）《左传》襄公四年云："访问于善为咨，咨亲为询，咨礼为度，咨事为诹，咨难为谋。"（杨伯峻：《春秋左传注》，中华书局，1990年，第932—934页）《国语·鲁语上》云："咨才为诹，咨事为谋，咨义为度，咨亲为询，忠信为周。"（上海师范大学古籍整理研究所校点：《国语》，上海古籍出版社，1988年，第186页）
　另外，清华简《祭公》有"蔑有耆耇虑事屏朕位""我王访良言"；《康诰》有"女丕远惟商耇成人宅心知训"等，都可见惇史传统在商周时代的兴盛状况。

劭的公卿在帝王面前采取了一种居高临下的姿态。在战国以后看似有违君臣纲常的做法，在商周以前的华夏文明史的早期，却是一项基于养老敬老礼制之上的郑重的文化传统，这理应引起我们的高度重视。据此笔者认为，《尧典》的"师锡帝曰"有与《高宗肜日》"祖己……训于王曰"类似的情景，所以其性质也应该是惇史。

四、惇史与《尧典》的材料来源

《尧典》的"师锡帝曰：'有鳏在下曰虞舜'"，由《高宗肜日》做参证，可以确定是惇史，这只是问题的一个方面。另一个方面是，《高宗肜日》是一篇完整的惇史，而《尧典》的这句话可能只是惇史的节选。

可能是惇史的节选，意味着这句话的后面还有故事。伪孔传云："众臣知舜圣贤，耻己不若，故不举，乃不获已而言之。"① 这显示了帝尧的朝堂上，君臣之间、公卿之间的微妙关系。伪孔传有何依据，我们不得而知，但师在帝尧与四岳的对话中突然冒出，然后踪迹全无，确实给人以突兀之感，使人对于此处的问题不得不深而思之。

可能是惇史的节选，意味着省略了事件中的许多细节。这使得其所在段落对于帝尧为选择接班人而进行的咨询、考察等需要较长时间、较多人物，经历较为复杂过程才能完成的重大举措的叙述，浓缩在短短的一个段落之中。跨度大，间隔长，而细节几无，所以显得粗疏含混。不惟如此，《尧典》的其他部分，如对帝尧派遣羲和测量四时、与四岳计划治理洪水等事迹的叙述，也有这样的特征。之所以如此，当是因为首先《尧典》的作者距离帝尧的时代已经很遥远，缺乏真切的生活体验。其次，《尧典》对于材料可能进行了节选，节选有的是主动，有的是被动，而以被动占多数。时空悬隔，传说微茫，面对只言片语，"作者"也只好如此了②。

《尧典》的成篇方式，历来是学者关注的重要学术问题。例如竺可桢先生，依据岁差确定《尧典》记载的四仲中星是商末周初的天象③。再如胡厚宣先生，依据甲骨卜辞

---

① ［汉］孔氏传，［唐］孔颖达疏：《尚书正义》，［清］阮元校刻《十三经注疏》，中华书局，1980年，第123页。
② 笔者按：葛志毅先生说："通过把它（《尧典》——引者注）与西周金文的记事水平相比较，可断定其出现在西周晚期至春秋初期的前后。《尧典》应是此时期内的某位史官，根据前代传下的多种片段文件及相关传闻，经组织编缀而成。"见氏著：《〈尚书·尧典〉与古史研究方法小议》，《谭史斋论稿续编》，黑龙江人民出版社，2004年。葛先生的观点可以信从。
③ 竺可桢：《论以岁差定〈尚书·尧典〉四仲中星之年代》，《竺可桢文集》，科学出版社，1979年。

确定《尧典》记载的四方风名的滥觞在殷商时代的后期①。现在本文对于《尧典》"师锡帝曰：'有鳏在下曰虞舜'"节选自惇史的论述，则在诸位学者的基础上，再为《尧典》材料来源的多样性、可靠性增添一个新证据。笔者希望以此推动《尧典》研究再前进一步。

（张怀通，1963年生，历史学博士，现为河北师范大学历史文化学院教授，博士生导师，研究方向是先秦史、"尚书"学。）

---

① 胡厚宣：《甲骨文四方风名考证》，《甲骨学商史论丛初集》，河北教育出版社，2002年。

浅析洪洞地域的舜文化遗存

仝建平

尧舜禹是上古时期的三位圣王，尧和舜名列三皇五帝之"五帝"之列。唐宋以来的全国地理总志、一统志中，大多记载尧都平阳、舜都蒲坂、禹都安邑。一般认为尧都平阳在今山西临汾一带，舜都蒲坂在今山西永济一带，禹都安邑在今山西夏县一带。今临汾、永济、夏县三地，均处山西西南部，关于尧舜禹的文化遗迹、民俗活动、传说故事甚为密集丰富，既有实物、文字记述，也有口耳相传，尽管现存者主体年代不太久远。山西南部曾是尧舜禹建都之地，成为佐证山西是华夏文明的直根、重要的发祥地，因而也是中华文明中重要的山西文化元素。

随着临汾市襄汾县陶寺遗址考古工作的不断推进，大批史前文物陆续被重新发现，帝尧曾在陶寺建都逐渐成为学术界的共识。山西南部的尧文化遗存，集中在以陶寺为中心的临汾盆地，东西南北四向均有，其中以今尧都区、襄汾县、洪洞县、浮山县、绛县较为集中。

最近几年，主持陶寺考古发掘的何驽先生提出陶寺为尧舜之都，看来对临汾盆地的舜文化遗存整理研究很有必要。临汾盆地的舜文化遗存，涉及洪洞、尧都、翼城等县域，集中在今洪洞、翼城两县，此两地均与舜耕历山传说有关，尤其是洪洞县的"三月三接姑姑迎娘娘"民俗，更是持续时间久远，成为当地影响较大的重要民俗活动，也有当地文化学者提出舜都蒲坂在万安的说法。

一、地方志记载的尧舜文化

万历《平阳府志》卷四《坛壝祠庙附》载："舜庙，在县西四十里圈头村，宋天圣七年里人李良辅建，邑郎中孙抑记。"

万历《洪洞县志》载："帝舜娥皇女英祠，昭宗天祐二年封懿节祠，祠在县西二十里舜岭上。"雍正《洪洞县志》同。

民国《洪洞县志》卷八《坛庙》载："尧庙二，一在县南东张村，宋天圣八年建，有碑记。一在县南羊獬村，元至元十四年里人杨道甫建。""舜庙三，一在县东苏堡村，康熙间邑绅刘衷等重修；一在县南范村，元大德十年里人张元庆建；一在西圈头村，宋天圣七年里人李良甫建。""娥皇女英庙四，一在县东门外；一在县南羊獬村；一在县西万安镇北门外；一在县西英山上，又名英山神祠。"另据康熙《平阳府志》卷十《祠祀·洪洞县》载："英山神祠，在县西三十里。"

道光《赵城县志》卷二十七《坛庙》载："圣王庙，在南门外东堡上，元至元中建，祭祀古帝虞舜。"

据上述今洪洞县域四种旧志即万历、雍正、民国《洪洞县志》和道光《赵城县志》以及万历《平阳府志》记载的不完全统计，洪洞至少有尧庙二、舜庙四（舜庙三、圣王庙一）、娥皇女英庙四，经过了唐、宋、元、明、清、民国，时代从唐末直到民国，从未中断。此外县志记载尚有英山、舜岭。想必其他地方文献也有记载。据传说娥皇、女英为亲姐妹，是尧的女儿，同时嫁给舜为妻。尧都平阳，舜耕历山，洪洞地域形成"三月三接姑姑迎娘娘"远古走亲民俗，历时久远，至今仍在活态传续。足见洪洞地域是一处尧舜文化厚重之地。

二、洪洞现存的舜文化遗迹

洪洞地域现存的舜文化遗迹，主要包括舜（王）庙、圣王（圣王村、圣王乡、圣王庙）、娥皇女英庙，以及"三月三接姑姑迎娘娘"习俗等。

（一）舜（王）庙

据今人所编《洪洞名胜》，万安镇东圈头村南500米的历山上现有新修的舜王庙，又称神立庙。原本宋天圣七年（1029）里人李良甫重建，又称神立庙，规模宏大，有舜王殿、娘娘殿、两宫娘娘庙、药王庙等建筑，1942年被侵华日军全部烧毁。20世纪80年代以来，在舜王庙遗址逐渐重修，现有舜王殿、娥皇女英殿，每年三月初三、四月二十八、五月端午、六月十八、九月初九，当地民众均有庙会活动。[①]

[①] 董爱民主编：《洪洞名胜》，洪洞文化系列丛书，2004年，第384页。

据《洪洞古刹名寺》①，甘亭镇羊獬村东北原有舜王庙一座，土改时期被拆毁，1980年在原址重建。明姜镇圣王村现有舜庙一座，亦称圣王庙，为清代建筑。

（二）圣王

1. 圣王村

在洪洞一带，舜也被称为圣王。《洪洞县地名录》记载，圣王村委会为圣王乡所在地，辖圣王、短畛里两个自然村，村委会驻圣王。"圣王，地处丘陵，耕地2800亩，897口人。相传，此地朱坟（一说'朱家'）圪塔是舜王降生之地。舜在位以仁政平治天下，初耕历山，教民种田，后世尊为圣王，故名"②。

圣王村现有舜庙一座，也称为圣王庙。据《洪洞名胜》记载，圣王舜庙位于明姜镇圣王村学校内，占地约2亩余。圣王舜庙始建于明天顺八年（1464），现存大殿为清代建筑，大殿内供奉着舜王，左右分别是娥皇和女英塑像。殿外台基左右各有石碑一通，为前代嘉庆年间重修碑。"据传说，舜王出生于此地的诸冯圪塔，诸冯圪塔位于圣王舜庙西北约千米余的土山上，地形较高，后人建有庙宇"③。

圣王村现存明代屯田碑一通，碑额题"赵城县圣王屯"，可知圣王之地名明代已有。另据村之舜庙碑记，清代名圣王庄隶属侯村里。

2. 圣王乡

《洪洞县地名录》记载，圣王乡位于洪洞县东北部霍山脚下，据县城20公里。东与古县为界，西与赵城镇相连，南与明姜镇为邻，北与苑川乡接壤。乡政府驻圣王村。1961年从明姜公社分设圣王公社，1984年改设圣王乡④，2001年与明姜镇合并为新的明姜镇。

3. 圣王庙

赵城镇新庄村村西现存圣王庙一座，始建年代不详，据庙中正殿顶板题记，清乾隆三十四年（1769）和道光二十六年（1846）曾予以整修。现存建筑有正殿（三圣殿，供奉尧舜禹）、东西配殿、戏台等，院内有道光重修庙记碑一通，院外有嘉庆建义学碑一通。

据《洪洞古刹名寺》，明姜镇沙窑村现存圣王庙一座；龙马乡岳柳村西南现存圣王

---

① 董爱民主编：《洪洞古刹名寺》，洪洞县旅游文化研究会，2011年。
② 洪洞县人民政府：《洪洞县地名录》，1987年，第59页。
③ 董爱民主编：《洪洞名胜》，洪洞文化系列丛书，2004年，第450页。
④ 洪洞县人民政府：《洪洞县地名录》，1987年，第58页。

庙一座，创建年代不详，清嘉庆二十一年（1816）重修，2005年重建圣王殿；左木乡李家坪村现存圣王庙一座，道光四年（1824）、光绪元年（1875）重修。此外，左木乡翟庄村下翟庄自然村中有三圣庙一座，道光十年（1830）曾重修，供奉老君、孔子、圣王。

据《洪洞金石录》，现存康熙十五年（1676）赵城县李村里《上王安乐二圣神庙碑》，编者认为"上王"或为圣王[①]。

陈泳超《背过身去的大娘娘》[②]一书中对圣王庙做过专门研究。他曾在洪洞一带进行过多年田野调查，发现洪洞、霍州、尧都、沁源均有圣王庙，但其神主却有舜、伯益、唐太宗三位。其中，洪洞县龙马乡沟北村有圣王庙，神主为舜；明姜镇沙窑村有圣王庙，神主为舜；万安村安乐庙系由圣王庙改名而来，神主为舜。而尧都区吴村镇太明村圣王庙神主却为伯益，现存同治年间《重镌碑记》称为"伯圣"；道光《直隶霍州志》所记霍州有圣王庙祭祀唐太宗；雍正《沁源县志》记沁源有圣王庙祭祀唐太宗。他认为，一般而言，和龙王、牛王、马王诸神并立的圣王也可能为伯益，主管农业相关事务；舜王和伯益均可作为圣王庙的主神。

《背过身去的大娘娘》所载现存的三处圣王庙（沟北村、沙窑村、万安村），神主均是舜；万安村过去田地里尚有另一座小的圣王庙，单供舜王一人，现已消亡；明姜镇中心广场附近的关老爷庙，左侧偏殿为"三王殿"，供奉圣王、龙王、马王，圣王居中，据村中老者讲，此圣王肯定不是舜王，至于是谁，他也说不清楚；而尧都区太明村的神主是伯益，霍州和沁源的均是唐太宗。看来，除却明姜镇关老爷庙三王殿之圣王非舜外，洪洞县域尚存的圣王庙神主尚未发现非舜者。陈教授所谓和龙王、牛王、马王诸神并立的圣王也可能为伯益之说法，有一定道理，但也需要进一步去调查验证坐实。笔者前去洪洞万安一带调查，在万安舜王安乐庙现在复建的大殿中，据修庙的村民讲，神主为舜，但八蜡、马王、牛王、三霄娘娘神像与舜并排塑立，当然舜居中，且略高于其他诸神。

至于《洪洞古刹名寺》所列岳柳村、李家坪村现存圣王庙之神主究竟为谁，需要进一步调查核实。但据笔者调查，舜作为圣王在洪洞地域是较为普遍的现象。

---

① 李国富主编：《洪洞金石录》，山西古籍出版社，2008年，第171页。
② 陈泳超：《背过身去的大娘娘》，北京大学出版社，2015年。

(三) 娥皇女英

1. 娥皇女英庙

据《洪洞名胜》记载，万安村西北隅现存娥皇女英庙一座，又称娘娘庙，占地约10亩，始建年代不详，现存建筑为清代所建。娘娘庙现存建筑有前殿、后大殿、献厅等。前殿内供奉娥皇女英塑像。殿前乾隆五十三年（1788）《崇祀娥皇子孙圣母圣诞碑记》记载，每年六月十八日为娥皇圣母诞辰。前殿东有"三圣庙"，中供奉舜王，东为东岳大帝，西为老君。[①] 另外，娘娘庙现存有康熙十三年（1674）"二位娘娘宫中公备物件"记事清单石碣。

2. 姑姑庙

洪洞县城南15公里的甘亭镇羊獬村村西汾河东岸的沙滩上有一座占地60余亩的姑姑庙，也称尧庙，传说此地是尧的行宫和两个女儿娥皇女英生活与出嫁之地。庙园曾被毁，1990年以来重建。庙内有皇姑殿，亦称姑姑殿，民间统称娥皇女英为皇姑，而羊獬村及周围村民则称为姑姑，也有称娘娘、圣母者，殿内神台上有娥皇女英塑像。庙内现建有尧王大殿，正殿后有寝殿，塑有帝尧和皇天圣母像；寝殿院内东侧竖有一通"二皇姑录"碑。[②]

此外，洪洞一带现存多处娘娘庙、姑姑庙，或有祭祀娥皇女英者。

(四) "三月三接姑姑迎娘娘"习俗

至于洪洞一带至今每年民众自发组织的"三月三接姑姑迎娘娘"习俗，从羊獬到历山，阵容庞大，场面热烈，沿途村民参与热情甚高，这是一种活态的舜文化，和其他舜文化区域相比较也是甚为少见，特征鲜明。

(五) 其他

在万安村一带，舜的遗迹尚存多处，如舜岭、妫汭、姚商院、二郎庙等，传说故事甚为密集。在洪洞地域，有多座三官庙，乡人说有的三官庙供奉的是尧舜禹。

[①] 董爱民主编：《洪洞名胜》，洪洞文化系列丛书，2004年，第425页。
[②] 同上注，第170页。

三、洪洞佚失的舜文化遗迹

据《洪洞古刹名寺》一书的不完全统计，洪洞县亡佚的舜文化遗迹包括舜（王）庙、圣王庙、娥皇女英庙等。

（一）舜（王）庙

大槐树镇之张村；苏堡乡之范村；明姜镇之圣王村西北朱峰圪塔。

（二）圣王庙

大槐树镇之北营村、后坡底村、西冯堡村、沟东村、南王村、大胡麻村；甘亭镇之郭堡村；广胜寺镇之南堡村、石桥村；刘家垣镇之黄村；龙马乡之赤荆村、塾堡村；明姜镇之中社村、东太吉村、营田庄村；苏堡镇之董寺村；万安镇之温家庄村、东梁村、涧西村、南李村、普安村、西漫底村；辛村乡之西李村、程曲村、辛村、登临村；淹底乡之吉村；赵城镇之沙桥庄村、赵城城内、沟里村。上述村庄内原均有圣王庙，现均亡佚。其中有的近些年修复，如南王村圣王庙于1985年和2003年两次复建，供奉的圣王是舜。

上述这些亡佚消失的圣王庙，也未尽全面，其神主究竟是舜或是其他，还需进一步调查研究。陈泳超教授《背过身去的大娘娘》提到大胡麻村中已经消亡的圣王庙，采访三位村中老者，都说圣王不是舜。但从洪洞一带的调查来看，供奉舜的圣王庙应是主体。

（三）娥皇女英庙

大槐树镇之常青村，原有娥皇女英庙，位于洪洞县城东门外，已被毁。

此外，《洪洞古刹名寺》一书所记载的亡佚寺庙，有不少娘娘庙、姑姑庙、三圣庙等，或许也有祭祀舜及娥皇女英者。

四、尧都区的三圣庙和霍州的圣王庙

洪洞地域有舜王、圣王信仰，建有多处圣王庙。在洪洞周围的尧都区和霍州，也有一些关于三圣、圣王的信仰，典型者如尧都区的三圣庙和霍州的圣王庙。

今尧都区一带，历史上建有多处三圣庙，即供奉尧舜禹三圣。现有碑刻存世，如现存尧庙的明正德《三圣庙碑》、嘉靖二年（1523）《三圣庙祭器记》和魏村镇吴家庄的乾隆《三圣庙重修碑》。亡佚的，如刘村镇北卧口村三圣庙，原有万历年间碑刻三通；大阳镇大堡村原有三圣庙，曾有道光年间记事碑《三圣庙□□》；吴村镇吴村原有三圣庙，曾有咸丰年间记事碑《重建三圣庙静宁宫碑记》。[①] 可见，今尧都区一带的舜信仰也有一定的空间分布。

据《三晋石刻大全·临汾市霍州市卷》[②]，霍州白龙镇陈村圣王庙尚存明天启元年（1621）《重修圣王庙碑记》，载曰"独有圣王之神，司我民间禾稼，保我阊阓桑蚕，上而国课军需，下而民生日用，无不藉明神以翊赞，直与司农司八穑□□□相为表里者也"[③]；南环路街道圣佛村圣王庙存有清康熙二十八年（1689）《重修圣王庙碑记》；大张镇西张村圣王庙存有清乾隆六年（1741）《修建圣王庙碣》（1999年村中重建圣王庙，刊有《西张村重修圣王庙碑记》曰"庙中所供神象唐太宗李世民也，此乃华夏文明史上一代明君，广为世人称颂与供奉"）；陶唐峪乡双头垣村圣王庙存有道光六年（1826）《创修圣王庙碑记》；陶唐峪乡南程村圣王庙存有清道光七年（1827）《补修圣王庙碑记》和同治十三年（1874）《重修圣王庙碑记》。大张镇下乐平村关帝庙献厅东墙上尚存《补修圣王殿香亭东山门并鞯鼓记》，"今下乐平村路北古有圣王、关帝、二郎三圣殿"。此书收录2004年《重建盛王庙碑记》，据称存于陶唐峪乡成庄村盛王庙，此庙建于康熙二十年（1681）十月，1972年被拆除，2004年村民集资重建，此"盛王"疑为"圣王"，但书中均作"盛"，尚待进一步核实。此外，霍州曾建有三圣庙、四圣庙、三圣寺，如辛置镇阴底村尚存乾隆十八年（1753）《重修四圣庙碑记》。

嘉靖《霍州志》卷二《宫室志·祠宇》载："圣王庙，在城东南里许高阜上，有碑记。"[④] 康熙《霍州志》基本相同。道光《直隶霍州志》卷十四《祠庙》载："圣王庙，在城东南里许，道光五年合社重修。祀唐太宗。按礼制，凡帝王之尊，非民间所得亵祀也。"[⑤] 可见至晚明嘉靖年间，霍州已建有圣王庙，神主为唐太宗。此外霍州也建有唐太宗庙。结合上述陈泳超教授的研究成果，霍州圣王庙的神主多有唐太宗，另外神主功能也有保护农业禾嫁，至于陈村所存明代圣王庙碑的圣王庙神主是谁，需要前去核实。唐太宗尽管贵为帝王，但在晋南、晋东南却有作为农业保护神存在的文化现象，如虫王庙就有供奉唐太宗为神主。如此看来，霍州地域的圣王庙神主或许多为唐太宗。

---

① 王天然主编：《三晋石刻大全·临汾市尧都区卷》，三晋出版社，2011年。
② 段新莲主编：《三晋石刻大全·临汾市霍州市卷》，三晋出版社，2014年。
③ 同上注，第66页。
④ 嘉靖《霍州志》，霍州市史志编纂委员会，2001年，第39页。
⑤ 道光《霍州志》，霍州市史志编纂委员会，2001年，第292页。

至于圣王为伯益，据襄汾县古城镇伯王庙 2015 年《伯王庙重修碑记》，"伯王名益，授封于舜，职在护禾驱害，因功绩高而深得民心，故而建庙为纪"。结合《背过身去的大娘娘》所述晋南地区广为分布的伯王庙，可知伯益在晋南民间作为农业保护神而存在。而作为圣王的舜，在民间尤其是洪洞地区是否也有农业保护神的功能，需要进一步研究，尤其是开展田野调查工作。

五、洪洞地域舜文化与临汾尧文化的关联

历史是真实的发生存在，文化现象尽管包含有历史的影子，但毕竟不是历史，可以有选择地构建。历史与文化现象可以共生并存。

文献、考古、口传故事、民俗四相结合，确定临汾盆地是尧文化的主要区域，陶寺极有可能就是尧都。相传尧帝年老传位于舜，开创治世，合称尧天舜日，被历代儒家羡称。尧舜文化影响互动从而有了可能。

从洪洞现存的历代方志记载来看，从来没有舜出生及耕作于洪洞一带的文字记述，看来舜耕洪洞一带的历山不一定是真实的历史存在，很可能是一种后起的文化现象，属于当地民众的文化记忆。根据地方文献记载，洪洞一带关于舜的文化遗迹最早是在唐末，距今已有 1100 年时间，现存遗迹多是清代者。尽管考古发掘证明万安一带有陶寺时期文化遗址，但目前没有直接证据证明舜部落曾在此地活动，因而万安与舜部落的历史活动仍然无法直接挂钩。结合舜部落的活动历史，可以推测洪洞一带的舜文化并非原生，很可能是从属于尧文化而派生出来的，但至少也有千年以上的历史，且随着历史的推移，洪洞的舜文化越来越丰厚，从上述现存及亡佚消失的舜王庙数量来看，甚为密集，加上"三月三接姑姑迎娘娘"历史久远、规模盛大、民众参与热情很大，足见洪洞一带舜文化之厚重，至少成为山西省域内一处重要的舜文化区域。

临汾地区在挖掘研究尧文化时不能画地为牢，将目光仅仅盯在尧都、陶寺，还要统辖四向如浮山、绛县的尧文化遗存，以及附属于尧文化的舜文化，尤其是较为典型的洪洞舜文化，这样才能为尧文化研究和开发利用注入新的文化元素，打造临汾盆地与枝繁叶茂的尧文化之间的对应，对于临汾市域弘扬尧舜德孝文化、文旅融合均具有积极的社会应用价值。

（仝建平，1976 年生，山西怀仁人，历史学博士，现为山西师范大学历史与旅游文化学院教授，研究方向为宋元历史与文献、山西地方史。）

20世纪以来晋国史研究述评

谢耀亭

晋国,周初分封拱卫周王室的重要诸侯国之一,自公元前1043年叔虞封唐,至公元前403年韩、赵、魏被周威烈王正式册封为诸侯,晋国在两周历史舞台上活跃了600余年。此后晋名仍存,直到公元前349年,晋静公寄居韩之屯留,为韩不容被弑,晋绝不祀,名义上的晋也彻底消失在历史长河之中。晋从分封到完全消亡,历时近700年。

西周时期的晋国,确实尽到了"以蕃屏周"的作用,这从晋穆侯追随周天子攻伐、晋文侯勤王等史实中不难看出。有道变无道,春秋相对于西周,发生了深刻的变化。晋国在春秋初年,实现了小宗代大宗,完成了蜕变,并继齐桓公首霸后,主导了之后春秋时代的整个霸业。周道荡荡之时,晋国尽职尽责,守护国土,拱卫王室;周道衰微之时,晋国又扛起"尊王攘夷"大旗,维系着天下格局。

晋国在两周封国中,特立独行,性格显明,异常耀眼。小宗代大宗、国无公族、异姓崛起、三家分晋等,在打破旧制度的同时,又昭示了新制度的走向。晋国史是两周国别史研究中的重要内容之一,也是中国文明奠基时期的重要研究课题之一。晋国之事,自其称霸时,已多被其他诸侯称道、评论,此后更是屡见于史书,绵延不绝,成为中国政治史、思想史的重要素材。

20世纪以前,晋国史的研究只是零散的、个别的,或附于经典注疏中,如《左传》《国语》《古本竹书纪年》《史记》等涉及晋国历史的历代注疏;或附于经学、史学、文学等研究中,如唐代柳宗元《桐叶封地辨》、顾炎武《日知录》收录的《晋国》《绵上》《晋都》诸文。较少对晋国历史有专门、系统的研究,此于古代学制、古人为学之法密切相关。

学术史的梳理与回顾,是学术走向纵深研究的前提和基础,关于晋国史研究的综述性论著，有阎海燕《20世纪以来晋国史研究的回顾与思考》[1]、张有智和王浚波《20世纪以来晋国史研究综述（1900—2010年）》[2]、郭永琴《百年来晋国史研究的回顾与展望》[3]。晋国考古方面的综述与研究，有刘绪《晋文化》[4]、剧锦阳《山西晋文化考古史研究》[5]。本文拟在出土文献视域下，结合时代特征，再次审视20世纪以来晋国史研究的历程，以期对今后的晋国史研究有所裨益。

一、1900—1949年晋国史研究的奠基阶段

20世纪伊始，新学制的颁行，新史学的倡导，新史料的发现，先秦史研究风气为之一新。罗王之学、"古史辨"运动，先后吸引着学人的目光，尤以顾颉刚先生为首的"古史辨"运动，为史学界带来巨大的震撼，产生了深远的影响。

学人研究风格不同，有的学者积极剥离古史的层层迷雾，也有学者通过严密的考证，来寻证历史的真实。其中也偶有涉及晋国历史，如丁山《由三代都邑论其民族文化》（1935）、王玉哲《晋文公重耳考》（1938）。一些学人的专著中，如蒙文通《古族甄微》（1933）、钱穆《先秦诸子系年》（1935）、陈梦家《西周年代考》（1946），对晋国内的戎狄、晋君世系与纪年多有考论。此外，一些通论性的著作中，因体例完整的需要，也涉及晋国史的论述，如范文澜《中国通史简编》（1942）、翦伯赞《中国史纲》（1946）、吕思勉《先秦史》（1941）、张荫麟《东汉前中国史纲》（1944）、童书业《春秋史》（1946）。

此阶段，新材料的发现，吸引了学人的高度关注，昭示着新的学术增长点。晋系青铜器的出土，引起学者的热烈讨论，如20世纪20年代出土的赵孟介壶，陈梦家（1937）、唐兰（1937）、刘节（1937）、容庚（1941）等先生皆有探讨。1931年出土的骉羌钟，刘节（1931）、吴其昌（1931）、罗振玉（1931）、唐兰（1932）、徐中舒（1932）、郭沫若（1932）、于省吾（1933）、杨宽（1946）等先生皆著文讨论，使研究不断深入。

---

[1] 阎海燕：《20世纪以来晋国史研究的回顾与思考》，山西师范大学硕士学位论文，2011年。
[2] 张有智、王浚波：《20世纪以来晋国史研究综述（1900—2010年）》，《中国史研究动态》，2015年第2期。
[3] 郭永琴：《百年来晋国史研究的回顾与展望》，《山西师大学报》，2017年第2期。
[4] 刘绪：《晋文化》，文物出版社，2007年。
[5] 剧锦阳：《山西晋文化考古史研究》，山西师范大学硕士学位论文，2018年。

整体来看，20世纪前半叶，晋国史的研究虽是零散、分点进行的，但在新史学的倡导之下，研究范式与方法皆有新的变化。尤其是与先秦史密切相关的考古学在中国的诞生与发展，不仅为先秦史研究提供源源不断的新材料，也为学人不断提供研究的新视角。可以说，此间晋国史研究虽为零星，但学术研究风格的基本形成、现代学术著作书写范式的确定、新材料的发现成为学术增长点的关键，这些因素皆为1949年之后的晋国史研究奠定了基础。

自1949年以来，在山西侯马、曲沃、翼城、襄汾、绛县、稷山、临猗、长子等地，以及河南温县、三门峡、辉县等地，河北邯郸，湖北、湖南等地，出土了大量的考古新材料，如城址、墓葬、青铜器、货币、盟书、竹简等，持续推动着晋国史的研究。20世纪前半叶的先秦史研究历程，已昭示了新材料的发现是学术增长的关键点。从出土文献视域考察，1949年后的晋国史的研究，又有如下几个特征明显的阶段。

二、1949—1976年晋国史研究的成长阶段

1949年，中华人民共和国成立后，山西省的考古田野工作逐步展开。1951年，山西省文物管理委员会成立。为寻找晋国的历史文化遗迹，组成考古调查组，对晋南、晋中地区进行了大量的考古田野调查。1952年，崔斗辰在侯马白店村一带拣到许多东周陶片，引起考古学者对侯马地区的注意。1955年，新兴的侯马市正在筹建，山西省文管会为配合基建，对侯马进行了文物普查，又在白店村、宋郭、汾上、西侯马、虒祁村等地发现遗存比较丰富的东周文化层和文化遗物，并结合传世文献，意识到侯马有可能就是晋国古都"新田"，并于第二年设立侯马考古工作站，正式发掘。① 从此，侯马及其地出土的考古遗存，成为晋国史研究无法绕开的话题。此段时期，考古工作者也调查了一些与晋国相关的遗址，如畅文斋《侯马东周殉人墓》（1960）、侯马市考古发掘委员会《侯马牛村古城南东周遗址发掘简报》（1962）、谢元璐、张颔《晋阳古城勘察记》（1962）、张万钟《侯马东周陶范的造型工艺》（1962）、王克林《山西侯马上马村东周墓葬》（1963）、陶正刚《山西闻喜的"大马古城"》（1963）、畅文斋《山西襄汾赵康附近古城址调查》（1963）、张德光《山西洪洞古城的调查》（1963）等，这些田野调查，大多是结合传世文献、民间传说等资料，为寻找晋国古城开展的有针对性的田野调查与发掘。

---

① 杨富斗：《侯马考古工作概况》，《晋文化研究座谈会纪要》，1985年，侯马。

侯马盟书的发现，可以视为此时期新材料出土带动晋国史研究的标志事件。1965年，在侯马电厂建设过程中，发现400余座祭祀坑，出土盟书5000余片，是研究晋国史难得的第一手文字材料，引起了学界的广泛关注，持继至今。张颔（1975）、郭沫若（1966）、陈梦家（1966）、唐兰（1972）、朱德熙和裘锡圭（1972）、陶正刚、王克林（1972）、李裕民（1973）等学者先后发表论文，积极讨论。侯马盟书的年代及主盟人，引起学界长期研究，有赵简子、赵敬侯、晋敬公或晋幽公、赵桓子、晋景公等不同看法。侯马盟书字形释读，及内容的分类研究得到学界的持续关注，深入探讨。1976年，《侯马盟书》的出版受到学界高度赞扬，也为学人对侯马盟书的深入研究奠定了基础。

除新材料引发的集中讨论之外，晋国史研究中，一些长期悬而未决的问题仍在讨论。如晋之始封地问题，有程发轫《春秋左史传地名图考》（1967）。晋国"作爰田"问题，有徐中舒《试论周代田制及其社会性质——并批判胡适井田辨观点和方法的错误》（1955）、高亨《周代地租制度考》（1956）、王毓铨《爰田（辕田）解》（1957）、金景芳《由周的彻法谈到"作州兵""作兵甲"等问题》（1962）、曹汉奇《关于作爰田问题》（1963）等。一些通论性著作中，对晋国史的一些问题也有涉及，如杨宽《战国史》（1955）、王玉哲《中国上古史纲》（1959）等。

通观此阶段的晋国史研究，在继承20世纪以来学术风格的基础上，有了明显的时代印记。20世纪上半叶，先秦史研究风格、撰写范式基本形成，新材料的发现成为学术增长的关键。侯马盟书的发现，形成了此阶段晋国史研究的焦点，便是明证。中华人民共和国成立后，马克思主义史学处于史学界的领导地位，"中国古史分期问题""中国封建土地所有制形式问题"作为史学界"五朵金花"之二，先秦史学界有热烈的讨论。此阶段，除新发现的侯马盟书之外，晋国史的相关论著中，也多集中讨论这两类问题，如"战国封建说"对晋国史的涉及，以及"作爰田"问题的较多讨论，皆与此有关。

三、1976—2000年晋国史研究的形成阶段

1976年之后，学术研究日益繁荣，晋文化考古时有新获，晋国史研究体系建立，研究机构增多，专题研讨会举办频繁，晋国史研究氛围已然形成。

学术环境转好，晋国史的重要性以及研究的迫切性便被有识之士提及。地处晋国核心区域的山西师范大学，在李学勤的建议下于1980年成立"晋国史研究室"，李孟

存、常金仓等人开始有计划地对晋国史进行研究。1982年,张颔发文言道:"晋国地望在山西,作为山西省的史学工作者和考古工作者对于晋国史和晋国文化的研究有着不可推卸的责任,这不仅是山西社会科学的一件大事,就是对于全国史学界来说,也是不可漠视的重要课题。"① 《晋阳学刊》《山西师大学报》等刊物先后专辟"晋国史研究"栏目,为晋国史研究提供了阵地。

李孟存、常金仓于1983年完成初稿的《晋国史纲要》②,是第一部研究晋国史的专著,建立了晋国史研究的体系和范式。全书分十六章,前九章依时间顺序,从叔虞封唐写到三家分晋,利用传世文献,将晋国自建立至消亡的线索勾勒出来。后七章分别对晋国的农业和畜牧业、手工业、商业和城市、社会的阶级结构、制度、晋与戎狄的关系及疆域变化、思想文化进行了专题式的梳理和研究。《晋国史纲要》虽名"纲要",但其开拓性的贡献不容置疑,是晋国史研究史上具有里程碑意义的奠基性代表作,标志着晋国史研究正式形成。

此阶段伊始,延续了上个阶段的讨论话题,即对"作爰田"的进一步探讨。有林剑鸣《井田和爰田》(1979)、罗元贞《晋国的爰田与州兵》(1979)、彭益林《晋作辕田辨析》(1982)。1982年林鹏发表《晋作爰田考略》,李孟存、常金仓发表《对〈晋作爰田考略〉的异议》(1982),林鹏随即进行了答复《再论晋作爰田——答李孟存、常金仓二同志》(1982),李孟存、常金仓进行了再商榷《爰田与井田——与林鹏同志再商榷》(1984)。晋"作爰田"问题,引起学界持久的关注,如徐喜辰《晋"作爰田"解并论爰田即井田》(1983)、杨善群《"爰田"释义辨正》(1984)、史建群《试论晋"作爰田"及其影响》(1984)、张玉勤《晋作爰田探讨》(1984)、李民立《晋"作爰田"析——兼及秦"制辕田"》(1986)、邹昌林《"作爰田"和小土地占有制的兴起》(1988)、周苏平《论春秋晋国土地关系的变动》(1989)、叶茂《"作爰田"辨》(1992)、袁林《"爰田(辕田)"新解》(1998)。此阶段对"作爰田"的探讨不断深入,彭益林对汉魏以来关于"爰田"的旧注梳理极为详尽,但限于发表刊物原因,未被学人广泛关注,也未产生应有的影响。学人对"爰田"的训诂、旧注等皆有关注,并结合晋国实际情况,做出了各自的分析。晋"作爰田"是偶然性的小众事件,还是标志着生产方式变化的划时代事件?"作爰田"具体方式为何?学界未能取得一致的

---

① 张颔:《重视对晋国历史及晋国文化的研究》,《晋阳学刊》,1982年第1期。
② 此书正式出版为1988年。此书写作缘起及初稿完成情况,见"前言"。

看法。此阶段邹昌林的硕士论文《晋国土地制度》(1984)[①],对晋国土地制度进行了系统、深入的研究。

此阶段新材料出土带动晋国史研究,可以晋侯墓地的发现为标志。1992年开始发掘的晋侯墓地,是20世纪西周考古最重要的发现之一,共发掘9组19座晋侯及晋侯夫人墓,埋葬时代几乎贯穿了整个西周时期,而此时记载晋国的传世文献恰又严重不足,如晋侯苏编钟的出土,将尘封近三千年的历史重新昭示于后人,极其珍贵。晋侯墓地的发现,为研究西周时期的晋国史提供了最直接的可靠资料。学界利用新材料对晋国史的研究也较多,如邹衡、李学勤、李伯谦、刘绪、朱凤瀚、徐天进、孙华、马承源、冯时、江林昌、张长寿、王人聪、黄盛璋、田建文、倪德卫、夏含夷等学者皆有探讨。谢尧亭《晋侯墓地研究述评》一文[②],对学界相关研究有详细讨论。与晋国有关的一些考古报告也陆续发表,如《山西闻喜邱家庄战国墓发掘简报》(1983)、《山西浑源县李峪村东周墓》(1983)、《山西长子县东周墓》(1984)、《山西境内东周古城址调查》(1985)、《山西省潞城县潞河战国墓》(1986)、《山西芮城东周墓》(1987)、《运城南相春秋墓清理简报》(1990)、《临猗县程村东周墓发掘简报》(1993)、《万荣庙前东周墓葬发掘收获》(1994)、《晋都新田》(1996)。这些田野调查与考古简报的发表,对进一步厘清晋国及其附近古城邑有着重要的意义。

晋国始封地问题,一直是晋国史探讨的重点问题之一。20世纪以来,有晋阳说、翼城说、襄汾说、永济说、夏县说等不同说法,并有晋国三都两迁说、四都三迁说、五都四迁说、六都五迁说、七都六迁说等。此阶段仍有学者结合传世文献、民间传说及当地文化遗存进行梳理,如马斗全《唐叔虞封地在今永济考》(1982)、邱文选《古晋都在襄汾》(1981)、《晋国都七都六迁始末——兼谈古晋都故绛在今襄汾》(1982)、张志刚《唐叔虞封地究竟在哪里?》(1982)、段士朴《古晋都考》(1983)、李孟存和常金仓《叔虞封地诸说正误辨析》(1983)。无可辩驳的是,在没有考古实证的情况下,皆依据对传世文献及民间传说的分析,虽能自成一说,终未说服大众。

晋侯墓地的发掘,学界对晋国的始封之地及都城问题进行了相对集中的探讨。如李伯谦《晋国始封地考略》(1993)、《天马-曲村遗址发掘与晋国始封地的推定》(1998)、邹衡《论早期晋都》(1994)、《晋始封地考略》(1996)、《晋国早期都城遗址

---

① 邹昌林的硕士论文《晋国土地制度》完成于1984年,此后未作改动,直到2014年由社会科学文献出版社出版,见该书"自序"。
② 谢尧亭:《晋侯墓地研究述评》,《文物世界》,2009年第3、4期。

的发现与发掘及其学术意义》（1998）、刘绪和罗新《天马-曲村遗址晋侯墓地及相关问题》（1994）、田建文《新田模式——侯马晋国都城遗址研究》（1993）、《晋国早期都邑探索》（1994）、谢尧亭《北赵晋侯墓地初识》（1998）、陶正刚《晋国早期都城"唐"地考》（1999）等。晋侯墓地的发现，使学人思考晋国始封地及早期都城问题时多结合了考古学的材料。

晋侯墓地出土有铭青铜器成为此时学术研究的新增长点，学界集中探讨了晋侯苏钟、楚公逆钟涉及的史实。李学勤《试论楚公逆编钟》（1995）、黄锡全和于炳文《山西晋侯墓地所出楚公逆钟铭文初释》（1995）、周亚《馆藏晋侯青铜器概论》（1996）、张闻玉《晋侯苏钟与厉王无涉》（1997）、黄锡全《晋侯苏编钟几处地名试探》（1997）、王子初《晋侯苏钟的音乐学研究》（1998）、李仲操《谈晋侯苏钟所记地望及其年代》（2000）。虽然此阶段相关讨论文章还不多，但可以看出，其成为引发学术研究的新增长点了。

郡县制代替分封制，标志着春秋战国社会大变革的完成。县制问题也成为先秦史学界关注较多的问题之一，而晋国又是较早设县的诸侯国，是以此阶段对晋国县制也多有探讨。如韩连琪《春秋战国时代的郡县制及其演变》（1986）、顾久幸《春秋楚、晋、齐三国县制的比较》（1986）、卫文选《晋国县郡考释》（1991）、吕文郁《春秋时代晋国的县制》（1992）、衣保中《春秋时期晋国县制的形成及特点》（1995）、李晓杰《春秋晋县考》（2000）。晋国县制的讨论，对于进一步理解处于社会大变革中的晋国，其国家结构变化引领时代潮流，以及晋国对整个春秋战国社会变迁所做的贡献，意义重大。

对于晋国一些重要历史人物，学界开始探讨。如谢天佑《董狐精神》（1979）、杨太辛和沈松勤《关于师旷及其故事》（1980）、王敬泽《晋文公登位年岁考》（1982）、晋彦、付玉千《晋文公重耳生年考辨》（1982）、张志刚《狐偃在晋文公政治生涯中的作用》（1983）、赵锋《晋文公奔狄时年十七补证》（1984）、卫文选《晋文公富国要略》（1987）、林宏跃《赵世系中赵夙与赵衰的辈份考辨》（1988）、李孟存《"简襄功烈"述评》（1988）、段士朴《浅谈晋国的大音乐家师旷》（1988）、杨秋梅《略论赵武在"弭兵会"中的作用》（1989）、《魏绛在晋悼公复霸中的作用》（1991）、《晋国的始盛之君——晋献公》（1999）、郝良真和孙继民《"赵氏孤儿"考辨》（1991）、靳生禾《先赵人物述论》（1993）、靳生禾和李广洁《赵鞅述论》（1994）、徐文新《晋文公重耳生年考》（1999）。不难看出，此时学界讨论的人物多为晋国著名人物，如晋文公、师旷、董狐、赵氏人物等，这也显示出晋国史研究处于早期形成阶段。

此外，晋国史的其他问题也有零散的研究，如祝瑞开《春秋初中期齐晋楚的封建主革命》（1979）、应永深《试论晋国政治的"尚公"特征》（1983）、卫文选《晋国灭国略考》（1982）、《晋国的阶级、阶层和土地占有制度》（1983）、《历代晋卿与晋国兴衰的关系》（1984）、《晋国赵室兴盛初议》（1988）、杨英杰《春秋晋国军制探讨》（1983）、贾君宜《论晋和戎狄》（1984）、庄福林《"疆以周索"和"疆以戎索"异议》（1985）、常金仓《晋侯请隧新解》（1988）、彭邦本《从曲沃代翼后的宗法组织看晋国社会的宗法分封性质》（1989）、徐勇《试析春秋中后期晋国的政局和赵氏强盛的原因》（1989）、钱杭《春秋时期晋国的宗、政关系》（1989）、张晗《"剪桐"字辨——析"桐叶封弟"传说之成因》（1990）、程有为《晋国人才思想与举用制度述论》（1990）、王雪樵《"剪桐"音辨——也谈"桐叶封弟"传说之成因》（1991）、李孟存《绛商与空首布》（1992）、林宏跃《论三家分晋形成的社会机制》（1992）、杨秋梅《试论晋吴联盟》（1992）、刘绪《晋与晋文化的年代问题》（1993）、吉琨璋《晋文化考古研究中的几个问题》（1993）、杨秋梅《晋国后期内战及其历史影响》（1996）、李孟存《〈周易〉与晋国文化》（1999）、孙开泰《论三晋古文化对春秋战国诸子百家争鸣的影响》（2000）、张有智《论春秋晋国宗族组织间的政治关系》（2000）。综观此阶段对晋国史其他问题的研究，多以文献中所见晋国重大问题为出发点探讨，如对晋国灭国的考证、晋与戎狄问题的梳理等。此阶段也体现出了学术发展的新方向，即向纵深探究，试图寻找晋国变化的内在因素，这方面主要体现在宗族与政治方面的讨论。

1999年，李孟存、李尚师在《晋国史纲要》的基础上，结合晋国考古新发现及学界研究新动态，进行了大量的增补，出版了《晋国史》，影响较广泛。也有学者进行了一些专题研究，潘慧如《晋国青铜器铭文探研》（1999）。此外，山西省考古研究所也出版了一系列考古发掘报告，或考古研究论文，如《侯马铸铜遗址》（1993）、《上马墓地》（1994）、《太原晋国赵卿墓》（1996）、《山西考古四十年》（1994）、《三晋考古》（1994第一辑、1996第二辑）、《汾河湾——丁村文化与晋文化考古学术研讨会论文集》（1996）等，为研究晋国历史提供了极大的便利，尤其是《天马-曲村（1980—1989）》（2000）的出版，为晋侯墓地相关问题的研究提供了绝佳资料。

四、2000年至今晋国史研究纵深阶段

以上博简、清华简公布的晋国史资料为契机，晋国史研究走向纵深研究阶段。进入21世纪，晋国史研究呈现出专题研究的深入总结以及新材料引发的深入研究。随着

先秦史硕博士研究生数量的增加，以晋国史为研究对象的选题也日渐增多，这也使专题性深入研究成果涌现。如张有智《先秦三晋地区的社会与法家文化研究》（2002）、林天人《先秦三晋区域文化研究》（2003）、刘文强《晋国伯业研究》（2004）、赵瑞民和韩炳华《晋系青铜器研究：类型学与文化因素分析》（2005）、刘绪《晋文化》（2007）、马保春《晋国历史地理研究》（2007）、《晋国地名考》（2010）、白国红《春秋晋国赵氏研究》（2007）、宋玲平《晋系墓葬制度研究》（2007）、陈温菊《先秦三晋文化研究》（2011）、王准《春秋时期晋楚家族比较研究》（2013）、角道亮介《西周王朝及其青铜器》（2014）、吴毅强《晋铜器铭文研究》（2019）等，可以看到，在这些专题性的研究中，有的是长期的学术积累而成专著，有的是基于硕博士论文选题最终成书。这些专题性的研究，无疑将晋国史研究引入纵深研究阶段。

20世纪探讨的晋国史问题，在21世纪依旧得到了学界的广泛关注，如晋国始封地及都城问题。2002年在上海博物馆举办的"晋侯墓地出土青铜器国际学术研讨会"，名家云集，并围绕晋侯墓地、出土青铜器进行了研讨，此次会议发表的论文，可以看作晋侯墓地自发掘以来，学界对其相关问题进行研讨的一次总结，代表了学界对晋侯其墓地相关问题研究的最高水平，会后出版论文集。[①] 学者对晋国始封地不断思考，如王立新《关于天马-曲村遗址性质的几个问题》（2003）、田建文《初识唐文化》（2004）、《天上掉下晋文化》（2004）、《封唐侯晋迁新田》（2008）、吉琨璋《晋国迁都新田的历史背景和考古学观察》（2005）等。觉父觉公簋的发现，引起了学界对叔虞始封之唐以及燮父改晋等问题进行了集中探讨，如朱凤瀚《觉公簋与唐伯侯于晋》（2007）、彭裕商《觉公簋年代管见》（2008）、李学勤《论觉公簋年代及有关问题》（2008）、《释"疏"》（2009）、李伯谦《觉公簋与晋国早期历史若干问题的再认识》（2009）、尹松鹏《觉公簋铭文"唯王廿又八祀"与西周年表》（2010）、张卉《觉公簋与晋国早期历史问题刍议》（2012）、黄一《觉公簋、晋侯尊与唐都地望》（2015）、张晓峥《晋国始封地辨析》（2016）、谢尧亭和陈晓宇《疏公簋续说》（2020）等。燮父缘何改唐为晋，学界曾辩论不止，有"嘉禾说""善射说""晋水说"等多种解释。觉公簋的发现，使唐因何改晋的问题得到彻底解决，即燮父是因王命而迁晋。觉公簋的纪年，也引起学者的关注，重新思考西周诸王纪年的排列问题。

自2000年以来，宗族问题学界探讨较多，体现出晋国史由面的广度梳理走向点的纵深研究。尤其是温县盟书的不断公布、太原赵卿墓考古报告的出版，都为思考晋国

---

① 上海博物馆编：《晋侯墓地出土青铜器国际学术研讨会论文集》，上海书画出版社，2002年。

宗族问题提供了新的材料与视野。杨秋梅《晋国公族与公室关系的变异》（2002）、武荣荣《晋国公族研究》（2014）、聂淑华《晋国的卿族政治》（2004）、李玉洁《春秋时代晋国尊贤尚功与世卿世禄制度探析》（2006）、白国红《世族的崛起与春秋政治格局的演变——以晋国赵氏为个案》（2006）、吴胜《晋国卿族政治研究》（2008）、刘东升《晋国的郤氏家族》（2009）、马卫东《春秋时期晋国卿族政治的历史变迁》（2010）、李超《春秋晋国知氏研究》（2011）、杜萌《春秋时期晋国的卿族政治》（2013）、李沁芳《晋国六卿研究》（2012）、谢耀亭《赵氏戈铭考略——兼论赵卿墓墓主》（2020）。此段时期，硕博士学位论文基本上将晋国的各大宗族研究殆尽，将宗族历史的发展演变细致梳理，并进一步探讨其与晋国政治的关系。

晋国军事问题也得到学界关注，毛波《春秋晋国军权变化与君权衰落》（2005）、赵晓龙《子犯编钟铭文"西之六师"试解》（2009）、张珊珊《春秋时期晋国的军事制度》（2009）、张健《先秦三晋兵学研究》（2009）、赵军《春秋时期晋国战争史研究》（2013）、郑阿静《春秋时期晋国军事思想研究》（2013）、李沁芳《浅谈春秋时期晋国的军功制度》（2014）、寇占民和赵越《试论晋国军事赏罚制度》（2016）、荣敦宁《秦晋崤之战》（2017）。军事问题的研究，与宗族问题研究相类，硕博士学位论文对晋国军事问题进行系统梳理，学人利用新出土的材料，对军制问题进行探讨。

晋国的邦交问题，有赵瑞民《晋国与陆浑戎》（2003）、徐杰令《论春秋邦交的时代特点》（2005）等。晋作"爰田"问题，有项观奇《彻法、作爰田、"三农"新解》（2010）、杨善群《论春秋战国间的"爰田"制》（2010）、徐歆毅《爰（辕）田制的本质为授田制》（2017）、吕全义《论"作爰田"与晋国的霸业》（2018）、王博《论春秋早期晋国之"作爰田"》（2020）等。县制问题，有郑殿华《论春秋时期的楚县与晋县》（2002）。虽然上述多为老问题，但研究程度明显更加深入，如吕全义、王博等人对晋作"爰田"的探讨，为学界提供了新的思考空间。

考古新发现，尤其是 2004 年发掘的绛县横水倗国墓地、2005 年发掘的曲沃羊舌墓地、2007 年发掘的翼城大河口霸国墓地，引起学界的高度关注，并进一步思考晋国与其周边方国的关系。

绛县横水倗国墓地自发掘后，便引起学界的关注。牛济普《格国、倗国考》（2003）、吉琨璋《横水西周墓地的发现与晋文化研究》（2005）、《山西绛县横水西周墓地》（2006）、《山西横水西周墓地研究三题》（2006）、《西周时期的晋南政治格局——从晋、倗、霸说起》（2012）、《周之蕃屏——考古所见西周时期的晋、杨、霍诸封国》（2012）、田建文和李永敏《史籍失载的倗国》（2006）、马保春《山西绛县横水西周倗国大墓的相关历史地理问题》（2007）、刘树满《霸国、倗国青铜器整理与研究》（2013）。倗国失载于文献，但见于青铜器铭文。倗国墓地的发现，对认识晋国疆域的变化有着重要意义。

曲沃羊舌墓地自发掘始，便引起学界的讨论。吉琨璋《曲沃羊舌晋侯墓地1号墓墓主初论——兼论北赵晋侯墓地93号墓主》（2006）、《再论羊舌晋侯墓地》（2007）、马冰《也谈曲沃羊舌M1和北赵晋侯墓地M93的墓主》（2007）、田建文《也论曲沃羊舌墓地1号墓墓主》（2007）、王恩田《西周制度与晋侯墓墓地复原——兼论曲沃羊舌墓地族属》（2007）、孙庆伟《祭祀还是盟誓：北赵和羊舌晋侯墓地祭祀坑性质新论》（2012）、《试论曲沃羊舌墓地的归属问题》（2012）。学界围绕羊舌墓地墓主问题以及其与北赵晋侯墓地的关系展开讨论，但目前仍未形成共识，仍需深入探讨。

翼城大河口霸国墓地的发现，又一不见于史籍记载的晋南诸侯国出现在世人面前，引起了学界的高度关注。陶枫和潘金月《燕国公主眼里的霸国》（2014）、谢尧亭《出土文物再现霸国与燕国政治联姻往事》（2014）、黄锦前和张新俊《说西周金文中的"霸"与"格"——兼论两周时期霸国的地望》（2015）、王静《霸国有铭铜器及相关问题研究》（2019）、冯时《霸伯治盐与西周井田》（2020）、王静《霸伯簋所见西周霸国与晋南盐业的关系》（2020）、王静《山西翼城大河口墓地出土霸姬盘、盉铭文试析》（2020）、彭子豪《霸国墓地丧葬制度研究》（2020）、彭紫荆《从霸国铜器铭文看霸氏与周王朝的关系》（2020）。霸国族属、霸国与燕国的关系，以及霸国与晋南盐业等问题，受到学界的关注。

此外，2014年发掘的陶寺北两周墓地、2020年发掘的垣曲北白鹅两周墓地，墓葬级别高、规模大，出土器物种类丰富，为进一步思考晋国卿族、晋国疆域等问题带来了新材料。

21世纪的最初十年间，除对考古新发现的研究，学界整体的研究特点体现在对专题问题的系统研究，如宗族、政治、军事等问题。多以传世文献为主，结合出土文献，对某一专题进行成体系的研究，这与此时硕博士论文选题有着直接的关系。这些研究对了解晋国某一专题史实，做出了有益的贡献。真正引起晋国史研究的热潮则是在2010年后，清华简第二、七册的出版引起了学界极大的关注，对于晋国的相关问题，学界不断深入探讨。

2011年公布的清华简第二册《系年》，与晋国相关的历史记载颇为丰富，引起了学界对晋国史相关问题的关注。2017年公布的清华简第七册收录《子犯子余》《晋文公入于晋》及《赵简子》三篇与晋国相关的文献，也受到学人的关注。学界除了对竹简的文字进行释读外,并对其中涉及的晋国史开始探讨,成为晋国史研究新的学术增长点,引起了对晋国史更深入的探讨。

清华大学李守奎教授2010年主持了国家社科基金重大项目"清华简《系年》与古史新探",研究成果丰盛,如马楠《清华简〈系年〉辑证》(2015)、李松儒《清华简〈系年〉集释》(2015)、许兆昌《〈系年〉〈春秋〉〈竹书纪年〉的历史叙事》(2015)、刘光胜《清华简〈系年〉与〈竹书纪年〉比较研究》(2015)、孙飞燕《清华简〈系年〉初探》(2015)等,这些研究成果是对清华简《系年》集中系统的研究,为学术界深入研究提供了极大的便利。

利用清华简探讨晋国历史会盟、战争的,有孙飞燕《晋成公七年扈之会及相关问题新探——兼谈如何对待〈史记〉与〈左传〉的不同之处》(2014)、方韬《从清华简〈系年〉看郤克与鞌之战》(2017)、程薇《清华简〈系年〉与晋伐中山》(2012)、马卫东《清华简〈系年〉与三晋伐齐考》(2014)等文章。

利用清华简对晋国历史、人物进行再研究,有王恩田《重论栾盈缶——兼说栾盈本名与栾盈奔楚》(2015)、吕庙军和孙瑛《清华简〈系年〉与赵盾史事新识——兼谈〈系年〉版本源流问题》(2015)、张少筠和代生《清华简〈系年〉与晋灵公被立史事研究》(2014)、邵正清《清华简〈子犯子余〉研究》(2019)、陈颖飞《论清华简〈子犯子余〉的几个问题》(2017)、段雅丽和王化平《清华简〈子犯子余〉与〈孟子〉"民心""天命"思想比较》(2018)、马楠《〈晋文公入于晋〉述略》(2017)、赵平安和石小力《成鱄及其与赵简子的问对——清华简〈赵简子〉初探》(2017)、谢耀亭《清华简〈赵简子〉拾零——兼论其文献学价值》(2018)、雷鹄宇《从清华简〈赵简子〉论春秋贵族家族中的"师保傅母"》(2018)、吕庙军《清华简与赵简子史事研究》(2019)等文章。

利用清华简探讨晋与诸侯国邦交问题的,有胡凯和陈民镇《清华简〈系年〉所见晋国史料初探——从〈系年〉看晋国的邦交》(2012)、苟家容《由清华简〈系年〉看晋"联吴制楚"争霸新策略》(2016)、张文慧《清华简〈系年〉与晋吴伐楚再探讨——兼论春秋时期的晋吴关系》(2017)、罗运环《清华简〈系年〉楚齐关系解读》(2018)、陈颖飞《清华简〈系年〉末章所记晋郑楚大战再识》(2018)、王淑芳《清华简(陆)〈子仪〉篇与崤之战后秦晋楚关系演变》(2019)等文章。皆是利用清华简材料,对晋国史的一些问题进行新的审视和解读。

清华简公布后,因其内容与侯马盟书有关,侯马盟书也再一次引起学人的研讨。有冯小红《由清华简〈系年〉所见赵襄子至赵献侯世系新说》(2014)、《从清华简〈系年〉看侯马盟书的年代》(2018)、杨蒙生《赵氏人物史迹考辨二题——以清华简为中心》(2018)、石小力《据清华简考证侯马盟书中的"赵尼"——兼说侯马盟书的时代》(2018)、谢耀亭《侯马盟书"纳室"考论》(2018)、《侯马盟书盟主及其时代论略》(2020)。侯马市政府积极推动侯马盟书的研究，曾于2005年举办"晋文化暨侯马盟书出土40周年研讨会"，围绕侯马盟书的历史背景、主盟人等情况进行研讨，会议情况可参见杨秋梅《晋文化暨侯马盟书出土40周年研讨会综述》(2006)；2015年举办"侯马盟书发现50周年学术研讨会"，邀请古文字学者、历史学者进行了小型的研讨；2018年举办"侯马盟书古文字暨书法艺术学术研讨会"，会后出版《晋邦寻盟：侯马盟书古文字暨书法艺术学术研讨会论文集》(2020)；2020年举办"侯马盟书发现55周年暨张颔先生诞辰100周年学术研讨会"，出版论文集《绵飈集：张颔先生100周年诞辰纪念文集》(2020)。侯马市政府在推动侯马盟书研究过程中，功不可没。此外，高智主编《侯马盟书研究论文集》(2017)收录了近50篇研究侯马盟书的学术论文，体现了侯马盟书最重要的研究成果，为学界研究侯马盟书提供了便利。

此外，硕博士论文也有多以清华简与晋国史为选题的，如申超《清华简与商周若干史事考释》(2014)、李充《清华简〈系年〉所见春秋战事述略》(2014)、张启珍《清华简〈系年〉与晋、楚邦交策略研究》(2014)、张文库《北斗齐秦，南战荆楚——清华简〈系年〉所见晋国史事研究》(2016)、于梁梁《清华简所见晋国史事研究》(2019)、路鹏程《春秋时期历史人物个案研究——以重耳、郤克、夏姬为例》(2019)、刘如梦《清华简〈子犯子余〉〈晋文公入于晋〉〈赵简子〉研究》(2019)、安邦《清华简所见晋国历史研究》(2019)、李变变《〈史记·晋世家〉新证》(2019)、李殊《清华简所载晋国相关问题研究》(2020)。从这些硕博士论文中可以明显看出，清华简所见晋国史料丰富，已引起学界系统性的研究。

五、结语

通过回顾20世纪以来晋国史的研究历程可以看出，时代环境对于晋国史研究有着不可忽视的影响，但能引起晋国史研究浪潮的重要契机，则是新材料的出土与发现。不论是戜羌钟、侯马盟书、上博简、清华简的发现，还是侯马晋都遗址、北赵晋侯墓地的发掘，皆引起学界的集中探讨，成为晋国史研究中的朵朵浪花。20世纪以来，晋国史的基本线索尤其是春秋以来晋国的历史与文化，经过几代学人的努力，面貌基本梳理清楚，一些具体的问题也在不断深入探讨，取得了有目共睹的成绩。

在出土资料不断涌现的情况下，晋国史继续深入研究，有以下几个方面值得重视。

第一，史学理论与史实研究的相结合。晋国史研究中的一些深层问题，如国家结构、宗族问题、社会变化等，不仅仅是史料的爬梳，更需要结合史学理论，透过材料追寻本质。

第二，历史与考古的有机结合。中国的历史学与考古学关系错综复杂又极为密切。就晋国史的研究来看，历史与考古的有机结合研究尚不充分，还有大量的考古资料未被充分利用。精研传世文献，充分利用已有的考古资料，这是今后晋国史研究深入下去必须要走的道路。

第三，多学科的交叉研究。晋国史的深入研究，基本上无法再在传世文献的基础上，取得重大研究突破。随着研究的精细化，影响历史进程的因素诸如地理、环境、天文、气候、人口等，皆需要结合历史实际进行探讨，这对于思考都城迁址、战争、日常生活、思想文化都有一定的影响，因此就需要结合地理学、天文学、人口学、人类文化学等相关学科进行交叉研究，以期更好的探寻历史的真实。

第四，微观研究的持续深入。宏观与微观的结合研究，是学界公认的研究途径。就晋国史目前的研究状况而言，宏观问题的探讨，如果没有微观问题的解决，很难有进一步的提升。对于一些微观问题的深入研究，有助于推动宏观问题的进一步认识。

第五，对比研究、部分与整体的研究相结合。晋国属于周王室的诸侯国之一，对晋国史的深入认识，不仅要把握晋国与周王室的关系，也要与其他诸侯国进行对比研究，如此，才能更好地把握晋国在两周的地位，以及晋国自身的特色所在。

（谢耀亭，1980年生，山西右玉人，历史学博士，现为山西师范大学历史与旅游文化学院教授，研究方向为先秦史、儒学史。本文为教育部人文社会科学研究项目"出土文献与晋国史研究"[20YJC770032]成果。）

从"德"观念之沿变论春秋晋君霸权的合法性问题

雷鹊宇

"德"是先秦政治思想中的核心概念之一,对中国传统思想文化亦影响深远。关于"德"的观念起源,刘源先生认为殷墟甲骨卜辞中"德"只是指无政治和道德内涵的出行、征伐、献祭等其他实意,西周之后才用"德"来概括贵族社会的主流政治观念[①]。"德"作为西周时期产生的政治观念,自然与当时的政治生态相表里。正是在西周国家特有的结构形式中才出现了周人特有的"德"的观念,当然这种观念也反过来影响西周政治。

进入春秋时期,天下大势发生了巨大变革,"德"观念及其悄然发生的变化都依然影响着春秋政局。结合青铜器铭文及《左传》《国语》等传世文献后发现,"德"是晋国霸业合法性的重要支撑。到春秋后期"德"的内涵发生了新的变化时,也间接影响了晋侯权力的合法性。因此本文不揣浅陋,从这一角度试做分析,以就教于方家。

一

晋公盘是近年来新见的一件重要青铜器,收录于吴镇烽先生的《商周青铜器铭文暨图像集成续》[②]。其内容与清代已见著录的晋公盘铭文基本相同,都是记录春秋时期晋君对即将嫁于楚国的女儿所作的告诫。其中有一段晋君自述取得霸权的内容,强调了"德"的重要性。晋公盘铭文中晋国国君如此阐释自己取得霸权的原因:

> 余唯今小子,敢帅井(型)先王,秉德秩秩,协燮万邦,哀哀莫不日卑恭。

---

① 刘源:《从甲骨文、金文材料看西周贵族社会的"德"》,《南方文物》,2017年第4期。
② 吴镇烽:《商周青铜器铭文暨图像集成续》,上海古籍出版社,2016年。本文简称《铭图续》。

(《铭图续》0952）

铭文中晋君自称"协燮万邦"，其实就是称霸中原的另一种说法。而他强调能做到这一点的重要原因是"帅井（型）先王，秉德秩秩"，即效法先王并秉承先王的"德"。所谓"先王"当然是指过世的周王，从血统上讲与晋国最密切的先代周王就是周武王，所以本铭"先王"大概率也当是武王。也就是说晋君认为其称霸与效法并秉承武王之"德"有关。

无独有偶，《国语·晋语四》有一段卫国重臣宁庄子对将来晋国必将称霸天下的预测：

> 唐叔，武之穆也。周之大功在武，天祚将在武族。苟姬未绝周室，而俾守天聚者，必武族也。武族唯晋实昌，晋胤公子实德。

虽然我们尚不能断言这段话是出自有先见之明的宁庄子，还是后人的附会之词。但可以肯定的是，当时普遍接受的观念认为晋国春秋中期的崛起与"晋胤公子"即后来的晋文公之"德"有关，同时与"天祚将在武族"即晋君是周武王的后代有关。事实上，晋文公之"德"除了与他良好的个人修养与杰出的政治才能有关外，更是与他属于"武族"而能继承武王之"德"有关。用唯物主义的态度来看，晋国的崛起当然决不能单纯归因于"天祚将在武族"，但在春秋时期广泛流传这种言论，对晋国霸权的合法性解释更有帮助是无疑的。

综合这两条材料，我们发现春秋时期的人普遍认为晋国称霸与晋君之"德"有关，而晋君之"德"又与其直系先王周武王有关。而"德"是西周时期产生的政治观念，晋国作为西周春秋时期的重要诸侯国，"德"的观念正是其君主政治权力合法性的重要支撑，所以我们有必要从西周时期追溯"德"的内涵。

在西周时，人观念中的"德"是与"天命"密切相关的概念。周代政治伦理中，上天不仅是天下四方的主宰，还是最高统治权的法理依据，即所谓"天命"。获得"天命"即所谓"受命"，表示拥有统治天下四方之命，所以金文中经常将周文王及周武王受命与拥有四方联系起来。西周金文中也经常说："不（丕）显文武，膺受大令（命），匍有四方。"如西周晚期的师克盨（《集成》4467）[1]、四十二年逨鼎（《单氏》39页）、

---

[1] 中国社会科学院考古研究所：《殷周金文集成》，中华书局，1984—1994年。本文简称《集成》。

逨盘（《单氏》190 页）、四十三年逨鼎（《单氏》55 页）等铭文中都有这样的话①，说明"受命"与"有四方"是有因果关系的。这种政治权力披上神学外衣，自然使得其统治权更加神圣不可侵犯。

而周之所以能获得统治天下四方的"天命"，按周人的说法是与周文王和周武王之"德"有关。《尚书·康诰》曰："惟乃丕显考文王，克明德慎罚……闻于上帝。帝休，天乃大命文王，殪戎殷，诞受厥命，越厥邦厥民。"《尚书·君奭》曰："我道惟宁王德延，天不庸释于文王受命。"又曰："在昔上帝割申劝宁王之德，其集大命于厥躬。"《尚书·文侯之命》曰："丕显文武，克慎明德，昭升于上，敷闻在下，惟时上帝，集厥命于文王。"《毛公鼎》曰："不（丕）显文武，皇天引猒（厌）氒（厥）德，配我有周，膺受大命，衒（率）褱（怀）不廷方。"（《集成》2841）而失"德"则失"天命"。《尚书·召诰》说夏商都是"惟不敬厥德，乃早坠厥命"。因为"不敬厥德"而失去天命，也就失去了对天下四方的统治权。

学者研究发现，文王与武王之"德"也是上天（上帝）所赋予②。《史墙盘》曰："曰古文王，初繠龢于政，上帝降懿德大甹，匍有上下，迨（合）受万邦。"（《集成》10175）《㝬钟》曰："曰古文王，初繠龢于政，上帝降懿德大甹，匍有四方，匋受万邦。"（《集成》246）这就是说文王之德不全在其自身，也是上天所降。《尚书·多士》说殷商之所以灭亡也是因为"惟天不畀不明厥德"，导致"四方小大邦丧"。《诗·大雅·皇矣》说因为"帝迁明德"，所以"天立厥配，受命既固"，周王朝才得以建立。周王因接受了上帝所赐予的"懿德"而能够"匍有四方，匋受万邦"，所以周人认为这种统治天下的能力来自上天。从这个角度来看，周王的"天命"与"德"实为一个事情的两面。有"德"则得天命，无"德"则失天命。

关于西周时期的"德"的性质，学术界较有代表性的看法是以下几种：一是善良、高尚的品格③；二是族姓的某种特质④；三是部族的传统习俗或习惯法⑤；四是祖先的政

---

① 陕西省考古研究院等：《吉金铸华章：宝鸡眉县杨家村单氏青铜器窖藏》，文物出版社，2008 年。本文简称《单氏》。
② 罗新慧：《"帅型祖考"和"内得于己"：周代"德"观念的演化》，《历史研究》，2016 年第 3 期。
③ 张岱年：《中国古典哲学概念范畴要论》，中国社会科学出版社，1989 年，第 154 页。
④ 李宗侗：《中国古代社会新研／历史的剖面》，中华书局，2010 年，第 129—131、184—185 页。
⑤ 巴新生：《试论先秦"德"的起源与流变》，《中国史研究》，1997 年第 3 期。

治作为①；五是怀柔民众的治术②；六是政治控驭能力与权威③。这几种对"德"内涵的理解都有文献的佐证，虽然表面上有差异，但其内涵彼此渗透。比如族姓的特质表现在外就是部族的习俗与禁忌，也就是所谓的传统习惯法。功勋卓著的部族首领，其行为就会被后世效仿，成为部族的传统习惯，也自然会被视为美好的品行。更重要的是，这些不同认识的共同点是大都将"德"作为政治概念使用，"德"的最终功能也是保障统治。从这一点来说，"德"与马克斯·韦伯所说的"卡里斯玛"（Charisma）也比较接近。马克斯·韦伯认为，"卡里斯玛"是指某种人格特质，某些人因具有这些特质而被认为是超凡的、超人的，或至少是特殊的力量或品质，他们具有神圣或至少是表率的特性。某些人因具有这些特质而被视为领袖。人们观念中认为这种特殊的禀赋具有世袭性，可通过遗传而继承，它可由拥有卡里斯玛者的族人——通常是其最亲密的人拥有。其他人会对具有这些禀赋的领袖产生一种完全效忠与献身的情感性归依，视为卡里斯玛支配类型④。这种禀赋在周代便被称为"德"。

周文王与周武王拥有的超凡品质是天下诸侯都承认的，而其"德"具有世袭性的特质使得历代周王也理所当然继承了文王、武王的"德"。《尚书·康王之诰》曰："王义嗣德。"《大盂鼎》曰："王若曰：'……今我隹即井（型）禀于玟（文）王正德。'"《左传》昭公三十二年云："昔成王合诸侯，城成周，以为东都，崇文德焉。"杜预《集解》曰："作成周，迁殷民以爲京师之东都，所以崇文王之德。"从而周王因"德"而获得的天命也是可以世袭的。《尚书·召诰》说成王："今王嗣受厥命。"《诗·周颂·昊天有成命》："昊天有成命，二后受之。成王不敢康，夙夜基命宥密。"《逑盘》："零朕皇高且（祖）公丕（叔），克逑（仇）匹成王，成受大令（命），方狄（剔）不亯（享），用奠四或（国）万邦。"（《单氏》190页）因此每一代周王都在法理上理所当然的是天下四方的最高统治者。

"德"的观念不仅使周王成为天下四方法理上的最高统治者，也让周王成为王朝体系下所有政治权力的源头。包括晋国在内所有诸侯的权力的合法性也是来自周王。《觐公簋》曰："王令唐伯侯于晋。"⑤一般认为这条铭文讲述的是周天子将唐叔虞之子燮父

---

① 徐复观：《中国人性论史》（先秦篇），上海三联书店，2001年，第21页。
② 罗新慧：《周代天命观念的发展与嬗变》，《历史研究》，2012年第5期。
③ 孙董霞：《先秦"德"义新解》，《甘肃社会科学》，2015年第1期。
④ 〔德〕马克斯·韦伯著，康乐、简惠美译，《中国的宗教：儒教与道教》，广西师范大学出版社，2010年，第64页。
⑤ 朱凤瀚：《觐公簋与唐伯侯于晋》，《考古》，2007年第3期。

迁封于晋之事。这是因为，周代诸侯邦君获得本国统治权力合法性的必要条件是能得到"王命"。而"王命"的合法性又来自具有神秘色彩的"天命"。

西周春秋时期天命是一个绝对性的概念。有天命则得天下，无天命则失天下。在周代的观念中能够直接接受"天命"的只有周王一人，其他人的权力只能由周王转授。故西周时期诸侯国必须由周王册命而产生。见诸金文的有《四十二年逨鼎》："肆余乍（作）□沙訇（询）余肇建长父侯于杨。"（《单氏》39页），《宜侯夨簋》载虞侯夨迁于宜地，也有周王命曰："侯于宜。"（《集成》4320）

周王分封诸侯邦君之时，也会根据受命者的"德"。《左传》定公四年中子鱼认为周代封建的标准是："以先王观之，则尚德也。"但册命诸侯同时也是确立其"德"的过程。如同上天授命于周文王是因其有德，而文王、武王之德同时也是为上天所降一样。《左传》隐公八年谓："天子建德，因生以赐姓，胙之土而命之氏。"建德即封建诸侯。所以《左传》定公四年中子鱼认为周代封建时说："昔武王克商，成王定之，选建明德，以藩屏周。"既提到"选"，也提到"建"。

诸侯与王朝卿大夫的后嗣则是世袭其先祖之德，这一点学者已有论述[①]。西周贵族经常在金文中强调自己秉承祖先之德，比如《叔向父禹簋》（《集成》4242）、《癲钟》，（《集成》248）、《梁其钟》（《集成》189）、《单伯昊生钟》（《集成》82）。"德"是代表统治能力的品质，因其世袭性使得后嗣诸侯及王朝贵族之德可上溯至始封君。而始封君之"德"又是当时周王所建，故而诸侯或王臣之"德"永远低于周王之"德"。不仅如此，诸侯或王臣之"德"的一项重要内容便是臣服周王[②]。《师訇鼎》（《集成》2830）先载周王之言曰："叀（惟）余小子肇（肇）盅（淑）先土德。"后载器主訇之言曰："訇蔑历白（伯）大师，丕（丕）自乍小子，夙夕尃古先且（祖）烈德，用臣皇辟。"周王与訇都分别继承自己祖先的"德"，但訇所继承祖德的重要内涵却是臣服于天子。类似的金文还有：

  1. 逨曰："不（丕）显朕皇考，克喆明厥心，帅用厥先且（祖）考政德，亯（享）辟先王，逨御于厥辟□敢虔，夙（凤）夕敬厥死事天子。"（《逨钟》，《文博》1987.2）
  2. 番生不敢弗帅井（型）皇且（祖）考不（丕）怀元德，用醽翱大令，屏王立（位），虔凤夜尃（溥）求不潜德，用谏四方，柔远能迩。（《番生簋盖》，

---

① 罗新慧：《"帅型祖考"和"内得于己"：周代"德"观念的演化》，《历史研究》，2016年第3期。
② 罗新慧：《"帅型祖考"和"内得于己"：周代"德"观念的演化》，《历史研究》，2016年第3期；刘源：《从甲骨文、金文材料看西周贵族社会的"德"》，《南方文物》，2017年第4期。

《集成》4326）

3. 不（丕）显皇考叀叔，穆穆秉元明德，御于厥辟。（《虢叔旅钟》，《集成》244）

这些金文都是周邦内王臣之言，目前所见四方诸侯的相关铭文较少，不过在此问题上王畿内外应无甚差别。诸侯贵族之德除了保有本族土地人民的能力外，还包含着保有周王朝内的相应地位的能力。这种"德"的观念无疑是对王权的一种巩固。

对同姓诸侯而言，"德"的观念与宗法制相结合使得其对周邦有天然的依赖。王国维先生在《殷周制度论》中曾说西周王朝"有嫡庶之制，于是有宗法，有服术，而自国以至天下合为一家"[①]。嫡庶制的核心内容就是大宗与小宗之间的等级关系与隶属关系，其中"德"的阶等性也是一个重要的方面。这样，在宗法制下同姓诸侯的德不但低于天子，更重要的是来源于王室。《左传·昭公二十六年》载周初诸王封建的一个重要理由是："吾无专享文武之功。"也就是说，周代大量同姓诸侯之所以能够君临一方，是因为分享了部分"文、武之功"，虽然较嫡系的周王分享得较少。这种表述隐含的意义便是这些诸侯能够立国，完全是因为始封君是某一位先王的子嗣。不仅文、武之后，所有同姓诸侯国在祭祀中也都是以所出先王为始祖神。《左传·文公二年》曰："郑祖厉王。"在祭祀活动中一般将这位先王列为首位。《左传·哀公二年》载卫大子蒯聩的祷词曰："曾孙蒯聩敢昭告皇祖文王、烈祖康叔、文祖襄公。"因此，周邦又被称为周宗或宗周，因其为诸侯统治权力的来源。

周王获得天下四方统治权的法理依据是"受天命"，周王获得天命的原因是天降之"德"。周王再授予邦君诸侯中的有德者以"王命"，同时给诸侯"建德"，让他们获得地区的统治权。诸侯邦君再按照同样的模式发布"公命"，予以下一级贵族"德"。这样西周国家层次分明的统治秩序就此形成。"命"是由上级君主授予，"德"一旦确立，后世诸侯便可因血缘得自本邦的祖先。因此各级贵族统治者既对上级君主有隶属性，又有一定程度的独立性。

而晋国是以所谓"武族"或"武之穆"的身份列于西周王朝分封体系之下，意味着晋君政治权力合法性的重要支柱"德"来自周武王。无论在"曲沃代翼"这种内部权力转移之前还是之后，晋君在其国内统治权的合法性来自周王室这一点是不言而喻的。

---

① 王国维:《殷周制度论》,《观堂集林》,中华书局,1959 年,第 474 页。

二

虽然像晋公盘铭文等春秋文献仍透露出当时仍有诸侯之"德"继承先王的观念，但这种观念在春秋时期已经逐渐受到挑战，尤其到了周王对天下四方的政治统御能力渐显衰迹时。进入春秋时期，周王虽然依靠法理上的地位维持名义上天子的身份，但因国力日削，就是天子权威的政治合法性也面临严重危机。"德"是政治能力的体现，周天子会因此被视为"德衰"。《左传·宣公三年》记载楚庄王向周王室问鼎之轻重时，周人驳斥楚人说："周德虽衰，天命未改。"楚人问鼎是暗示要取代其对天下的统治权，周人虽然仍以"天命未改"为理由拒绝，但也不得不承认"周德衰"。

周王虽然依靠法理上的地位维持名义上天子的身份，天下大势却是由霸主来主导。晋国从文公开始维持了长时间的霸权，但晋侯之"德"来自周王室这一观念，为晋国霸权的合法性提供了某些支持，如晋公盘铭文与《国语》所载宁庄子之言即是明证。但在西周宗法体系下，诸侯之"德"尤其是同姓诸侯之"德"低于天子，这就同时为晋国君主取得更高地位的合法性设定了某些限制。

春秋时期，晋国实力俨然有取代周王朝之势。但因其法统来源于周王室，所以依然不得不尊王。《左传·宣公十二年》载随季对曰："昔平王命我先君文侯曰：'与郑夹辅周室，毋废王命。'"《左传·僖公二十八年》载周王册命晋文公为霸主的命书也说："王谓叔父：'敬服王命，以绥四国，纠逖王慝。'"春秋时期的《戎生编钟》曰："召匹晋侯，用龏（恭）王令。"平王东迁之后，晋国君臣仍然把王命作为不得不遵守的约束。

晋国试图在某些地方僭越周王时，也会受到"德"观念的制约。《左传·僖公二十六年》载："戊午，晋侯朝王。王飨醴，命之宥。请隧，弗许。曰：'王章也。未有代德，而有二王，亦叔父之所恶也。'"因为晋文公的要求暗示其要与周王享受同等礼数。而周王认为晋德尚不足以取代周德，即晋侯地位还不足以与周王相抗。《国语·周语中》记载周王的话较为详细，最要紧的一段是："叔父若能光裕大德，更姓改物，以创制天下，自显庸也，而缩取备物以镇抚百姓，余一人其流辟旅于裔土，何辞之有与？若由是姬姓也，尚将列为公侯，以复先王之职，大物其未可改也。"这句话隐含的意思是晋国如果还承认自己是姬姓，那么就得承认其统治权是由周王授予的，只能列为公侯。但晋国如果想"更姓"，需要"光裕大德"。这就完全体现出"德"的部族性特征。也就是说，晋作为周的分支，其"德"来自周且低于周的。不仅如此，周王朝之"德"

日渐衰微不仅意味着周天子的合法性危机，同时会波及所有同姓诸侯。《左传·隐公十一年》载郑庄公曰："王室而既卑矣，周之子孙，日失其序……天而既厌周德矣，吾其能与许争乎？""周德"的衰微对郑国是有直接负面影响的，那么对晋国也一样。如果想摆脱这种等级束缚，则要脱离这个姓族，以及"更姓改物"。但这样做风险太大，周王朝强势时没有诸侯敢这样做，即便春秋时期也没有，这样做意味着与所有姬姓诸侯决裂。所以春秋时期同姓诸侯国也有义务护卫周邦及同姓国。晋国未能如此而多次受到舆论指责。《左传·昭公九年》谓："自文以来，世有衰德，而暴灭宗周。"所言即此。

随着春秋时期统治者的政治权威与西周以来带有部族特质的"德"的观念已不吻合，"德"的观念也悄然开始发生一些变化。大多数人谈到"德"之时，渐渐淡化并消泯其部族性，而使之成为一个单纯的道德概念。在《左传》中，评论晋国建立霸业原因的材料并不多，但大都认为与晋君之"德"有关，这个"德"渐渐看不出是承自先王，而只是单纯的晋国统治者自己的政治品行了。有很多材料是认为晋国若不坚持"德"，就不配做霸主。也有其他诸侯国告诫晋国身为霸主就要有"德"，否则盟会诸侯也毫无意义，如：

> 为归汶阳之田，故诸侯贰于晋。晋人惧，会于蒲，以寻马陵之盟。季文子谓范文子曰："德则不竞，寻盟何为？"（《左传·成公九年》）

这些材料只是单纯地提到"德"这一概念，还有些材料则明确表明了与晋国称霸密切相关的"德"的内涵，这个"德"还是恩威兼容的，如：

> 晋郤缺言于赵宣子曰："……非威非怀，何以示德？无德，何以主盟。"（《左传·文公七年》）

这条材料的"德"包括"威"和"怀"两个方面，"威"是指晋国对诸侯的威慑，"怀"是指晋国对诸侯的恩惠。西周以来带有部族特质的"德"的内涵，本身就是涵盖各种能力的，包括军事实力、政治实力、经济实力在内的强大国力是其能对外"威"与"怀"的基础。但这种观念也渐渐发生变化，春秋时人们越来越倾向于将"德"单纯地指向"文德"，即上文中郤缺所说的"怀"，比如：

> 1. 知武子谓献子曰："我实不德，而要人以盟，岂礼也哉？非礼何以主盟？……我之不德，民将弃我，岂唯郑？"（《左传·襄公九年》）

2. 国子使晏平仲私于叔向曰:"晋君宣其明德于诸侯,恤其患而补其阙,正其违而治其烦,所以为盟主也。"(《左传·襄公二十六年》)

3. 宋之盟,楚人固请先歃。叔向谓赵文子曰:"夫霸王之势,在德不在先歃,子若能以忠信赞君,而裨诸侯之阙,歃虽在后,诸侯将载之,何争于先?若违于德而以贿成事,今虽先歃,诸侯将弃之,何欲于先?"(《国语·晋语八》)

第一条材料的"德"主要指"礼",是指晋国对传统规则的遵守。第二、三条材料中的"德"指向具体的政治行为,第二条的"德"是指"恤其患而补其阙,正其违而治其烦",第三条的"德"是指"以忠信赞君,而裨诸侯之阙",都是所谓的德政。虽然各条材料中的"德"侧重点不同,但都是单纯地指向良好的政治。甚至有的材料将"德"与军事对立起来:

子良曰:"晋楚不务德而兵争,与其来者可也?"(《左传·宣公十一年》)

这是郑国以晋国"不务德"而作为自己对晋不忠的理由。我们要注意到,子良将"务德"与"兵争"对立起来。极少数人认为晋国霸业是因为单纯的武力的言论,《左传》中也是持批判态度的,如:

彘子曰:"不可。晋所以霸,师武臣力也。今失诸侯,不可谓力。有敌而不从,不可谓武。由我失霸,不如死。"(《左传·宣公十二年》)

持此论者因此最终也落得兵败身死的下场,这种言论显然是被《左传》作者所不认可的。正如学者所指出的,在《左传》中,将"德"与"刑"作为对立的两个概念,反映了"德"内涵的一个变化[①]。

另一方面,对"德"来源的认识也发生了变化。西周时期人们的观念中,除了周文王、周武王之"德"是来自上天所降,其他人的"德"都是继承自己祖先的。后嗣周王之"德"承自文王、武王,诸侯、卿大夫之"德"承自其某一位建立大功勋的直系先祖,这一点前文都已经说明。但到了春秋时期,大贵族开始僭越,直接与上天沟通,"天命"与"天生德"同时下移。西周时期无论诸侯国还是王畿内的贵族家族,绝无敢说自己是得自天命的。但到了春秋时期,情况发生变化。诸侯甚至卿大夫都开始号称自己奉有天命时,周王朝的权力合法性才开始瓦解,而晋国作为周王朝分封体系

---

① 〔日〕小仓芳彦:《〈左传〉中的霸与德——"德"概念的形成与发展》,刘俊文主编《日本学者研究中国史论著选译》第七卷《思想宗教卷》,许洋主等译,中华书局,1993年,第16页。

的一员，还没来得及取代周天子取得天下共主的合法性，自身在国内最高权威的合法性就受到严重挑战。

当然，号称自己"受天命"的还是秦、楚、吴、越和晋等大国。比如春秋中期铭文《秦公鼎》中秦公说："不（丕）显朕皇且（祖），受天命，鼏（冪）宅禹迹，十又二公，才（在）帝之坯（坏），严恭夤天命。"（《集成》04315）《秦公钟》说："我先且（祖）受天命，赏宅受或（国）。"（《集成》00262）张政烺先生认为这反映了此时秦国已经有"席卷天下，包举宇内，囊括四海之志，并吞八荒之心"了①。春秋晚期的《蔡侯簠》中说蔡侯"左右楚王……天命是遄，定均（君）庶邦。"（《集成》00210）《曾侯與钟》说："荆邦既削，而天命将误（虞）。"②反映了臣服于楚的蔡、曾等国认为楚国是有"天命"的。传世文献中亦有类似说法，如《左传·桓公六年》："天方授楚。"《国语·吴语》："夫吴之与越，唯天所授。"反映了春秋末期的吴、越也都认为自己是因为上天的支持才崛起的。

晋国作为春秋时期的长期霸主自然也会在这方面有所宣传。春秋中期的铭文《晋公盘》说："我烈考宪公……台（以）严夤恭天命，台（以）乂朕身，孔静晋邦。"（《铭图续》30952）《左传·成公二年》："齐、晋亦唯天所授。"《左传·成公十六年》："晋、楚唯天所授。"我们可以看到，一方面晋国还无法号称自己独享天命，因为除了尚高处不胜寒的周天子外，还有与晋国并存的其他大国。另一方面晋国国内的强势卿大夫家族亦号称能得到天命。《左传·闵公元年》云："魏，大名也。以是始赏，天启之矣。"当晋国国内卿大夫解释自己权力的合法性来自"天"，而非传统论述中的晋国国君"公命"时，"天命"下移这把双刃剑也严重伤到了晋国。这也是后来晋国被肢解在法理上的重要原因。

到了春秋末期，普通贵族甚至身份更低的人都能得到天降之"德"。《论语·述而》中记载孔子说："天生德于予，桓魋其如予何？"孔子虽然主张回到"礼乐征伐自天子出"的时代，但已经不再坚持只有天子才能相信天降之"德"。在这种大的历史趋势之下，"德"的内涵也由部族转向个人，从此"德"也就是成为纯粹的个人道德层次的概念了。

总而言之，西周春秋时期晋侯的统治权来自西周初年周王室赋予的"德"。"德"既包含能力因素，又包含品格因素，背后还有来自周天子兼具神秘性与部族性的"天

---

① 张政烺：《"十又二公"及其相关问题》，《甲骨金文与商周史研究》，中华书局，2012年，第289页。
② 凡国栋：《曾侯與编钟铭文束释》，《江汉考古》，2014年第4期。

命"所发布的"王命",是晋侯统治权合法性的重要信仰支撑。春秋以后东周王权的合法性出现危机,晋侯作为周王室分封体系的一员,并不能挣脱周王室的阴影而为自己取得更大的统治权合法性,反而原有的统治权合法性随着周王合法性的消解而消解。

(雷鹄宇,1984年生,山西朔州人,历史学博士,现为山西师范大学历史与旅游文化学院副教授,研究方向为先秦历史与文献。本文为教育部人文社会科学研究项目"出土文献与晋国史研究"[20YJC770032]成果。)

晋楚邲之战"射麋丽龟"注质疑
——兼论安大简《驺虞》篇的解读

吕全义　王惠荣

一、《左传》晋楚邲之战"射麋丽龟"注质疑

《左传·宣公十二年》载：

> 楚许伯御乐伯，摄叔为右，以致晋师。许伯曰："吾闻致师者，御靡旌、摩垒而还。"乐伯曰："吾闻致师者，左射以菆，代御执辔，御下两马，掉鞅而还。"摄叔曰："吾闻致师者，右入垒，折馘、执俘而还。"皆行其所闻而复。晋人逐之，左右角之。乐伯左射马，而右射人，角不能进，矢一而已。麋兴于前，射麋丽龟。晋鲍癸当其后，使摄叔奉麋献焉，曰："以岁之非时，献禽之未至，敢膳诸从者。"鲍癸止之曰："其左善射，其右有辞，君子也。"既免。

这则材料记载了春秋时期晋楚邲之战（前597）前，楚师派许伯、乐伯和摄叔向晋师如何实施致师礼，晋师又如何回应的若干细节。对于这则材料中的"射麋丽龟"，现存的古人注解没有分歧，但随着一些古文字材料的出土，似可予以新解。对"射麋丽龟"的训诂，不仅涉及对这四个字本身的准确理解，更主要的是关系到对春秋乃至更早时期致师礼中的一些细节的深入解读。有鉴于此，本文先梳理和考察前人对"射麋丽龟"的训诂，然后结合一些出土的古文字材料，尝试对"射麋丽龟"做出新解。

关于"射麋丽龟"之"丽龟"，目前能够检索到的最早的训诂当属东汉服虔之注。清代学者对服虔之注进行了卓有成效的辑佚，代表性的成果有王谟辑本和马国翰辑本。

王辑本:"龟,背之隆高当心。"① 马辑本:"丽,著也;龟,背之隆高当心。"② 马辑本比王辑本多出了对"丽"字的解释。对于"丽龟",杜注:"丽,著也。龟,背之隆高当心者。"③ 可见,杜注与马辑本服注同。对于杜注,清代学者洪亮吉云:

> 服虔云:"龟,背之隆高当心者。"(杜取此)《广雅》:"丽,著也。"(杜本此)④

洪亮吉认为杜预对"龟"之注承袭了服虔的观点,对"丽"的注释却是本于张揖之《广雅》。这样的话,洪亮吉的看法与马国翰辑本略微有别,即洪亮吉认为服虔对"丽龟"中的"丽"未做注释。结合王谟辑本和下文征引的孔颖达疏,笔者认为可能是马辑本把本为杜预的注——"丽,著也"羼入了服注。因该问题不影响本文立论,故不做深究。总之,把"龟"解作"背之隆高当心"最早可溯源至东汉服虔。下面再引唐代学者的解释。《春秋左传正义》曰:

> 《易·离卦·象》云:"离,丽也。日月丽乎天,百谷草木丽乎土。"是"丽"为"著"之义。龟之形背高而前后下,此"射麋丽龟"谓著其高处,故杜以"龟"为"背之隆高当心者"。服虔亦然,是相传为此说也。⑤

孔颖达为"丽"训"著"提供了《周易》离卦象辞的例证。据以上各家注释,粗言之,服虔、杜预、孔颖达和洪亮吉对"丽龟"的注解一脉相承,洪亮吉认为杜注训"丽"为"著"本于《广雅》。众所周知,清代以来学者曾对《左传》杜注有所匡正。然而,检视清代以来学者的相关研究成果⑥,可以得出如下认识:清代以来的学者在对本文讨论的"丽龟"的解释上并没有提出与杜预不同的看法。当代杨伯峻先生注:

> 丽,著也。龟指禽兽之背部。古之田猎者,其箭先着背以达于腋为善射。《北

---

① [汉]服虔:《春秋左传解谊》,[清]王谟《汉魏遗书钞》,日本株式会社中文出版社,1976年,第398页。
② [汉]服虔:《春秋左传解谊》,[清]马国翰《玉函山房辑佚书》,上海古籍出版社,1990年,第1299页。
③ [晋]杜预:《春秋经传集解》,上海古籍出版社,1988年,第599页。
④ [清]洪亮吉:《春秋左传诂》,中华书局,1987年,第418页。
⑤ [清]阮元校刻:《十三经注疏·左传》,台北艺文印书馆,2011年,第394页。
⑥ 清代下迄民国和《左传》有关的著作如惠栋《左传补注》、严蔚《春秋内传古注辑存》、余萧客《古经解钩沈》、任大椿《小学钩沈》、梁履绳《左传补释》、张聪咸《左传杜注辨证》、邵瑛《刘炫规杜持平》、焦循《春秋左传补疏》、李贻德《贾逵服虔义辑述》、马宗梿《春秋左传补注》、臧寿恭《春秋左氏古义》、沈钦韩《春秋左传补注》、丁晏《左传杜解集正》、章太炎《春秋左传读》等。

史·斛律光传》云:"羡及光并工骑射。……每日令出田,还即效所获。光获少,必丽龟达腋;羡获虽多,非要害之所。光恒蒙赏,羡或被捶。人问其故,云:'明月(光之字)必背上著箭,丰乐(羡之字)随处即下手,数虽多,去兄远矣。'"则乐伯之射麋中龟,亦状其善射也。①

杨先生上引所谓《斛律光传》实际出自《北史》卷五十四、列传四十二《斛律金传》。文中之羡和光系金之子,生平主要事迹附于其父传中。由杨先生之注可见杨先生训释"丽龟"时亦遵服杜,比以往学者多出的地方只是从《北史》中为服注之合理找了一个例证而已。《斛律金传》中的"必背上著箭"是进一步解释前边的"必丽龟达腋"的。从史源学的角度追溯,斛律光"丽龟达腋"的故事却并不见于《北史》所取材的《魏书》《北齐书》《周书》。综合以下两点:《五经正义》于唐太宗贞观十六年(642)编成,后经一些学者校定、增损,于唐高宗永徽四年(653)颁行;《北史》先后经李大师、延寿父子之手撰成后,于唐高宗显庆四年(659)颁行,笔者推测,《北史·斛律金传》之"丽龟达腋"和"背上著箭"当是《北史》撰作者受《五经正义》之一《春秋左传正义》影响的产物。也就是说,迄今为止没有学者对服杜该注怀疑过,而服虔如此解释"龟"的根据何在,不得而知。

笔者对"射麋丽龟"之古训产生怀疑,始自新出土的一件商代青铜器作册般鼋铭文及其造型。2003年,国家博物馆征集到一件商代晚期有铭青铜器,器形呈一支箭射入鼋左肩部、另三支箭射入鼋背部并外露十字形尾羽的造型。该器共有铭文33字,兹隶释如下:

> 丙申,王逐于洹,隻(获)。王一射,豻射三,率亡(无)灋(废)矢。王令(命)寑馗兄(贶)于乍(作)册般,曰:"奏于庸,乍(作)女(汝)宝。"②

研究者将此青铜器命名为作册般鼋并对其进行了广泛的探讨③,虽然对于铭文的一

---

① 杨伯峻:《春秋左传注》(修订本),中华书局,1990年,第735页。按:杨先生引《北史》文略有讹误,拙文已据中华书局版《北史》径改。
② 诸家释文略有不同,兹据朱凤瀚先生之释。参见朱凤瀚:《作册般鼋探析》,《中国历史文物》,2005年第1期。
③ 对此鼋研究的文章如下:朱凤瀚《作册般鼋探析》、李学勤《作册般鼋考释》、王冠英《作册般鼋三考》、杨小林《作册般鼋的分析与保护》(以上四篇文章均刊于《中国历史文物》2005年第1期),裘锡圭《商铜鼋铭补释》(《中国历史文物》2005年第6期),董珊《从作册般铜鼋漫说"庸器"》(《古代文明通讯》2005年第24期),求实《作册般铜鼋献疑》(2006年2月15日《中国文物报》),求正《析〈作册般铜鼋献疑〉》(2006年4月19日《中国文物报》),宋镇豪《从新出甲骨金文考述晚商射礼》(转下页)

些具体问题，研究者之间尚有不同看法，但铭文大致可以读通。铭文大意为：丙申这一天，商王在洹河狩猎。王射了一箭，妐射了三箭，都射中了鼍。王命寝馗赏赐作册般，"奏于庸，作汝宝"。

作册般鼋之铭文和造型所反映的射鼋使笔者还联想到《左传·宣公四年》郑人食鼋的记载：

> 楚人献鼋于郑灵公。公子宋与子家将见。子公之食指动，以示子家，曰："他日我如此，必尝异味。"及入，宰夫将解鼋，相视而笑。公问之，子家以告，及食大夫鼋，召子公而弗与也。子公怒，染指于鼎，尝之而出。

此即"染指"一词的来源。从该材料对楚人献鼋于郑灵公和宰夫解鼋的记载，结合当时楚郑之间的距离来看，楚人所献之鼋应是活着的鼋，而且应当不是通过射猎所捕获。反观作册般鼋，可判断此被射猎之"鼋"当非为食用，即作册般鼋青铜器之造型和铭文昭示：晚商时期曾经存在商王和大臣举行射鼋的礼仪。

既然晚商有射鼋的礼仪，是否也有射龟的礼仪呢？目前能够见到的唯有前引《左传·宣公十二年》材料中的"射麋丽龟"似属历史上射龟礼仪的文献材料[①]。但是，可能出于谨慎的考量，笔者未见以往的研究者将作册般铜鼋与《左传·宣公十二年》晋楚邲之战前所行致师礼当中的"射麋丽龟"联系在一起。其实，横亘在大家面前的障碍，一是西晋之杜注和杜注所信从之东汉服注；二是作册般鼋的造型为射鼋（大鳖）而非射龟。似乎是以上两点制约了思维严谨的学者。结合包山楚简和一些学者的相关研究成果，这种联系似可建立，似有可能修正服虔对"射麋丽龟"的注释。

包山楚简"卜筮祭祷记录"：

（接上页）《中国历史文物》2006年第1期），袁俊杰《作册般铜鼋所记史事的性质》（《华夏考古》2006年第4期），李凯《试论作册般鼋与晚商射礼》（《中原文物》2007年第3期），晁福林《作册般鼋与商代厌胜》（《中国历史文物》2007年第6期），张秀华、邵青石《作册般铜鼋铭文汇释》（《黑龙江教育学院学报》2009年第1期），田旭东《先秦军礼考》（《秦俑博物馆开馆三十周年国际学术研讨会暨秦俑学第七届年会会议论文》，2009年），袁俊杰《作册般铜鼋铭文新释补论》（《中原文物》2011年第1期），杨坤《作册般铜鼋补说》（复旦大学出土文献与古文字研究中心网站2008年1月31日文章），等等。

① 按：李学勤先生《试论百花潭嵌错图象铜壶》（《文物》1976年第3期）提到的故宫所藏铜壶中间一栏"绘有池沼鱼鳖，池旁有伫立或者展翅腾空的水鸟，水上驾舟持弓的猎人，其背景更为明瞭"，经笔者用放大镜审视，"池沼鱼鳖"恐想象之词，故本文对故宫所藏铜壶之图案不予讨论。另据朱凤瀚先生介绍，与作册般鼋同样造型的青铜器在香港还有一件，不过未除锈，尚不知有无铭文，铭文是否相同。

与祷荆王自酓（熊）鹿以就武王，五牛，五豕。（简246）

简文大意是：祭祷楚王，从熊鹿降自武王，五头牛，五头猪。最初，包山楚简整理小组将"酓"后一字隶定为"䍿"，借作"绎"①。汤余惠先生最早怀疑"酓"后一字是"鹿"②，何琳仪先生对此表示赞同③。何先生后来在《说丽》一文中对此给予了初步论证：

> "鹿""丽"双声，均属来纽；"丽"从"鹿"，是"鹿"的孳乳字，典籍或可通假。《汉书·高五王传》："吕太后称制。元年，以其兄郦侯吕台为吕王。"王先谦曰："《史记》作郦。徐广注，一作鄜。"包山楚简"卜筮祭祷记录"（246）荆王"酓鹿"，即《史记·楚世家》楚王"熊丽"。均"鹿""丽"相通之佐证。④

从上引何先生对包山楚简的研究，可知在战国时期的楚系文字资料中"鹿"与"丽"相通假。何先生最早提出包山楚简246"酓鹿"是"熊丽"的主张，见于包山楚简公布后不久撰写的《包山竹简选释》⑤，此后何先生在《楚王熊丽考》⑥和《说丽》中对该主张进行了论证。目前何先生之说已得到越来越多学者的赞同⑦。根据何先生的观点，再结合作册般鼋青铜器之造型，《左传》"射麋丽龟"似可解为射麋、鹿和龟三种动物。这样解释，除了过去所知道的射"麋"以外，又增加了射"鹿"和"龟"两种动物。相应地，《左传》"射麋丽龟"应重新标点为"射麋、丽、龟"。从句法来看，"麋丽龟"三者并举，与《左传》列举同类事物时在同类事物的名称之间均不加连词的行文习惯是吻合的。

以上对《左传》"射麋丽龟"依据何先生的"鹿"与"丽"相通假的观点和作册般

---

① 湖北省荆沙铁路考古队编：《包山楚简》，文物出版社，1991年。
② 汤余惠：《包山楚简读后记》，《考古与文物》，1993年第2期，第76页。
③ 何琳仪：《楚王熊丽考》，《中国史研究》，2000年第4期。
④ 何琳仪：《说丽》，《殷都学刊》，2006年第1期，第83页。
⑤ 何琳仪：《包山竹简选释》，《江汉考古》，1993年第4期，第62页。
⑥ 何琳仪：《楚王熊丽考》，《中国史研究》，2000年第4期，第14页。
⑦ 参见以下学者的论著。滕壬生：《楚系简帛文字编》，湖北教育出版社，1995年，第763页；陈伟：《包山楚简初探》，武汉大学出版社，1996年，第171页；范常喜：《上博简〈容成氏〉和〈天子建州〉中"鹿"字合证》，《古文字研究》第二十八辑，中华书局，2010年；刘信芳：《安徽凤阳县卞庄一号墓出土镈钟铭文初探》，《纪念徐中舒先生诞辰110年国际学术研讨会论文集》，巴蜀书社，2010年；刘信芳、阚绪杭、周群：《安徽凤阳县卞庄一号墓出土镈钟铭文初探》，《考古与文物》，2009年第3期；郭永秉：《清华简〈尹至〉"[夕彔]至在汤"解》，《清华简研究》（第一辑），中西书局，2012年，第49页。

鼋的造型及铭文的启示予以新的理解。如果这种新解是正确的，则有助于加深对春秋时期"致师礼"的认识和推测作册般鼋造型属于何种礼仪的物化。

不过，如此解释也不可回避地产生了新的矛盾。第一，乐伯在"左射马""右射人"之后只有"矢一而已"，恰好"麋兴于前"，与下文提到晋国的魏锜往楚师"请战而还。楚潘党逐之，及荥泽，见六麋，射一麋以顾献，曰：'子有军事，兽人无乃不给于鲜？敢献于从者'"中，并不见"龟"的踪影，更不要说"鹿"了。这是与"因文求义"的训诂原则背道而驰的。第二，乐伯用一支箭怎能射中麋、鹿和龟呢？

本文新解"射麋丽龟"之后产生的上述矛盾又该如何解释呢？笔者推测可能存在以下两种情况：第一，一般认为《左传》成书于战国时代。① 从《左传·宣公十二年》的记载来看，从许伯、乐伯和摄叔之所闻和所行可知，到春秋晋楚邲之战之时，作为楚军的致师者已经不清楚致师礼究竟该如何去实施，故只好各按所闻而行。相比之下，《左传》的作者对春秋时期的致师礼就又隔了一层。服虔那个时代与比服虔更早的西汉乃至战国时期的人们相比，对消亡的军礼中的致师礼就更加不熟悉了，所以服注有可能是错解。第二，《左传》此处可能存在脱简的情况，并且此处脱简的情况为服虔等学者所习焉不察，因而对"射麋丽龟"之训诂正如前引《春秋左传正义》谓"相传为此说也"。第三，笔者颇怀疑先秦时期的致师礼属于一种艺术表演形式，不可当成历史之实录去解读，类若唐代的《秦王破阵舞》和当代歌颂红军长征的大型歌舞剧《东方红》——通过这种歌舞表演，艺术地再现历史情境，歌颂英雄，表彰英雄，激励后人。

二、安大简《驺虞》对于毛诗《驺虞》解读的启示

有学者将《诗经·召南·驺虞》之"壹发"解为射箭。如此理解，就出现了"一发"射中了五头猪的现象。尽管这种解释对前文《左传》"射麋丽龟"的新解有利，但笔者不赞同这种解释。继1977年安徽阜阳双崮堆汉墓出土了大量有关《诗经》的木简后，最近安徽大学从海外入藏一批战国时代的楚简（简称"安大简"），其中有《国风》五十多篇。首批整理成果已于2019年9月刊布，其中有《召南》之《驺虞》篇，对于历史上围绕《驺虞》篇的一些争议之解决有所助益。

先引阮元校勘《十三经注疏·毛诗正义》之《驺虞》篇如下：

> 彼茁者葭，壹发五豝，于嗟乎驺虞。（第一章）

---

① 杨伯峻：《春秋左传注》（修订本），中华书局，1990年，第41页。

>彼茁者蓬，壹发五豵，于嗟乎驺虞。（第二章）

再引安大简《驺虞》篇如下（个别字宽式隶定）：

>皮（彼）茁者葭，一发五䣙（豝），于差（嗟）从（纵）乎。（第一章）
>皮（彼）茁者蓬，一【发五豵。于差（嗟）乎从（纵）乎。（第二章）
>皮（彼）茁者】蓍，一发五麋。【于差（嗟）乎从（纵）乎。】（第三章）①

原简有残缺，【】内系整理者据《毛诗》补。安大简《驺虞》与《毛诗》之《驺虞》有以下三点区别：第一，《毛诗》《驺虞》中的三个"壹"均写作"一"，与《说文》引《诗经》同②；第二，增加了一章，主要是增加了"一发五麋"，即安大简增加了除猪以外的一种动物；第三，每章结句没有"驺虞"二字。前人对于毛诗《驺虞》的解释连篇累牍，分歧很大，本文不再繁复征引，请读者参看刘毓庆先生的著作《〈诗经·召南·驺虞〉研究》。③笔者以为安大简《驺虞》对我们今天解读毛诗《驺虞》至少有以下两点启示：

第一，"壹发"不是射一支箭，更不应解释为射了四支箭，射中了五头猪，或者射了十二支箭并射中了五头猪。因为前面介绍的商晚期的青铜器作册般鼋的器物造型、铭文和《左传》晋楚邲之战前关于致师礼的记载，可证先秦时期射箭用"射"而不用"发"。此外，《周礼·夏官·射人》亦确切表明先秦时期的射仪用"射"字而不用"发"。这样即可避免对《诗经》学史上一些学者解释为一发箭可以射中五头猪的质疑和不符合常理的尴尬。故"一发"，还是高亨先生的解释④对了一半，即将"发"根据同声旁之字通假的语言学理论通假为"拨"，但"拨"字应释为量词而不应当释为动词"拨开"。于是，"一拨"指一群，诗义应解为出现一拨猪，一拨豵，一拨麋，"一拨"后边加了一拨究竟是多少，殆"一拨"是比较模糊的泛泛而言，而"五䣙""五豵""五麋"则对"一拨"加以具体化、准确化。

第二，安大简所有诗篇并没有标题，现在的标题为整理者据《毛诗》所加。这说明今传《毛诗》之"驺虞"二字应该是后来汉代学者添加的。《毛诗》这个"驺虞"也只能解释成职官，不得解释成义兽。安大简三章的每一章之结句都有一个"从（纵）"

---

① 黄德宽、徐在国主编：《安徽大学藏战国竹简（一）》，中西书局，2019年，第97页。
② 许慎：《说文解字》，中华书局，1963年，第196页下。
③ 刘毓庆：《〈诗经·召南·驺虞〉研究》，《晋阳学刊》，2017年第2期。
④ 高亨：《诗经今注》，上海古籍出版社，1980年，第34页。

字，即指周王苑囿中所豢养之猪（豵）和麋活蹦乱跳，以示非常健壮。或者不将"从"读为"纵"，仍读为本字，意即一拨儿猪、一拨儿豵和一拨儿麋在茁壮成长的葭、蓬和苕中，一个跟着一个，描绘了一幅宁静、祥和的画面。换句话说，并非遇到惊扰而呈狼奔豕突之状。该诗篇共三章，反复咏叹，表达的是喜悦之情，以赞美驺虞管理苑囿尽职尽责，也即兢兢业业，效忠于周王。这应该是当初这首诗的本义，而《毛诗正义》的种种说法，即不符原诗本义的其他的一些东西都是借诗说事，应该是汉代学者附着上去的。

结 语

最后，将本文的观点归纳如下：根据包山楚简"鹿"与"丽"二字相通假的现象与晚商作册般鼋青铜器射鼋的造型及其铭文记载的商王和大臣射鼋礼仪，《左传·宣公十二年》之"射麋丽龟"似可新解为"射麋、鹿、龟"。这可能改变我们以往对春秋时期致师礼的细节的认识。这种新认识有可能说明成书于战国时期的《左传》对致师礼"射麋丽龟"的记载是战国时期人撰写的春秋致师礼，属于战国时期人的观点，真正的春秋时期的致师礼中的一个细节可能是"射麋、鹿、龟"，而且是楚师派出去举行致师礼的相关人员的一种艺术表演。艺术表演当然带有夸张的色彩，于是出现了一矢而能射中麋、鹿和龟，颇疑致师礼中这些动物均由人来扮演。这样理解，大概就不会胶柱鼓瑟地质疑一支箭怎么可能射中麋、鹿和龟。《毛诗》《驺虞》之"发"应读高亨先生提出的"拨"，但用作量词；"驺虞"篇名应属汉代人所加，其应释为管理周王室苑囿之职官。

（吕全义，1969年生，山西五台人，历史学博士，现为太原师范学院历史系教师，研究方向为先秦史；王惠荣，1972年生，山西临汾人，历史学博士，现为山西师范大学历史与旅游文化学院教授，研究方向为清代学术史。本文为国家社科基金一般项目"商周基层聚落形态研究"[20BZS022]阶段性研究成果。）

论清代山西观音信仰的民间化

侯慧明

唐宋以来，随着观音的女性化，其信仰在民间得到普遍的传播。清代山西的诸多村落都建有观音殿、观音堂、观音阁之类的建筑。最早在宋金时代观音庙已经独立建庙，观音成为佛教最为流行的在民间影响最大、中国化程度最高的神灵。

清代村社中庙宇林立，供奉神灵非常庞杂。如道光十九年（1839）《圪垛村整修观音神堂碑记》载："圪垛村旧有观音菩萨神堂、三官大帝神堂、玄天上帝、二郎真君、关圣帝君神殿、眼观菩萨、子孙圣母神庙、五岳帝君神堂、龙王神殿、土地神祠，由来久矣。"[1]民众崇奉神灵中以观音与关帝信仰最为流行，"观音、关帝之神之在天下，如水之行于地中，无所往而不在也。人之崇奉之者，即牧竖樵童、妇人女子，处幽崖北户之中，一思观音即如在心头，一念关帝即如在眼中。故尊事者愈多，其所最信者，观音菩萨、关圣帝君也"[2]。"观音大士庙宇遍天下，而世之白叟、黄童、妇人、女子莫不尊敬而崇奉之者，盖以有求必获而无感不灵也"[3]。"盖闻观音者，乃南海珞珈山之灵神也，或云劝善于西京，或云慈航普渡，或云宏慈锡胤，以故庙宇遍天下，金身满乾坤，甚至家家供养，户户虔诚"[4]。观音崇祀在各地非常普遍，如康熙二年（1663），灵石县南关镇金旺村重修观音楼。[5]康熙八年（1669），灵石县南关村重修观音庙。[6]康熙四十四年（1705），灵石县静升镇草桥村重修观音堂。[7]雍正十一年（1733），灵

---

[1] 杨洪：《三晋石刻大全·晋中市灵石县卷》，三晋出版社，2010年，第390页。
[2] 武有平：《三晋石刻大全·吕梁市方山县卷》，三晋出版社，2015年，第147页。
[3] 王丽：《三晋石刻大全·晋城市泽州县卷》，三晋出版社，2012年，第406页。
[4] 武登云：《三晋石刻大全·吕梁市汾阳县卷》，三晋出版社，2017年，第602页。
[5] 杨洪：《三晋石刻大全·晋中市灵石县卷》，三晋出版社，2010年，第80页。
[6] 同上注，第81页。
[7] 同上注，第94页。

石县翠峰镇夏庄村重修观音庙。① 乾隆十一年（1746），灵石县静升镇核桃凹村重修观音庙。② 乾隆二十八年（1763），灵石县夏门镇梁家疙瘩村重修观音庙。③ 嘉庆六年（1801），灵石县夏门镇西河底村重修观音堂。④ 嘉庆十年（1805），灵石县翠峰镇苗旺村移建菩萨庙等。⑤

崇祀观音主要是因为佛教宣传之观音具有广大的功德力，佛经中阐述了观音的诸多救济功能。据《法华经·普门品》曰："若有持是观世音菩萨名者，设入大火，火不能烧。由是菩萨威神力故。若为大水所漂，称其名号，即得浅处。若有百千万亿众生，为求金、银、琉璃、砗磲、玛瑙、珊瑚、琥珀、真珠等宝物，入于大海，假使黑风吹其船舫，飘堕罗刹鬼国，其中若有，乃至一人，称观世音菩萨名者，是诸人等皆得解脱罗刹之难。以是因缘，名观世音。若复有人临当被害，称观世音菩萨名者，彼所执刀杖寻段段坏，而得解脱。若三千大千国土，满中夜叉、罗刹，欲来恼人，闻其称观世音菩萨名者，是诸恶鬼，尚不能以恶眼视之，况复加害。设复有人，若有罪、若无罪，杻械、枷锁检系其身，称观世音菩萨名者，皆悉断坏，即得解脱。若三千大千国土，满中怨贼，有一商主，将诸商人，赍持重宝、经过险路。其中一人作是唱言：'诸善男子！勿得恐怖，汝等应当一心称观世音菩萨名号。是菩萨能以无畏施于众生，汝等若称名者，于此怨贼当得解脱。'众商人闻，俱发声言：'南无观世音菩萨。'称其名故，即得解脱。若有众生多于淫欲，常念恭敬观世音菩萨，便得离欲。若多嗔恚，常念恭敬观世音菩萨，便得离嗔。若多愚痴，常念恭敬观世音菩萨，便得离痴。"⑥ 观音菩萨被宣传为能救苦救难，如消除风、水、火、罗刹、刀杖、恶鬼、枷锁、怨贼灾祸以及满足众生求男女的心愿。现实社会中，观世音菩萨救苦救难的形象被广泛接受。如雍正九年（1731）《新建观音堂碑记》载："自古圣贤豪杰之有功于世者，功在一乡，则一乡祀之，功在一国，则一国祀之，功在天下，则天下祀之矣。功不同其祀不同也。从未有以菩提济世，以慈悲心救人，如观音大士也……其神者所谓圣，而不可知者，其大□□□□□遍□宙内，无论学士大夫，□□乡达，虔心瞻仰，即愚夫愚妇，闻大士之名，亦莫不致其诚敬焉。"⑦ 按中国自古传统，凡有功于民者即崇祀之，观音被崇

---

① 杨洪：《三晋石刻大全·晋中市灵石县卷》，三晋出版社，2010年，第110页。
② 同上注，第131页。
③ 同上注，第151页。
④ 同上注，第245页。
⑤ 同上注，第254页。
⑥ ［后秦］鸠摩罗什：《妙法莲华经》卷7，《大正藏》第9册，第56页。
⑦ 武登云：《三晋石刻大全·吕梁市汾阳县卷》，三晋出版社，2017年，第524页。

祀和中国传统祖先崇祀、圣贤崇祀的区别何在？此文一方面认为观音有洞察一切苦难、拯救一切苦难的所谓"大威神力"；另一方面认为观音可"变化而因人说法"，"寻声救苦"非常迅速灵验。实际上均是从神秘主义角度出发，宣说观音的所谓"神秘与灵验"，契合了民众在苦难中急需获得救助的心理需求。这种认识只是一般的从佛教宣说角度的传统认识，而民间对观音的认识态度与社会因素关系更为紧密。

一、观音庙的存在形式

清代观音庙存在形式的第一种情况是附属于佛教寺院之中，作为寺院之配祀建筑存在，如康熙三十一年（1692）《重修开化寺观音阁记》载："距县城三十里有舍利山，山建开化寺，盖后唐武平二年创也。其耸峙者惟观音板阁，为大愚禅师卓锡处。"① 又光绪元年（1875）《重修华严寺观音殿碑》载："盖闻云郡东廓外，旧有华严古寺，内建观音罗汉之殿……本寺住持僧同禄、同庆，徒无疆，徒孙学成。"②

第二种情况是单独以"观音"命名之寺庙，且有僧人居住。如灵石康熙四十四年（1705）《草桥村重修观音堂碑记》载："幸有住持僧讳通微，号显真者，实系资寿寺法眷，愿出己财，乡人愿效己力，两意相投。将正殿卷棚以及殿后上下土窑，并周固增壁、门樱、照壁俱焕然之一新。"③ 草桥村观音堂由僧人重修。又如，大同康熙五十二年（1713）《重修观音堂门记》载述观音堂由僧人明贵及徒净过住持。④ 又晋城雍正十二年（1734）《濩泽南关明道厢崔家巷创修观音堂碑记》载："适有住持比丘尼名真性，字天然，遂发善愿，独力募化，创建三大士殿、两角殿、东西两廊、对楼、山门……所有信女施财输粟，恋慕礼敬，诸檀越未登记载。倘勒男而遗女，留上而忽下，颂大而缺小，勤始而倦终，其于生成之理，天地之道，殊大有玷也。住持天然遂告于余，镌立记碑，上列布施女眷，不没人善，兼谢己责。此诚统阴阳、兼动静、合上下、贯始终，能济乎物，无损于己，为无悉于太极之理也。至最有为、耐勤苦、得人心、坚操守，天然其可少乎哉？"⑤

这两种情况的观音殿或者观音庙均由僧人住持，性质上属于佛教寺庙。

---

① 常书铭：《三晋石刻大全·晋城市高平市卷》，三晋出版社，2011年，第504页。
② 许德合：《三晋石刻大全·大同市南郊区卷》，三晋出版社，2014年，第181页。
③ 杨洪：《三晋石刻大全·晋中市灵石县卷》，三晋出版社，2010年，第94页。
④ 许德合：《三晋石刻大全·大同市南郊区卷》，三晋出版社，2014年，第117页。
⑤ 李永红：《三晋石刻大全·晋城市城区卷》，三晋出版社，2012年，第179页。

第三种情况是观音庙单独建庙,但已经完全民间化,没有僧人住持,只有"看庙人"或者处于无人看守状态,只在民众需要时来祭祀,或者节日时由"香首"组织祭祀。当庙宇破败时,由"纠首"组织重修,无论是"看庙人""香首"还是"纠首",都是村社中在家的普通民众或者回乡的"乡绅",而非出家之僧人。这类观音庙有的被称作"娘娘庙""奶奶庙""圣母庙",其崇奉主尊神灵均为观音。也有民间祠庙中附属建立观音殿。这类的观音庙均属于民间信仰,观音已经被完全等同于民间神灵。如高平顺治八年(1651)《□□□□□粉诸神碑记》中载述观音庙有住持王真松、秦常松。① 所谓的"住持"并非僧人,而是在家之人,也就相当于民间庙宇中一般的"看庙人"。民间祠庙中建观音殿的情况也比较普遍,如高平嘉庆六年(1801)《重修关帝庙创建大士阁记》载:"北苏庄之南,有圣帝关夫子庙,不知创自何时……复于院之东南创修大士三楹,以临通衢,其外则西房五楹,为憩息之所。北建舞楼三楹,下设门以通神道,而西翼以楼,东翼以阁,开偏门焉。庙貌虽狭隘,每当春秋祈赛,歌舞娱神,村中父老子弟长跽荐□,肃然生敬,于以颂扬忠烈,兴起颓风,胥于是乎系之……惟圣帝祠宇遍九州……而精忠大义,实足以弥宇宙而贯古今……观音大士相传保赤子而渡群迷,建阁祝禋,亦神道设教之意也。"② 清代民社中大量建立观音庙,或者在民间祠庙中建观音殿,均视观音为慈悲济度之民间神灵,并且多与关帝并祀。

二、修建观音庙的原因

清代村社中观音庙非常普遍,从庙宇碑志载述之原因分析,主要基于对观音的崇奉,《法华经·观世音菩萨普门品》中有详尽的描述,佛告无尽意菩萨:"善男子,若有无量百千万亿众生受诸苦恼,闻是观世音菩萨,一心称名,观世音菩萨即时观其音声,皆得解脱"③。"观音菩萨云者,盖以遍观大千世界,寻声救苦,而为大慈大悲至善之极称也已,无处不有斯堂焉"④。"观音菩萨赐福赦罪,延生解厄,种种救济不可枚举。而又地介山河,风气攸关,洵胜地也"⑤。"凡人祈福保安,有求辄应,捷于影

---

① 常书铭:《三晋石刻大全·晋城市高平市卷》,三晋出版社,2011年,第232页。
② 同上注,第445页。
③ [后秦]鸠摩罗什:《妙法莲华经》卷7,《大正藏》第9册,第56页。
④ 雷涛:《三晋石刻大全·临汾市曲沃县卷》,三晋出版社,2011年,第121页。
⑤ 杨洪:《三晋石刻大全·晋中市灵石县卷》,三晋出版社,2010年,第110页。

响"①。从观音各方面所谓"功德力"宣说，主要基于敬神祀神"报功德"的目的，"凡庙之设，必有功于社稷，有德于民生者，然后建为坛垗，世世崇祀，以昭报德报功至意"②。建庙祀神的目的最终又落实于对民众的所谓消灾捍患、赐福予祥等现实利益。

民众修庙的原因主要为祈福消灾，"有因作善而建者，有因祈祷而建者，有因补风邀脉而建者。建虽不同，其为见像作福则一也"③。求福之主要内容之一是求嗣，《法华经·观世音菩萨普门品》云："若有女人，设欲求男，礼拜供养观世音菩萨，便生福德智慧之男。设欲求女，便生端正有相之女，宿植德本，众人爱敬。"④如康熙三十七年（1698）《建白衣三圣阁碑记》载："夫人生而愿有子，有子而贵，贵而且寿。斯亦不可必得之数矣。惟其不可必得也，于是而供'白衣'焉曰此'送子观音'也；于是而事文昌焉，曰此'桂箓神司'也；于是而礼张仙焉，曰此'延祐大圣'也。似几乎可以有子而贵而寿矣。无如，今之事三圣所在皆然。"⑤又如，康熙三十八年（1699）《重修观音堂百子阁记事》载："本巷观音堂制始久矣，内有百子阁，每祷必应。"⑥又如，道光十三年（1833）《东坡村观音庙道光石碣》曰："尝闻：行善者佛法有感，积德者神祇有应。佛法者仁人求之，神圣者上庶敬之。求之者，默佑享年子旺；敬之者，庇及万福无疆。"⑦道光二十五年（1845）《重修观音阁碑记》曰："昔读庾信《经藏碑》，□如来说法，万万恒沙，菩萨转轮，生生世界。是大生广生，本西方圣人之心也，惟视人心所感何如耳。吾村为沁南北通衢□□，旧有观音大士祠一方，俱赖以庇，而求嗣者尤无不响应。"⑧道光二十八年（1848）《湾里村白衣大士阁碑记》载："古者祈嗣于先禖，以郊天日祀之故。又曰：郊禖变媒言媒神之也。至月令，有太牢祀高禖之文，则以元鸟至为期。盖昔高辛氏与世妃简狄出祀郊禖而生契。其日元鸟适至，故诗曰：天命元鸟，降而生商。后遂不以郊，而以是日变郊，言高尊之也。大抵皆克禋克祀，以弗无子之意也。天子如此，庶人可知矣。近世祈嗣于子孙圣母，或即高禖之遗风与。然白衣大士亦司钟毓之祥，则又作圣母之匹休也。高禖之祀远矣，圣母之祀繁矣，大

---

① 李永红：《三晋石刻大全·晋城市城区卷》，三晋出版社，2012年，第190页。
② 贾圪堆：《三晋石刻大全·长治市长治县卷》，三晋出版社，2012年，第148页。
③ 雷涛：《三晋石刻大全·临汾市曲沃县卷》，三晋出版社，2011年，第121页。
④ ［后秦］鸠摩罗什：《妙法莲华经》卷7，《大正藏》第9册，第57页。
⑤ 赵栓庆：《三晋石刻大全·长治市襄垣县卷》，三晋出版社，2015年，第763页。
⑥ 李永红：《三晋石刻大全·晋城市城区卷》，三晋出版社，2012年，第144页。
⑦ 武有平：《三晋石刻大全·吕梁市方山县卷》，三晋出版社，2015年，第200页。
⑧ 车国梁：《三晋石刻大全·晋城市沁水县卷》，三晋出版社，2012年，第352页。

士之祀亦可阙哉。"① 可见，中国民众将子孙繁盛、家族兴旺作为人生之福，甚为期盼。发展过程中将祈求高禖之神与子孙圣母、白衣大士信仰融合，赋予了观音"送子"的功能。

修建子孙圣母庙主要目的是祈求子嗣，但一些乡绅的观点却具有严重的贬低妇女的思想。如乾隆四十一年（1776）《重修圣母庙记》载："稽古神圣多矣，□庙以祀之者，即有无庙而不祀者。独子孙圣母明禋几遍寰区，其意亦可以微会矣。盖天下易晓者男子，而最难化者妇人，往往有心存嫉妒而忍绝夫之嗣者，□□祷祀以求厥后焉，正所以渎我神灵也。是知古老建此，殆欲一方妇女，仰体好生之德，俯施□□□恩，所谓太姒嗣徽音，则百斯男者，非此意也耶？则其关于世道人心者，岂浅鲜也哉！"② 碑后署"后学梁继丰撰"，梁继丰具体身份不详，应是乡间一般文人。梁继丰认为，妇女"难化"，"心存嫉妒而忍绝夫之嗣"，认为妇女嫉妒男子，甚至忍心绝嗣，是明显对妇女的诋毁和贬低。并且他认为，为教化妇女，各地大量修建子孙圣母庙以教化妇女学习太姒，祀嗣为男子绵延香火。梁继丰之歧视妇女、贬低妇女的思想应该并非个案，反映了清代乡村社会中妇女地位低微，绵延香火被认为是妇女最主要的作用。

捍患消灾亦是观音庙的修建目的，如乾隆三十九年（1774）《新建白衣庵序》载："三十七年大旱，总理住持率众祈祷于兹，未三日而大雨如注。凡祈雨者，甘霖立沛。求问者，即现祥麟。于是众发善念，恳缘募化，创建白衣大士神庙一所。"③ 道光十年（1830）《白衣洞碑序》载："盖闻灵邑东南乡八十里许石膏山上、中、下三岩，道路崎岖，上下连绵，可观胜境，真此方福地。白衣菩萨洞、龙王洞，若遇旱涝祈祷取雨，有求即应。"④ 咸丰元年（1851）《重建玉皇阁观音堂人祖殿碑记》载："道光三十年春三月岁大旱，阁村数人谒庙祷雨，许愿重塑金身。幸而三日雨足，秋遂大熟。十月间祷雨人会合牌人众公议，首事人等赴瞳广募，欣然乐输。"⑤ 山西各地以山地为多，农业收成主要依赖天雨，因此，"抜旱祷雨"成为民众经常性活动，"观音"也被民间赋予"降雨"的职能。"祷雨"如能"应验"则会被认为"灵验"，民众则会竭尽全力重修庙宇，重塑金身，载入碑志。

民众在日常生活中遇到最多的困难是"疾病"，观音被认为可消灾治病，"观音大

---

① 曹廷元：《三晋石刻大全·临汾市古县卷》，三晋出版社，2012年，第418页。
② 汪学文：《三晋石刻大全·临汾市洪洞县卷》，三晋出版社，2008年，第271页。
③ 曹廷元：《三晋石刻大全·临汾市古县卷》，三晋出版社，2012年，第57页。
④ 杨洪：《三晋石刻大全·晋中市灵石县卷》，三晋出版社，2010年，第353页。
⑤ 杜银安：《三晋石刻大全·临汾市乡宁县卷》，三晋出版社，2014年，第206页。

士,威灵莫测,广施药饵,普救众生,有求必应"①。又如,乾隆二十五年(1760)《新立三圣庙碑记》曰:"闻之,菩萨之称所以普济群生也。夫菩萨之普济群生,固未易测要,其广嗣裔则莫如白衣菩萨焉,消目疾则无若眼光菩萨焉,祛痘灾则莫老痘母菩萨焉。"②乾隆五十六年(1791)《重修关帝庙观音堂碑记》曰:"盖以我观音之神虽居南海紫竹之中,而微显阐幽,随处现形,杨柳枝能疗宇内之疾苦,净缸水可济两间之农人,至于有求必应,无微不显,神之为灵昭昭也。"③光绪十年(1884)《观音菩萨堂重修碑记》载:"高石河村中旧观音菩萨堂,村之望也。然基址狭隘,垣墉卑陋,昔人时欲修葺,奈点金乏术,善心往往终止。于同治年间,菩萨施药瘳病,远近求者无不立愈。由于香火之赀,日积月累,由少而渐多焉。"④观音塑像一手托净瓶,一手持柳枝。民众认为柳枝可以治病,水可以利益于农民,这都是民众对于观音形象和职能最直接的观感体会之理解。

遇到瘟疫、地震等自然灾害之时,人们迫切寻求精神庇护,有人则借助菩萨之名"舍药"。如道光年间《重修白衣大士庙并妆神像记》载:"余庄西门外坤地旧有白衣大士庙,地势虽云狭隘,恩泽实自洋溢,然岂仅托诸空言哉?尝见有乞求子孙者无不应验,祈免害难者无不庇荫。非特如是,而且于道光丁酉暮春,舍药以济活人。当时四方来者实繁有徒,接踵至者不一而足。盖无论乎遐迩,无论乎长幼,大抵一诚无伪,有祷即应。"⑤这些"舍药"之人极可能为民间的"神婆巫医",在暮春发生瘟疫时,以"观音显灵"的名义"舍药",吸引大量民众拜祷,一定程度上发挥了精神安慰的作用,同时也可能导致神秘主义迷雾扩散,进而伤害民众身体健康,乃至民众资财受骗。

严重的自然灾害和疾病、瘟疫很容易引起民众的极度恐慌和焦虑,进而促使民间的神秘主义思想高涨。光绪八年(1882)《重修观音阁碑记》载:"村人久欲重修,不幸光绪三年(1877)忽遭大旱,越一年戊寅,斗米值钱贰仟,田产不值半价。村人救死而恐不赡,奚暇治此事哉?至庚辰又遭冰雹,意者天灾之流行,未必非神庙不修以致此。村人于是公议重修,但□饥馑之余,赀财不足,余因出借钱伍拾余仟,以襄是事。"⑥民众认为天灾流行,可能是不修庙宇所致,因此积极修补寺庙。又如光绪

---

① 冯吉平:《三晋石刻大全·临汾市吉县卷》,三晋出版社,2017年,第315页。
② 赵栓庆:《三晋石刻大全·长治市襄垣县卷》,三晋出版社,2015年,第233页。
③ 杜红涛:《三晋石刻大全·吕梁市孝义市卷》,三晋出版社,2012年,第238页。
④ 王苏陵:《三晋石刻大全·长治市黎城县卷》,三晋出版社,2019年,第347页。
⑤ 雷涛:《三晋石刻大全·临汾市曲沃县卷》,三晋出版社,2011年,第265页。
⑥ 冯锦昌:《三晋石刻大全·晋中市和顺县卷》,三晋出版社,2012年,第183页。

三十三年（1907）《重修观音堂碑记》载："尝闻庙宇之举废，关乎一村之兴衰。况乎人所赖福庇者神明也，神明赖栖身者殿宇也，则夫庙貌之嵯峨峥嵘，不但足矣。"①将庙宇的存废与村落的兴衰相互联系。

其次，村社修庙似乎只是着眼于"庙宇"，而并不十分强调"观音庙"，主要是起到所谓"补风水""壮观瞻"的作用，"自来庙堂之建也岂无由哉，一以托神庇，一以补风气"②。顺治二年（1645）《创建观音堂碑记》载："创建圆通之境，永镇风水之界，作善降祥，行恶有殃，人之好善，以庄立社，是正论也。垂觉后人，现前看得正南偏东山峰欠缺，补立庙宇永求吉利也。立堂高耸，山岗俊雅，神必享之。"③咸丰二年（1852）《创修西阁碑记》载："人之所以补偏而救弊者至矣哉，不独事有缺陷能挽回而补救，即地气生成亦有任其维持而调护者。许庄村之东南与北，周围茂密，无或少亏，惟西独见其缺，缺者而可不思所以补之乎？乾隆岁次乙亥年间，传闻村中父老谋及此事，欲建一阁以补风气之不足……阁之上前列观音，后列佛祖。列观音者何？盖以观音者指迷之士，因迷渡迷，而其迷之也终必悔。列佛祖何？抑以佛祖者西方之圣，以西补西，而其补之也不易位。况观音之所行慈也，慈一人而无异众人，慈众人而亦如一人，故自脱尘后而尊奉者广。佛之言觉也，愚者觉而智，昧者觉而明，故自入中国而爱敬者多，此阁上列神之意也。"④清代村社中多建庙宇或者塔以"补风水""镇风气"，多由民间的阴阳先生指导为之，置于建何主神的庙宇，实际上比较随意，即使有解释，也比较牵强，如认为佛来自于西方，适合补西方风水云云。又如宣统元年（1909）《桃钮村改建庙碑记》曰："盖天地之道曰阴阳，阴阳和而万物生。余桃钮村一里首村也，在昔富而且和，乃自道光年间日渐衰弱，识者以谓阴阳不和之故。兹于宣统元年邀风鉴牛先生桂元者细为审度，以谓村南离宫旧建观音庙与村相克不和。考之旧碑，系嘉庆年间由村沟改建于离方，离为村乾山绝命破军星，故庙克村。盖庙者，天星也，上应天上之星辰，下司人间之福禄，以村西佛庙为吉方。于是公议移神于此以趋吉，拆毁旧庙而去凶，则神得凭依，人蒙庇护。总论桃钮村艮宫发脉，乾山高大方正，兑方堡寨巍然高峻，而诸圣神庙悉座坤兑之间，是吉星全备，视震巽离克方皆低小降伏矣。夫风水之道自古尚矣，今牛先生深明阴阳奥理，直断吉凶，应若指掌，

---

① 车国梁：《三晋石刻大全·晋城市沁水县卷》，三晋出版社，2012年，第417页。
② 杨洪：《三晋石刻大全·晋中市灵石县卷》，三晋出版社，2010年，第94页。
③ 王立新：《三晋石刻大全·晋城市陵川县卷》，三晋出版社，2013年，第93页。
④ 常书铭：《三晋石刻大全·晋城市高平市卷》，三晋出版社，2011年，第644页。

如先生者近世希矣。"①改建庙宇的原因是风水先生认为庙宇与村庄"相克",需要改建庙宇,改变风水,才能使得村庄富裕。

再次,因为一些个人突发事件而建立或者重修观音庙。

因所谓"通神"而建庙。顺治二年(1645)《鼎建观音阁碑记》载:"夫吾安知观世音也哉?但见人之险阻忧患,靡不举手合掌念'南无观世音菩萨',乃知观世音慈航普渡者也。况遇人之为善,有不慈航而普渡之乎?州西冯家垣刘孝之子刘仕禄父子好善,诸不尽悉,大抵以不忍之心、行不忍之事,不过尽其为人,即其通神者也!一日仕禄兀坐,恍惚观世音告语曰:'子善人也,吾渡子,渡子以渡人,子曷为我安之。'仕禄遂卜地鸠工。"②刘仕禄因所谓"恍惚"间认为是观音告语而出资建庙。

因所谓"显灵"事件而建庙。同治元年(1862)《观音大士菩萨显化救苦石志》载:"咸丰十一年冬十二月望后十日,村人任丕显由泉镇晚归,风尘迷漫,路少行人。行东郊,遇一道者,星月朦胧,不辨男女。恍见身衣黄服,头挽蓝巾,接踵扳谈,言来年瘟疫大行,村民有难,惟有制一红伞,日树中街,乃可保安,此为盛举尔。其竭力语次,及庙倏迷所在。斯时也,显犹漠然置之。延次春正初七日,显因旧愿,设供神前,入庙拜瞻,恍觉大士巾服形容,宛如昨昔之相遇於道者然。显忽惊悟,觉大士现身说法,指迷救苦者,即在是也。意将遵法制伞,但恨空手无资。我辈闻风恚恚,愿共襄成,未及一月,四方布施者不期云集,伞由是以成。迨本年瘟疫蜂起,传染各乡,独我村安堵如故,即邻村之凡在布施者,均获安祥。"③任丕显因遇到道者预言"来年瘟疫",并认为道者即观音庙中"观音",于是为观音庙制作伞盖,并保护村社未遭瘟疫云云。

因所谓"梦兆"而建庙。乾隆四十一年(1776)《重修观音堂序》载:"杨学闻自热河归,□动善念,在□边化银二十余两,以作重修费用。乃银虽有若干,而董事者无其人也。延至七八年,忽一夜,杨宗瑗梦神人警告,方纠集百禄、接乾、绍周等□厥工,□□□欢,欲□从事。于是拨官银一十九两,更上银十三两有奇,自八月动工,十月告竣。"④杨宗瑗因梦"神人警告",纠集众人捐资修庙。又如,咸丰六年(1856)《创建观音堂序》载:"尝思大而化之谓圣,圣而不可知之谓神。神之化人,人所不知,而今亦有知者焉。余自道光廿五年六月间,偶得腹疼之疾,年年有犯,延至咸丰元年

---

① 杨洪:《三晋石刻大全·晋中市灵石县卷》,三晋出版社,2010年,第581页。
② 高继平:《三晋石刻大全·吕梁市柳林县卷》,三晋出版社,2013年,第73页。
③ 武登云:《三晋石刻大全·吕梁市汾阳县卷》,三晋出版社,2017年,第929页。
④ 王国杰:《三晋石刻大全·运城市新绛县卷》,三晋出版社,2015年,第168页。

八月，贱躯瘦弱难堪，自觉不能久于人世矣。不意直至十月卅日晚，睡梦中见吾二伯母身着青衣，左手捧水盃，右手捧药数十丸，向余曰：'尔病欲愈，可服此药。'余遂服之，伯母又在余背搥七下，忽然惊醒，乃是一梦，大约时有三更。心中暗想，此必神人之化我也。余于次早，沐手焚香祝神。若有化余之心，余病愈之日，愿与神建庙立祠。由是病势渐痊，再未有犯。故二年十月间，鸠集村众，共议此事，人人乐从。"①成作梅因梦中得药，大病痊愈，认为是神人化之而修庙。

奉母亲命而重修。嘉庆二十五年（1820）《改建观音庵并新立文昌碑阁记》载："是庵创自何代无可查考，惟稽旧殿樑记为蔚声远，明府之高祖于国朝顺治丁酉秋季重修，且蔚氏居故州，人称蔚家庵。所供大士俗名送子观音，座下塑许多婴儿像，凡艰于嗣者以线系之，谓之拴子，犹古祝意也。其间环配罗汉，上列山形，救苦悬空，层云□载，佛光普照，洵属巨观。屈指百六十余年，春风暑雨，庵渐倾颓，声远当庠生时，其封母王太孺人口谕之曰：'汝将来如宦成后，须捐廉重修此庵，□□于适门后，曾恭谒大士前，以线系其怀抱塑像儿，逾年即产汝，竟肖似其像，佛可谓有灵焉。'声远心领而弗敢忘也久矣。迨至己卯春，声远至直隶元城以读礼回籍，追思太孺人治命，先出千金须材鸠工，大兴土木……嘻！是太孺人之遗言，以庵为最重，而声远之孝意，即以庵为最先，则声远在官时之事，无不治必先其大者，类如建修此庵可知也。则蔚氏子孙肯堂肯构，护持此庵，不得以蓬庐视之，更可知也，是为镌石以志。"②王孺人祈嗣观音庙，以线拴观音怀抱塑像，其儿子来年得子，长相肖似塑像儿云云。王孺人告诫其儿子得官后要修庙"报恩"。这些修建观音庙的个案均是个人原因而起意修建。所有的个案都包含了神秘主义的传奇故事，都有核心人物，其故事在当时应该是由核心人物讲述而流传。其中刘仕禄"恍惚通神"，似乎目的在于神化自我的同时，利于集资修庙。任丕显"路遇神人"故事，似乎主要是为鼓舞人心集资修庙。杨宗瑷梦"神人警告"则是更为简单直接地鼓舞民众修建庙宇的一种方法。这三人个案可以归为一类，即为发动鼓舞民众集资修建庙宇，利用神秘主义的故事进行宣说。成作梅因病愈修庙故事中也包含了梦中"伯母赐药"的神秘故事，客观上增加了民众的惊奇、仿效心理，积极参与修建庙宇。蔚声远则完全是个人行为，认为其生命是观音赐予，得官发达也是观音护佑，因此尊奉母亲之命，修建观音庙，观音庙也成为蔚氏家族的家庙。

---

① 杜银安：《三晋石刻大全·临汾市乡宁县卷》，三晋出版社，2014年，第212页。
② 杜启贵：《三晋石刻大全·朔州市朔城区卷》，三晋出版社，2017年，第429页。

三、观音庙中神灵的组合

观音庙中所供奉神灵除观音外，多塑绘供奉与民众生产生活密切相关之民间神灵。

第一，观音庙中以三大士为主，配合其他佛教神灵，如诸天、地狱十王、罗汉、十大明王等等。顺治二年（1645）《重修观音堂碑记》载："内塑南海观世音三大士尊，并两傍圆□诸天十王罗汉神像。一堂五彩，金碧鲜明，焕然一新，圣像巍□，庙貌增彩，自是神灵□祐一方。"①顺治八年（1651）《重修观音堂大殿记》载："大同西距十五里虾蟆湾，旧有观音菩萨及十大明王像。叩之，土人云：像自秦之万佛洞飞来，缘此地妖孽为害，随响而至，崇即寝灭。斯非千万镱化身以声闻大觉者乎？"②康熙三十九年（1700）《孔家坡创建三大士堂记》载："创建三大士堂告予。遂登其堂，见其中则观音，左则文殊，右则普贤，金碧辉煌，射人眼目，是名庄严……始则村人各出谷麦，收积营运，终则量募上下村落，聊助涓滴，以成厥事。"③乾隆三十七年（1772）《静升村增修眼光菩萨庙碑记》载："唐《六典》有萨宝府，掌胡神祠，菩萨之名传自昔矣。考之佛书，菩提萨口言'觉有情也'，从简称菩萨，有异名无异神也。静升村有三大士殿，今名眼光菩萨庙，是眼光之为灵昭昭也。顾观里人瞻拜之时，敬眼光亦必敬观音，敬白衣亦如敬眼光，则谓之三大士殿也。"④雍正十二年（1734）《泽城南关崔家巷扩建观音堂碑记》载："夫三大士者，乃如来法身权致之耳……适有比丘尼真性……遂发心于本堂，创建三大士正殿三楹，左右角殿各三楹，东西禅房、弥勒韦驮，并山门两傍角楼各三楹。"⑤嘉庆八年（1803）《重修观音庙碑记》载："汾郡东曹家庄有坐离向坎之古庙。屈指诸神观音正坐居中，左为文殊菩萨，右为普贤菩萨侍坐圣像，西塑玄天上帝、妙道真君，东塑梓潼帝君、灵佑大帝。两傍悬塑，又为十八罗汉。上下左右，固皆惠我无疆之神也。"⑥光绪十八年（1892）《重修观音庙并龙天庙碑记》载："下黄彩之村南，旧有大士殿一座，可谓保障一方、灵庇一村者也……其制南殿三楹，内祀大士，旁祀罗汉、阎君，东西殿各三楹，东祀佛，西祀龙王，山门一间，东西禅房各一

---

① 常书铭：《三晋石刻大全·晋城市高平市卷》，三晋出版社，2011年，第230页。
② 许德合：《三晋石刻大全·大同市南郊区卷》，三晋出版社，2014年，第109页。
③ 车国梁：《三晋石刻大全·晋城市沁水县卷》，三晋出版社，2012年，第352页。
④ 杨洪：《三晋石刻大全·晋中市灵石县卷》，三晋出版社，2010年，第171页。
⑤ 李永红：《三晋石刻大全·晋城市城区卷》，三晋出版社，2012年，第173页。
⑥ 武登云：《三晋石刻大全·吕梁市汾阳县卷》，三晋出版社，2017年，第711页。

楹，而村北龙天庙亦从此光焕焉。"① 三大士中观音居中，左为文殊菩萨，右为普贤菩萨，多数情况会配祀罗汉，但也有配祀密教明王、地狱十王，甚至玄天上帝、妙道真君、梓潼帝君、灵佑大帝等道教神灵。

第二，观音庙中主尊为观音菩萨，配祀则为各类民间神灵，或塑于一殿，或分治各殿。以三尊像设立，主尊为观音，左右配祀其他神灵的情况，如观音、马王、药圣组合。乾隆八年（1743）十一月《人和庄重修观音堂记》载："庄以南建观音堂壹座，居离向坎，中祀菩萨，旁里马王、药圣。"② 观音、白衣菩萨、眼光菩萨组合的，如乾隆十五年（1750）《观音三神庙碑记》载："考县志载，《白衣三圣阁记》作者力破世俗邀福、诎神之陋，而专取洁白、光明、悲愍数义一一归之于人心，谓人心自有真神焉……余取《白衣三圣阁旧记》示之曰：白衣之洁白□犹也；观音仍取悲愍之义耳；眼光仍取光明之义耳。一一求之人心，人心果自有真神焉。苟于真神失之不萦，无所祷乎？"③ 民众对菩萨的理解也比较随意，有时将观音与白衣混为一尊，有时又分为两尊。白衣菩萨、眼光菩萨、痘母菩萨组合，如乾隆二十五年（1760）《新立三圣庙碑记》载："闻之，菩萨之称所以普济群生也。夫菩萨之普济群生，固未易测要，其广嗣裔则莫如白衣菩萨焉，消目疾则无若眼光菩萨焉，祛痘灾则莫老痘母菩萨焉。夫三圣菩萨之普济群生也。兹者磁窑头村之居民感三圣菩萨知之大德，集众□□，遂于灵应堂之西而建立庙貌焉。"④ 白衣菩萨主要掌广嗣，眼光菩萨掌消目疾，痘母菩萨掌祛痘灾，所谓"三圣"称谓比较模糊，具体的菩萨组合较为随意。

观音、伯王、马王组合的，如嘉庆十四年（1809）《重修观音堂碑》载："兹茨林村有古庙一所，中观音堂，左伯王、右马王，历年久远，原无不倾颓摧崩之端矣，而生长斯土者，整旧如新，内外但见其玲珑焉。"⑤ 道光二十八年（1848）《夹道村增修庙碑记》载："尝思昔有作庙之功德，斯谓酧神之恩。前人有创建之功，后人岂无补葺之志。即如十八年二层院中祀观音菩萨，两傍崇祀伯王老爷、马王、牛马老爷，诸神各安其位。"⑥ 光绪三十二年（1906）《观音堂重修碑记》载："历观通都大邑，凡人烟聚会之处，无不建立庙宇，崇奉祀典者非直为观美也，亦以福善祸恶报应之不爽耳。西祁

---

① 王琳玉：《三晋石刻大全·晋中市榆次区卷》，三晋出版社，2012年，第340页。
② 朱红武：《三晋石刻大全·运城市临猗县卷》，三晋出版社，2016年，第99页。
③ 赵栓庆：《三晋石刻大全·长治市襄垣县卷》，三晋出版社，2015年，第221页。
④ 同上注，第233页。
⑤ 杜银安：《三晋石刻大全·临汾市乡宁县卷》，三晋出版社，2014年，第164页。
⑥ 杜红涛：《三晋石刻大全·吕梁市孝义市卷》，三晋出版社，2012年，第416页。

村震地旧有观音堂壹所，左药王右马王牛王，创始不知重修亦屡。"①观音、文昌、财神组合，如嘉庆二十四年（1819）《修建白衣大士文昌财神庙记》载："东西之间分两侧为三楹，中塑白衣大士像，左文昌右财神，其果有伦纪而当□□。余同未敢口言，然祈神保佑之心，则一也。夫白衣大士，俗所谓送子观音也。自兹以后，神其祐之子孙可以无替，列之□无之嗣矣。而既多男子其为士而读书者，则祈文昌祐之。其为农、为工、为贾而求丰其衣食者，则祈财神祐之。"②道光二十八年（1848）《重建菩萨真武阁碑记》载："赵氏，辽之大族也。其先有居马厩村之西偏者，爰建神阁以奉白衣菩萨、真武大帝之祠。"③与观音配祀的民间神灵均与民众生活息息相关，或负责保护民众子嗣繁盛，或保护民众身体健康，或保护民众财产六畜兴旺，其神灵组合则比较随意，并无一定的规律，似乎完全按照民众喜好和需要塑造，体现了观音与诸多乡村民间神灵已经没有归属性质的区别，只是其地位高于一般的民间神灵。

民间在重修或者遇到特殊情况下，因故改变庙宇的位置以及神灵的组合。如乾隆二十七年（1762）《移修观音庙创建关圣祠献殿戏楼碑叙》载："邑西归正都五甲赵家庄村，旧有观音堂一楹，而其中护法关夫子与焉。但世远年湮，风雨摧残，栋宇剥落，墙垣倾颓。有村人目击心伤，公议重修，胥谓观音堂可移，于故址上空地修砖窑一孔，改入二郎、岳公作护法；再增河伯、土地作保障；又云关圣祠宜另建。"④观音庙以观音为主尊，原来是以关帝为护法，后改二郎神、岳飞为护法，增河伯、土地配祀。民众似乎认为，关帝地位比较高，并不适合作为观音护法，而具有战将身份的二郎神、岳飞更为合适，并且增加与民众生活密切相关之河伯、土地配祀。又如，乾隆三十五年（1770）《灵邑核桃窊村重修白衣庵土地祠碑记》载："核桃窊有白衣庵、土地祠者，所以护村社保康宁也。曩时东西相隔，白衣在东，土地在西。戊辰岁，阖村人等大兴土木于白衣庵，新添东西廊房六间，乐楼一座，规制洪矗，真足壮靓瞻矣。乙丑春，暖融地开，正殿乐楼倾坏，阖村又欲修葺。移庵于西，与土地合为一祠，求信于神前者三，而神无转移之意。佥曰：神既不欲迁，神像未可轻动，但移两廊乐楼而已。"⑤民众欲合观音与土地于一祠，但"求信于神前者三，而神无转移之意"，故未果。民众举办"神事"，势必按照传统进行所谓的"神测"，遵循神秘主义的一套传统。

---

① 朱红武：《三晋石刻大全·运城市临猗县卷》，三晋出版社，2016年，第229页。
② 同上注，第141页。
③ 王兵：《三晋石刻大全·晋中市左权县卷》，三晋出版社，2010年，第231页。
④ 高继平：《三晋石刻大全·吕梁市柳林县卷》，三晋出版社，2013年，第155页。
⑤ 杨洪：《三晋石刻大全·晋中市灵石县卷》，三晋出版社，2010年，第168页。

第三，观音变化为"娘娘""圣母""老母"与其他神灵组合。如乾隆三十三年（1768）《重修娘娘庙碑记》载："尝闻子孙圣母禀坤德以好生，肇人纪以立极；赐我后昆，善男祈无不应；保我赤子，信女祷无不遂。且商山之法力，能解生人毒痛；土地之灵佑，可超亡人英魂，是灵圣之为德也，其盛矣乎！"①嘉庆八年（1803）《创建白衣大士堂碑记》载："尝谓修桥补路、扶颠拯危、印造经文、创修庙宇，皆属人闻之善事也。此地路北墙口有小庙一所，以奉白衣大士，于其祭也久矣……天上麒麟往送人间为居，彼也戴其德……古今来佑启后人之一圣母焉，夫是以通都太邑，乡区里巷往往设立庙宇而崇奉之，岂徒有于斯地。"②道光二十四年（1844）《重修观音楼碑记》载："盖闻神之为灵昭昭矣，无在而无乎不在，无有而无乎不有，求之则应、感之则通，凡神类皆然也。惟我观音菩萨为无甚，观音者，南海一大士也，救人之难，济人之急，就地现身，随处设法。布慈云于两间，洒法雨于乾坤，岂非神之至灵、尤人之所依以命者哉？故自都会郡县以及乡里小邑、无不设庙奉享，称为'老母'焉。"③"圣母"本为道教中神灵，有认为是"女娲"者，有认为是"碧霞元君"等，但因为"送子"的职能，在民间与观音有混同的趋势。

第四，观音被配祀于民间祠庙中。如康熙十年（1671）《重修轩辕黄帝庙记》载："圣人之生也，能靖天下之难，能成天下之务，一时服其教，万世畏其神。羲农以前无论，已如公孙轩辕……乃仿当年追慕不已之意，亦立庙，面左偏附五谷神，右偏附白衣菩萨，迤西火星子孙、龙王圣母，而戏楼其南屏也。"④曲沃县轩辕黄帝庙中附白衣菩萨作为配祀。又如，嘉庆三年（1798）《重修陶唐峪尧祠碑记》载："霍州城东四十里曰陶唐谷，古传为帝尧避暑处，因名焉……立砖窑三孔，其中窑观音、文殊、普贤；其东窑关帝、祖师；其西窑龙王、山神、土地。"⑤霍州尧祠专门设一窑洞塑三大士。可见，清代民间信仰庙宇以及道教庙宇中增设观音作为配祀的情况也比较普遍。民间观音作为配祀也遵循了一定的等级观念，一般情况是配祀帝王，或是佛教之释迦佛祖，而高于其他一般民间神灵的地位。

第五，特殊原因的配祀。因遭遇大的自然灾害等特殊原因而将瘟神列为祭祀对象。如光绪二十五年（1899）《创建白衣庙碑》载："光绪三年，其岁大旱，斗粟五两，以

---

① 汪学文：《三晋石刻大全·临汾市洪洞县卷》，三晋出版社，2008年，第391页。
② 张培莲：《三晋石刻大全·运城市盐湖区卷》，三晋出版社，2010年，第322页。
③ 高继平：《三晋石刻大全·吕梁市柳林县卷》，三晋出版社，2013年，第268页。
④ 雷涛：《三晋石刻大全·临汾市曲沃县卷》，三晋出版社，2011年，第103页。
⑤ 段新莲：《三晋石刻大全·临汾市霍州市卷》，三晋出版社，2014年，第177页。

致民有饥色，涂有饿莩，弛亲□子，各护其身。斯时邑有善士李凤翔、□□荣等，欲妥神庇，出银六两有余，□□□数间，后至□年，村人口喜曰：'微赀而得巨室，工可兴矣。'资财虽微，□□尚庶余物出售，将原赀□□□金□□足费用弃，有村中乐施□□银五十两有奇，虽未从画栋垩壁，□可安妥神灵。于是，□设白衣堂，左人神，右瘟神，共享其祀。"①光绪三年（1877）山西遭遇大旱，饿莩遍野，之后多地又暴发大规模瘟疫，因此临猗县白衣庙中将瘟神配祀观音，包含了祈求祛除瘟疫的愿望。

因县官之德政，深得民心，民众为其塑像，配祀观音。康熙五年（1666）《新建观音庙记》载："庙何为而建也？曰：报汪侯也。报汪侯而配观音，何也？以侯之谦退不居，绛人情切莫展，即以侯与观音，两者合之为一，神明之宰也。绛邑土瘠民贫，差烦赋困久矣。自侯之莅兹土也，轸荣救敝，而民物安阜；洒惠飞甘，而遐迩悦服；赋额全登，而盗贼潜息。盖七年如一日焉。念东关为治城屏翰，绸缪尤挚，而关人戴德尤深。壬寅秋，侯感白衣之梦，继而以巡更马踬城下，侯幸无恙。遂捐俸，命关人建白衣大士殿一所，而殿西新辟一区。关人又进正厅三楹，将肖侯像于其中。侯闻而力止，仍命塑南海观音像。众父老曰：'贤侯之德，高厚难酬。所自尽者，早晚一瓣香耳。今若此，其何以安？'不得已，如配享，列位侯主于神左……宜乎绛人之以观音与侯俎豆一堂。为语绛人曰：'今公在绛，岁时伏腊，勿拜观音而拜侯。侯在而观音在也。指日迁擢，不复炙侯，而见观音则亦不必炙侯也。观音在而侯在也，所谓神明之宰，合而一之也。'"②绛县地长官因实行德政，轻徭薄赋，民众将其塑像配祀观音，主要出于报德之目的。

总之，观音与其他神灵共同奉祀，以何神灵配祀，比较随意，一方面出于民众的需求；另一方面因为民众文化水平比较低，对于立什么塑像并没有章法可循。如咸丰四年（1854）《霍□村补葺观音堂碑记》载："是村观音堂位居乾方，由来旧矣。惜乎无碑记可考，未知始于何代……择兴工之日，将东西佐以砖窑四孔，又将堂檐新为改换，不觉焕然一新，庶乎可告工成矣。乃堪舆之家又言，乾位宜高，于是于窑之上建殿宇三间，东西配以钟鼓二楼。或言宜位护国佛，或言宜塑三教像，终未果决，亦力有未殚。"③村民对于塑什么像展开争论，但并无充足的理由，完全出于自我的理解。

与观音组合的神灵非常丰富，种类繁多，但这些神灵均有现实意义，即有助于民

---

① 朱红武：《三晋石刻大全·运城市临猗县卷》，三晋出版社，2016年，第227页。
② 王雅安：《三晋石刻大全·运城市绛县卷》，三晋出版社，2014年，第741页。
③ 杨洪：《三晋石刻大全·晋中市灵石县卷》，三晋出版社，2010年，第466页。

众现实生活的精神期盼，体现出民间信仰的浓厚生活化色彩和功利性目的，同时将观音置于中间位置，也说明民间认可其地位比较高，管理之事务更加重要。另一方面，观音作为民间神灵配祀其他主神，一般情况为上古帝王神，这也说明民众心目中神灵的等级区分比较明显，观音地位仍然属于掌管具体事务之地方神层次，具有亲民性，并非至上之尊神。

四、庙宇修建的资金来源

明清以来村社庙宇的修建，成为村社的公共事务，一般都由民众共同集资。如乾隆十二年（1747）《重修观音阁碑记》载："今有社首尉修仁、王玫二人同心协力，率领合村各姓人等，凡木石砖瓦，输诚恐后，毫无怠慢，况本年岁荒，每一家做工五日，管饭三日，各出己财，以全善事。并修西泉，打石槽。社首同志此石，开列于后，修佛堂共费银十二两，每家银钱九分。本村菩萨会各姓女善人施银一两二钱六分。"①修庙过程中，一般由社首或纠首、维首、香首组织，全社各家各户均参与其事，修庙对于村社是非常重要的大事，因此往往会付诸于"公议"。如乾隆十八年（1753）《创修观音堂碑序》载："有信士刘发财愿施地基，喜捐资财，志期创建佛堂，因与村人公议同修。纠首孙平富、郭太安等各发善心，挨门营工，同心协力，以襄圣事，募化四方，聚袭集粟，而堂宇焕然聿新，圣像蔚然可睹焉。"②乾隆三十四年（1769）《补修观音堂碑志》载："举阖村维首公议，各出赀财，以地亩捐钱，按人口做工，将庙策补，而神像峥嵘，庙貌重新也。又创建廊房五间，戏□三楹。……住持洪聚同立。"③光绪二十四年（1898）《重修三大士庙碑记》载："村之南建有是庙，年已久矣……于是按亩收钱，基址屋宇重新建造。虽未能大其观瞻，而以敝易新，自无倾覆之患也。每逢社事，人烟丛集，事者常欲东禅房外廊广第宅，以便作事。无如地基隘小，钱财又乏，何日可□于复哉？不料人存善念，天必有感。则杨公施地基六厘三，以事人等举善者募缘得银未满于百，再于村中努力捐资，工于此而始动矣。度其地势，庙东增一小院，以正南建楼房二间，上以奉神，下□居房三间，遇社作事，宽然有余。正北设小门，以便往来。"④修庙所需费用均摊到每家每户，财用按照地亩捐钱，土工按照人口摊派。

---

① 车国梁：《三晋石刻大全·晋城市沁水县卷》，三晋出版社，2012年，第203页。
② 王兵：《三晋石刻大全·晋中市左权县卷》，三晋出版社，2010年，第145页。
③ 王立新：《三晋石刻大全·晋城市陵川县卷》，三晋出版社，2013年，第139页。
④ 常书铭：《三晋石刻大全·晋城市高平市卷》，三晋出版社，2011年，第763页。

所捐资财种类繁多，既包括钱银，也包括土地、树木，以及砖、石、瓦等建筑材料和米麦油等实物。

为保证公平公正，齐心协力，社首在开建之处会举行一定的仪式，如光绪十四年（1888）《补修成汤庙文昌阁白衣阁记》载："村旧有成汤庙、文昌阁、白衣阁，自创建以来，兴废不知凡几。今予诸社首特输其意，兴工补葺……焚香拜祝，盟诸神以为约；各执一役；无退悔，无中止。财用按田亩取之，土工按家户拨之，车辆按牲畜派之，工巨费繁则募化四方。向义者闻风乐输，岂非勇于从义、乐于从善者耶！"① 举行焚香拜祝，立盟约为誓的仪式主要是约定协同合作，相互配合，防止退悔中止。可见，修庙事务已经成为村社之公共事务，积极参与被认为是一种勇于公义、乐于从善的高尚行为。

庙宇修建筹集资金的过程中，纠首也经常组织联会，以会社中民众为主。如乾隆三十一年（1766）《观音庙重修碑记》载："上靳安村古有观音庙一座，前人创建，以妥神灵。奈历年既久，而损坏者实多□。乾隆壬午，总管香首欲绩前美，以扩其庚大，苦资财无出，公联百人一会，约得三百余金，于是卜日兴工，遂创建修理。乃功程浩大，而资财不继，亦难以告成。适壬午岁，总管香首亦发善心，复请百人一会，又得百有余金，而前后左右周围补修，略有可观。"② 乾隆五十三年（1788）《上乐平村重修观音堂碑记》载："上乐平村西北隅古有观音堂壹座，所以杜风脉而保障一方者也。迄于今世远年湮，庙貌疏漏，墙垣塌毁，神重甚觉其无光矣。首事人等不忍坐视其敝，因而会同阁社联成百人摇会，积金若干。于是谨詹良辰吉日兴工修理。"③ 如果工程浩大，除本村社均摊外，还募化于周边村落庙社以及民人，光绪三十一年（1905）《补修炎帝庙古佛堂观音堂山神土地庙碑记》载："吾村旧有炎帝大庙壹所，以及村中古佛、观音、山神、土地诸神庙宇……幸而近二年，合村平顺，年景丰亨，村人积粟稍有盈余。社首等趁时共议，按地亩公摊，一亩至五亩作社半分，六亩至十亩作社壹分；每分摊钱伍串陆合共六十零半分，统共收钱叁百叁拾余串文，犹不足用。始造缘布一册，邀请东沟陈堆山、陈国钧，善为募化。"④ 会社集资之资财有盈余时，往往也会向外借贷生息，实际成为颇有一定实力和社会影响的地方社会经济组织。

从碑刻载述来看，民众似乎都非常踊跃，但其按照地亩和人口摊派更加有利于

---

① 常书铭：《三晋石刻大全·晋城市高平市卷》，三晋出版社，2011年，第752页。
② 汪学文：《三晋石刻大全·临汾市洪洞县卷》，三晋出版社，2008年，第132页。
③ 同上注，第160页。
④ 常书铭：《三晋石刻大全·晋城市高平市卷》，三晋出版社，2011年，第769页。

富户，对于贫困者势必带来一定的经济负担，而会首等人依靠会社向外借贷生息，也很难保证收支中没有舞弊之现象。如同治十年（1871）《菩萨阁改造补修金妆记》载："兹阁之创始几三百年矣。前人欲积金改造，倡办者业及百载，迭次积至千金，卒皆抛散。总因经理涉私，徒贻乡众齿冷。迨同治六年，并置公产势将蚀净。有林张公目击心悸，急邀舍弟文灼至阁，于神前设势协办。遂置旧欠者不究，短租者让断，惟将荒田十亩归会，轻租另佃，每年得租数斗，百法营运，时日不懈。又着族弟文煐，登记存贮。不四年间竟积至百余千。意在多积增造，不意文煐物故，林翁亦衰病不健。恐文灼一人难理，不得已鸠工庀材，姑为改双梯，开正门，加重格，补屋宇。飞金碾玉，内外改观。虽曰功小，然首事仅二人，历年止四载，上以盖前人羞，下又为将来劝。以视夫假公肥己，败于垂成，不畏神鉴者，其为贤不肖何如也？后之人倘更多积而增润焉，岂不益增佛面之光与？是为记。"①村社民众自发联合组织会社属于民间组织，制度松散，所谓的"神前盟誓"主要靠信誉和自觉，缺少监督机制，因此遇到贪污营私、贪蚀公产者往往束手无策，会社组织失去民众信任，导致庙宇修建工程无法完成，势必导致民众失望而漠视公义之事务。

明清时期，商业比较发达，一些商人热心公共事务，也热衷于"敬神求财"，因此积极捐资修庙。如道光年间《观音堂重修碑记》载述，观音堂的修建还得到当地众多合盛和号、万和生号、兴盛德号、永兴公号、新兴穆号、茂春□□、恒升昌号、广盛和号、德盛永号、义盛隆号、晋盛合号、义与号及山陕馆、昌兴文号、永丰元号、永兴泰号商人的资助。②道光二十四年（1844）《玉井村合社补修南阁碑记》载："村南旧有观音大士阁，与村之北阁对峙，地当孔道，为是村之咽喉，尤通衢之管钥，前明万历四十年所创建也。及康熙年间复修补之。至嘉庆末年，榱栋崩裂，屋瓦雕飞，惴惴有覆压之惧，行道忧之，村人亦忧之。奈乡穷财劣，即醵金集腋，所获寥寥，犹幽关之丸泥也。族侄心任首先倡议，欲募捐四方，广资棠力，复捐己财百有余金。于是村之贸易于外者翕然称善，各携簿以去，越二年四方之金囊寄百余金，咸曰可以集事矣。即鸠工庀材，剪旧图新。正殿三楹，重易墙壁法像，仍依旧式饰以金粉。新建西南耳楼二楹，为财神祠。东南耳楼二楹，旧基稍隘，复广地数尺爲文昌祠。墙外建奎星楼一座，黝垩丹艧，功力备至，于道光七年工竣。"③高平玉井村观音阁的修建除本村人

---

① 卫伟林：《三晋石刻大全·晋城市阳城县卷》，三晋出版社，2012年，第469页。
② 张培莲：《三晋石刻大全·运城市盐湖区卷》，三晋出版社，2010年，第366页。
③ 常书铭：《三晋石刻大全·晋城市高平市卷》，三晋出版社，2011年，第614页。

捐资外,主要依靠在外地经商者的捐资。

  庙宇的修建成为村社的公共事务,因此除众人集资外,社首有权使用公产助修,同时在使用公产时也会出现一些特殊情况。如嘉庆二十一年(1816)《重修观音堂碑记》载:"既而纠首等以社中借贷甚多,欲卖傅户茔中之树以还借贷。村中傅元杰以树木者助坟茔之精脉也,去则坟茔报坏,留期精脉倍深,维愿施银拾两以留树木。纠首大悦,将树木独任元杰培养成材,永不许村中砍伐强卖。倘有吹败枯死,社中公用可也。纠首窃念功德浩大,欲示不忘,无如经费甚繁,赀财有限,勒碑刻铭之事意欲作而势不能。迄于今老幼商议,见傅元杰一生好善,力能有为,同心举荐,复作箴铭。元杰阗之其喜洋洋,慨然施银八两整。庶几村中功德可传四方,施舍不掩,同心协力。"①傅户坟茔中之树木应该属于公产,因此纠首欲卖树还债。傅元杰为保护祖坟树木愿意出资修庙。

  修庙过程中,一般由社首组织联会,民众积极参与,一方面是为所谓的"敬神求福",修庙被认为是善事,捐资被认为是善举。乐于善事被认为又与所谓"积累福德"结合在一起,施舍被认为是行善,积德,能招福气。另一方面是因民风淳朴,好义使然而热心公共事务。民众即使生活条件极为艰苦,仍然捐资,甚至村社直接均摊到每家每户出工出钱或者按照地亩均摊,民众亦欣然接受。除本村社均摊外,也会募化于周边村落庙社以及民人,捐助财物有银钱、土地、树木等。有的庙宇修建需要数年甚至十数年的资财积累,前赴后继,持续营建。可见,修庙事务已经成为村社之公共事务,民众热心参与,发挥了凝聚人心的作用。

五、观音庙开展之活动

  作为民间信仰庙宇的观音庙与佛教寺庙的日常活动已经有天壤之别,观音庙变成了以村社民众为主体的民间活动。庙宇的日常活动主要是个人祭祀祈求活动和集体祭祀活动,个人祭祀祈求活动比较随意,根据不同的需求随时祭祀祈求,集体的祭祀活动一般在各种节日期间进行。如康熙四十八年(1709)《创建乐楼记》载:"本堡观音堂,其建立已有年矣。每遇□期,大戏三场,原以报慈悲之德于无穷,而□福善之泽于万一也。而历年设席棚以为歌舞之所,偶遇风雨,席棚摧残,神事弗□□,非所以妥神灵也。于是,善士毛春□等九合同等,各轮己赀,采买木石等物,建立乐楼,焕

---

① 杜红涛:《三晋石刻大全·吕梁市孝义市卷》,三晋出版社,2012年,第316页。

然可观，卓然永□。其绸缪爲已至矣，然年年戏资□□□□□□还之课也。又有善士□，今将年近六甲而乏嗣，祈祷期年，而果生一子，施银叁两。□议合堡□□□运□□合堡□钱十又有余，每值圣诞，费利存本，永为渊源，不竭之□。"① 又，乾隆二十一年（1756）《续建佛菩萨庙记》载："吾乡创建三王庙宇哉，始基之矣；犹未也，其正殿窑上仍自阙如，而其地固甚高敞也。说者谓：证善果，超彼岸，有如来天尊焉；滋生息，育婴孩，有白衣大士焉；晓慧珠，照圆明，有眼光圣母焉。由是金发善心，议续建此庙，复联成议会，积金数百，鸠工庀材。无梁窑上建立殿宇三间，中塑佛菩萨三神，以示尊也。至于东西窑上并列瓦房十厦，报赛之期妇女多停站有地，示有别也。且房后开门则出入甚便。"② 乾隆四十二年（1777）《创建万舞楼碑记》载："邬之北有陂，陂之上有观音小庵，灵应如响，凡坠岸覆车，呵护屡验，以故里社岁时侑享，神人胥悦，称盛事焉。但年来演乐，或题'过云'，或题'秦镜'，率皆一时卒办，覆芦架木，迄鲜定所。又况风急雨骤，乐未终阕，不免移易，大半多就于村内圣母庙之'听和楼'，岂称为观音庵之意？"③ 庙宇之中每逢节日即演戏敬神，这种活动显然与佛教追求的清净修行大相径庭。这类节日既有中国传统的春祈秋报之类的时令节日，也有佛教类节日，如乾隆五十六年（1791）《创修拜殿记》载："阁之始建无碑记可考，每岁仲春十有九日相传为菩萨圣诞，乡之人于兹祈福焉。远近男女，香火相属走道路，如是者三日而后止。"④ 道光十一年（1831）《观音庙设醮放烟火记》载："爰于道光九年，新议每年二月十九日，附近居民随人口施舍，每口施钱五文，建醮超度，晚献烟火，率以为常。而人心翕然，未必非大士默佑其衷也。"⑤ 庙宇的活动也无形中将中国传统节日和佛教节日融合化，不仅于同一场所举办活动，而且具体内容上既有佛教因素如斋醮活动，也有中国传统元素如放烟火、演戏等活动。举办活动时男女分区活动，仍然受到儒家男女授受不亲思想的影响。

节日集体祭祀神灵主要礼仪是中国传统的祭祀礼法，全不同于佛教。如嘉庆五年（1800）《观音堂重修碑记》载："州南百里前柴城村有观音堂一座由来久矣……必于每月朔望日及分至启闭，一应时节轮立社宰，洁治牲醴，致社稷神主于观音堂前，少长

---

① 张培莲：《三晋石刻大全·运城市盐湖区卷》，三晋出版社，2010年，第579页。
② 汪学文：《三晋石刻大全·临汾市洪洞县卷》，三晋出版社，2008年，第122页。
③ 高青山：《三晋石刻大全·临汾市侯马市卷》，三晋出版社，2011年，第98页。
④ 卫伟林：《三晋石刻大全·晋城市阳城县卷》，三晋出版社，2012年，第334页。
⑤ 高继平：《三晋石刻大全·吕梁市柳林县卷》，三晋出版社，2013年，第242页。

咸集，□诚祭祀设宴，礼毕享胙。"①"致社稷神主于观音堂前，少长咸集，祭祀设宴，礼毕享胙"，用血食祭祀，可见，观音庙成为乡村春祈秋报祭祀的场所，使得观音的性质完全转变为中国民间神灵。

清代观音庙绝大多数已经民间化，春祈秋报或者诞辰节日祝贺，常以歌舞祭祀、酒肉敬神，完全脱离佛教之教义和戒律。与佛教寺庙相比，不再提及往生极乐类愿望，以及为父母超生类愿望。

六、观音庙的影响与作用

观音庙被认为具有教人向善、教化人心之作用。建庙或者修庙被看作敬神的表现，进而和"行善"联系在一起。康熙二十四年（1685）《创建观音堂碑记》载："念观世音菩萨，因敬生悟，一人善而人人□□，人人善而方皆善，则家家户户，返朴而返淳，子子孙孙，改恶而从善，皆□□念不生。何人非孝弟，非礼之事不作，何人非贤良，由是人尚俭约，而风淳俗美，自然岁登大有，家给而人足，协气□□庭□昭□府修而三□治，诚盛世之风，三古之化也。何莫非菩萨威灵之所感，人心善念之所致也哉！"②民众希望通过"神道设教"实现家家为善，人人为善，风俗淳美，家给人足之盛世。乾隆十三年（1748）《创建观音堂关帝行宫碑记》载："尝思立国以建社，固所以为民，而瑞气聚绕，亦有以补风气也……随之众神焚香有人，参拜有人。晨钟暮鼓，磬声一击，即动居民之敬思，钟音一鸣，即防居民之邪念。岂但如何接风，如何补气，而敬思之动于朝夕，邪念之惕于旦暮。神威显赫，民心已善，风气铺接有大于此哉。"③晨钟暮鼓的声音发挥导人向善心去邪念的教化作用。乾隆二十八年（1763）《移修观音庙碑记》载："民国版《武乡新志》观音大士为善神，以能引人于善，而人感其善，而乐奉之也。于人之善者，爱之慕之，必引而进之，以底于善而后已；于人之不善者，怜之悯之，亦必引而进之，去其不善以底于善而后已。"④道光年间《观音堂重修碑记》亦曰："夫观音本救难者也，亦救善人之在难者耳。所谓善人者，心存忠厚，务专本业，偶罹无妄之灾，谓神有不拨之苦海，济之慈航者乎！或谓神之普济善人，不专一乡一里，而一乡一里之蒙福庇者，要亦随祷而即应焉。不必延望南海，远求西

---

① 王兵：《三晋石刻大全·晋中市左权县卷》，三晋出版社，2010年，第172页。
② 武登云：《三晋石刻大全·吕梁市汾阳县卷》，三晋出版社，2017年，第450页。
③ 杨洪：《三晋石刻大全·晋中市灵石县卷》，三晋出版社，2010年，第133页。
④ 李树生：《三晋石刻大全·长治市武乡县卷》，三晋出版社，2013年，第615页。

天矣。"① 同治十三年（1874）《重修关帝庙观音堂碑记》载："夫求福莫大于为善，为善不外乎敬神。创修庙宇，敬神之彰明较著者也。顾创修不难其事而难其人，不难其人而难其心，心发于念之既诚，事成于心之必果。不辞劳瘁而弗替赞襄，昔人固见开创之惟艰，今人亦觉踵修之不易。"② 祈求福报明显具有趋利的动机，为善则是一种朴素的道德要求，将为善与祈福确立为因果关系，无疑是中国固有之"积善之家，必有余庆；积不善之家，必有余殃"思想的延续。在此，则将"敬神"引入此因果关系之中，敬神成为"为善"的表现和途径，进而也就成为"祈福"的途径，这一逻辑的信仰根基实际上是"为善"之儒家根本社会伦理道德。也就是说，民众进行社会活动的内在驱动力在于"求福"，外在的实现途径是"为善"，"敬神"是"为善"的途径之一，而非全部社会生活内容，也非最高标准的社会生活内容。"敬神"被置于"为善"的最高社会道德要求和标准之下，也就意味着"人道至上"而非"神道至上"，使宗教信仰始终从属于社会伦理道德，自然而然也从属于政治之下，使中国社会始终保持了世俗道德至上的人文主义传统。

民间修庙的社会意义在于充分利用人性趋利避害的特点，因势利导地将人性引向具有道德价值意义的趋善避恶，将人性导向对真、善、美的追求。可见，清代社会借观音之所谓德能，尽力弘扬良善，强调观音是善神，旨在救善人，而对"不善人"亦不抛弃，而采取"怜之悯之"的呵护态度，并提出"善人"的标准是"心存忠厚，务专本业"，体现了中国民间信仰的基本功能和特点。

从村社的角度看，乡绅人等特别关注庙宇本身以及修庙集体活动之"神道设教"的社会教化功能。民众认为，庙宇的修建也是非常重要的弘扬"公义"，进行道德教化的途径。康熙三十五年（1696）《创建白衣堂记》载："庄之人岁时伏腊，少长咸集，崇祀兴让恒于斯，教孝教悌恒于斯，敦仁厚而讲信义，其所关系人心风俗者，不尤巨哉！"③ 嘉庆五年（1800）《观音堂重修碑记》载："州南百里前柴城村有观音堂一座由来久矣……必于每月朔望日及分至启闭，一应时节轮立社宰，洁治牲醴，致社稷神主于观音堂前，少长咸集，□诚祭祀设宴，礼毕享胙。序长幼，别尊卑，隆礼让，敦信义，毋凌越，毋傲慢，毋苟简，毋谈非法，毋崇非道。如此则神喜而人安，风清而俗美，不待神明援救镇安之功，则里中自无苦难之人，永保安康之福矣！"④ 嘉庆二十四年

---

① 张培莲：《三晋石刻大全·运城市盐湖区卷》，三晋出版社，2010年，第366页。
② 武登云：《三晋石刻大全·吕梁市汾阳县卷》，三晋出版社，2017年，第958页。
③ 王雅安：《三晋石刻大全·运城市绛县卷》，三晋出版社，2014年，第181页。
④ 王兵：《三晋石刻大全·晋中市左权县卷》，三晋出版社，2010年，第172页。

（1819）《唐家堡村观音庙碑记》载："唐家堡之观音庙由来尚矣，庙貌甚狭，而推其立庙之意，有三重焉，春秋享祀祈神佑也，堡人以时会聚议邨事也，俊髦子弟尝于其中诵诗书习礼让育人材也，所谓堡之胜迹非与？"①汾阳唐家堡将庙宇作为村民春祀秋报之地，作为聚会议事的公共场所，作为子弟学习育才的场所，这三种功能都具有"公义"性质，无疑可以发挥凝聚民心、鼓舞公义的作用。又如，咸丰九年（1859）《创建观音堂碑记》载："乡村而营建祠宇，非徒美观瞻，求福利之谓。其谓春祈秋报，率同侪而敦孝弟，讲和睦，作其趋善之心耳。况圣人神道设教，将以济政刑之不及。而入庙思敬，愚鲁且观感而兴，若徒视为僧道栖托之所，朋辈游谈之□，陋矣！昔夫子语子路云：'未能事人，焉能事鬼？'人果外不愧于君，内不愧于亲，不愧于朋友，不愧于妻子，百神佑之，锡以多福。脱自返多愧，而崇其庙貌，焕以丹青，洁三牲之礼，隆百拜之仪，是谓媚神，神将吐之。今泉则头村，于道光元年间，村人许近、许九锡等创建观音殿三楹，左右配殿各二楹。一祀高谋，一祀三峻。东西厢房各四楹，前建大门，规模闳敞。"②这些民间底层文人认为观音庙主要发挥"敦孝弟，讲和睦"的社会教化功能，而且强调儒家仁厚信义孝悌良善的伦理，其主导思想仍然是强调道德教化之人文精神，反对媚神之迷信主义、神道主义。观音庙被作为集体议论公共事务的地方，寺庙实现神圣与世俗的转换，成为民众公共活动议事场所。

  修庙之组织者、出资者、参与者一般均会被刻碑留名纪念，同时其修庙行为也被作为现实品评人物的标准之一，作为标示民众在村社中身份地位的标准之一。如乾隆二十五年（1760）《南大村修葺观音阁碑记》载："吾邑南大村者，即古大义村也。敦伦睦族，比户可风，负□横经，人文蔚起。斯固道之长留，要皆神功之默佑也。其村之中有观音大士阁者，时年久远，金碧之剥落可虞，风雨飘摇，栋宇之倾颓堪虑，而社首焕然都公、心源赵公等有志更新，殚力募化。殷勤总理，谁惜鸠工庀材之劳；踊跃输资，群欣集腋成裘之美。丹腹施矣，共日星以齐辉；基址屹然，与苞桑而并固。业一朝以兴工，未经年而告竣。吾知人心既萃，神庥集焉，将和风甘雨，永降丰年，物阜人安，长蒙庇佑矣。"③乾隆二十八年（1763）《重修观音庙碑记》载："梁家圪塔村有大士庙正殿三楹，左右庙窑各一孔。内古杨一株，大数围，由来旧矣。康熙十一年，齐俊梁公等补修后，风雨剥蚀，殿宇残落。雍正年间，有之法裴公、文杰梁公并成功

---

① 武登云：《三晋石刻大全·吕梁市汾阳县卷》，三晋出版社，2017年，第1823页。
② 常书铭：《三晋石刻大全·晋城市高平市卷》，三晋出版社，2011年，第676页。
③ 车国梁：《三晋石刻大全·晋城市沁水县卷》，三晋出版社，2012年，第214页。

创业。公思重为整饬，缘疏募化，谨得百金。事未及举，遂相继仙游。及今三十余载，殿老瓦飞，墙圮窑倾，瞻拜者靡不触目心伤也。壬午岁，裴公令嗣大勇、梁公令嗣可贵，既思妥神，复念承先，因于十月献戏之期，同父老公议集事，众皆欣然乐输。"①众多的修庙参与者均会被留名纪念，并称赞其乐善好施之美德，这也称为民众积极参与修庙事务的社会驱动力。

观音庙发挥社会教化功能的同时，民众也会在庙中议事共同订立村规民约，规范与庙宇相关的事务和一些涉及民众共同利益的村社公共事务。如乾隆五十一年（1786）《重修观音庙碑记》载："溯所由来，固缘年深日久，风雨所颓。抑向者保护不周，或寄放□物，或停宿杂人，以及堆柴集□，渐致如此。今始重新爰建，公议自□之后永杜前弊。如不遵者，罚例如左：一、堆集柴□一、寄放乱物一、停宿杂人一、损坏公物。"②民众约定禁止扰乱庙宇环境，维护庙宇的整洁。又如，乾隆五十二年（1787）《壶关县西邢家掌村新建大士宫碑记》载："睹博干法，官禁严□。然山庄野僻，□或偷肆，今合村公议永远禁止，凡属本村居址地界内，如有抹牌、掷骰、斗宝、叠口、处陆、象棋等件输赢银钱者，即罚献戏三本，不遵者许约保送□□□凭究处。"③《白衣堂永禁牧羊碑记》载："尝闻宗庙之禋，凡有事情，阖社公议知悉。所因村中永禁桑麦茔地，而马牛羊勿践踏，秋事未毕，禁止。不许入地所放也。或有人视之，拉至庙内公议定罚，决不容情，倘有人违抗不遵□□者，送官究处，因此勒石刻碑爲记。一议：庙内不许堆柴草，如违者罚油拾觔，社首轮流照管，周而复始。"④庙宇成为村社公产和公共活动空间，村社的公共事务都在此举行，订立公约禁止民人赌博、禁止马牛羊践踏桑麦，保护庙宇公产。观音庙在村社中确实发挥了团结邻里、和睦族群、教化人心、安定村社的积极作用。

另一方面，因为修庙也会无形中增加民众的经济负担，"里之有社，本古人蜡飨遗意。后世踵事增华，相沿成例，陈锦铺，设珍玩，穷水陆，徘优伎。预其事者，中人之产，鲜不因以破家，虽输公之息，无以逾此，识者忧之。惜民贤令维风乡献，未尝不时一念及，及其如习俗移人，未能尽革。间或雨暘愆时，旱潦一见，愚夫妇咸致咎于祈报未诚，飧赛有缺，井里皆然，坚不可破。士大夫谓帝以六事责躬桑林，遗泽千百年，犹在人耳目间，崇报之恩，何可旷也？曷思帝之泽在民昧，其为泽者适以病

---

① 杨洪：《三晋石刻大全·晋中市灵石县卷》，三晋出版社，2010年，第151页。
② 武登云：《三晋石刻大全·吕梁市汾阳县卷》，三晋出版社，2017年，第658页。
③ 张平和：《三晋石刻大全·长治市壶关县卷》，三晋出版社，2014年，第142页。
④ 常书铭：《三晋石刻大全·晋城市高平市卷》，三晋出版社，2011年，第799页。

民，民其思在帝佗，其为报者殊难格帝。惟度力而行，量能而止，无忝帝德，无滋民累，庶不失歌豳击壤之庥。是在留心风教者，有因时维救之思焉"[1]。有识之士也认识到修庙以及各种敬神活动耗费民财，增加民众负担，但民众一旦遇到水旱灾害又会归因于未能虔诚敬神，这种思想根深蒂固，使得民众捐资敬神乐此不疲。民间有识之士希望民众"度力而行，量能而止"，不应敬神而严重影响现实生活。

（侯慧明，1977年生，山西寿阳人，哲学博士，现为山西师范大学历史与旅游文化学院教授，研究方向为佛教史。本文为山西省社科联2020至2021年重点课题研究项目，项目编号为SSKIZDKT2020052。）

---

[1] 卫伟林：《三晋石刻大全·晋城市阳城县卷》，三晋出版社，2012年，第172页。

临汾晋山书院与平阳书院小考

程黎娜

书院是集书籍典藏、教学研究、文化传承、时政评论等功能于一体的教育机构，由官办或私人创建，其历史最早可以追溯到唐开元六年（718）所设之丽正修书院。唐后期及五代时期，因战乱频仍，官学衰败，很多士大夫避居山林，开始创建书院。延至宋代，书院趋于繁荣，出现了著名的四大书院——岳麓书院（湖南长沙）、白鹿洞书院（江西庐山）、石鼓书院（湖南衡阳）、应天书院（河南商丘）。山西书院滥觞于辽代，时应州人邢抱朴创书院于应县龙首山，因名之为"龙首书院"。元代以前，山西曾创办鹤山、稷山、柯山、冠山、濂溪、翠屏等多所书院，但能够得以延续的甚少。[①] 临汾地处晋南，[②] 为山西文化相对发达之地，自元代开始兴建书院，元明清三代曾建有晋山、平阳（正谊）、龙吟（河东）、平水等多所书院。[③] 因资料之多寡，本文主要对记载相对较多的晋山、平阳（正谊）两所书院做一简要的考察。

一、晋山书院

临汾晋山书院的历史可以分为四个阶段。

一为初创阶段。现有资料多认为晋山书院始建于元泰定二年（1325），为县人石彦明于城东北隅所创的义学。[④] 笔者查到一通元延祐六年（1319）《重修明应王殿之碑》，

---

① 王志超：《山西书院文化的历史流变》，《山西师大学报》（社会科学版），2000年第3期。
② 文中临汾所涵盖的地域范围与今日之尧都区大致相同。
③ 王欣欣：《山西书院》，三晋出版社，2009年，第256页。另结合《山西通志·教育志》（山西省史志研究院编，中华书局1999年，第42页）可知，龙吟书院位于临汾县金殿，建于明万历年间，天启年间移于城内改建为河东书院；平水书院建于乾隆十三年，为临汾县属书院。
④ （成化）《山西通志》卷四，《学校》。

碑阴有"助援题名之记",内有"晋山书院主石彦明"等字。① 此碑可将晋山书院历史前溯至元延祐六年(1319)。晋山书院后改为录事司衙署。元明鼎革期间,因临汾县学毁于兵燹,无处课业,有司乃徙之于晋山书院旧址。洪武十年(1377)冬,知府徐铎因其"殿宇卑浅,学馆狭陋",复将县学移建于治东。② 永乐元年(1403),晋山书院旧址又被改建为临汾县署。③ 这一时期,晋山书院的馆舍先后被占作录事司、县学、县衙之用。

二为移建阶段。明弘治三年(1490),平阳知府杜忠重建晋山书院于府治西北莲花池。④ 莲花池初凿于宋庆历三年(1043),引东山卧虎岗黄芦泉水入城注之,供居民浣洗汲引,并植荷花于其中以供游憩,入明以后已经湮塞。洪武十年(1377)冬,知府徐铎兴工改引汾河瀿利渠水,穴城入池,翌年夏工竣,名之曰"永利池"。池水充盈,可饮可浣,且遍植荷花,精致优雅。⑤ 至嘉靖三十四年(1555),郡守王楠又将晋山书院改为三太守祠,供奉徐铎、李琮、闵槐三位泽被乡民的平阳知府。之后的万历《平阳府志》记载:"逾北街而西穷北城,为三太守祠,其在昔则晋山书院之故基也。"⑥

三为重建阶段。清康熙十年(1671),知府刘仪恕于永利池畔重建晋山书院。"荷亭水榭,迴廊曲庑,雅致宜人,簿书之暇,课士其间,一时人士蔚起,甚为盛举"。康熙三十四年(1695),临汾地区发生罕见的大地震,残存的晋山书院建筑倾圮殆尽,遗址无存。⑦ 雍正年间,邑人王师云:"晋山书院,在府治东偏明德坊。……无何年久坍毁,兼以坤轴之变,荒烟蔓草中,想当年朴棫作人之盛,盖渺乎不可复识矣!"⑧ 多数方志记载晋山书院历史至康熙三十四年(1695)止,似乎此后该书院再未恢复,而笔者查到的资料显示,晋山书院在清代道光年间得到再次恢复重建。

四为再建阶段。道光十六年(1836),罗绕典出任平阳知府,谋划疏浚因康熙平阳大地震而湮废的莲花池。道光十八年(1838)底动工,道光十九年(1839)五月竣工,

---

① 李国富等主编:《洪洞金石录》,山西古籍出版社,2008年,第53—54页。碑现存洪洞广胜寺下寺霍泉水神庙。
② [明]张昌:《创建县学记》,(民国)《临汾县志》卷五,《艺文类上》。
③ (雍正)《平阳府志》卷八,《公署》。
④ 一说莲花池晋山书院为成化二十一年(1485)知府李琮所建,见[清]罗绕典:《修复山西平阳府莲花池记》,《湖南文征》卷五十四。
⑤ [明]张昌:《新修永利池记》,(民国)《临汾县志》卷五,《艺文类上》。
⑥ 王汝雕编著:《临汾建置沿革》,山西人民出版社,2006年,第161页。
⑦ (乾隆)《临汾县志》卷五《学校》。
⑧ (雍正)《临汾县志》卷一,《邑后学王师跋》。此文将刘仪恕重建晋山书院记为康熙八年。

"其书院及亭台花木未遑次第修葺,谨以俟后之君子"。① 此次施工虽未涉及晋山书院,但书院的重建工作已经进入当政者的视野。今曲沃中学校园内有一通《续输平阳府晋山书院暨曲沃从教书院经费题名碑》,碑的落款时间为道光二十年(1840)。② 碑文载:"平阳府治有晋山书院一区,昔创,今因规抚宏整,太守以时课十一邑士。"③ 表明当时晋山书院已经得到再次重建,所以向曲沃县派收经费。今临汾一中校内有《省立中学校门额题刻》,碑阴将临汾一中校史追溯到由晋山书院改建扩建的平阳中学堂。④ 若此说为是,则至少可以说明道光二十年(1840)以后重建的晋山书院建筑延至清末仍有留存。

《续输平阳府晋山书院暨曲沃从教书院经费题名碑》记载"其在昔也,晋山则分廉于州县"⑤,说明晋山书院作为平阳府属书院,其经费来源于各州县的捐输。受史料所限,晋山书院的其他情况不甚明晰。历任山长可查者有二:一为郭思恭(?—1345),字子敬,彰德安阳人。祖父郭文礼,金乡贡进士,父郭维桢,承家学,教授乡里。郭思恭曾调任晋宁路录事司,卸任后,"郡人请主晋山书院"。后官至集贤直学士兼国子祭酒。⑥ 一为元末明初临汾县人张昌,张昌字思广,元末进士,因世乱不就显职,任晋山书院山长。洪武二年(1369)聘至礼部,得明太祖嘉许,除为国子监助教,授皇太子经,洪武年间三次主持山西乡试。⑦

二、平阳(正谊)书院

临汾平阳书院的发展有前后两个阶段。

一为正谊书院时期。初临汾县士子于东关遇公门外输金建阁,上供梓潼帝君,四面立书社厨灶,为诸生会文之所。康熙五十七年(1718),临汾知县宫懋言将其改建为县属正谊书院,每月设酒醴肴,核课士子,后逐渐废弛。雍正八年(1730),⑧ 平阳知府

---

① [清]罗绕典:《修复山西平阳府莲花池记》,《湖南文征》卷五十四。
② 雷涛、孙永和主编:《三晋石刻大全·临汾市曲沃县卷》,三晋出版社,2011年,第247页。
③ 同上注,第247页。
④ 王天然主编:《三晋石刻大全·临汾市尧都区卷》,三晋出版社,2011年,第308页。
⑤ 雷涛、孙永和主编:《三晋石刻大全·临汾市曲沃县卷》,三晋出版社,2011年,第247页。
⑥ [元]许有壬:《故集贤直学士兼国子祭酒郭公墓志铭》,氏著、雷近芳校点《许有壬集》,中州古籍出版社,1998年,第650页。
⑦ (成化)《山西通志》卷一〇,《人物·张昌传》。
⑧ (乾隆)《临汾县志》作乾隆七年(见卷五《学校》)。

樊钱倬、临汾知县韩三俊加以修理，改为府属书院，绅士请以公余为文会膳资，立有碑记，历任知府相继延师督课。雍正十二年（1734），知府章廷珪履任以后，"备修脯，复远延院长，按期会课，不少辍，一时远近诸生闻风鼓舞，平水文教遂称极盛"①。之后又陷入衰落。

一为平阳书院时期。乾隆三十年（1765），知府徐浩鉴于旧有书院"岁久废不治，弦诵歇绝，士气衰阻"②，将正谊书院大加恢拓，并更名为平阳书院。募集资金6000两白银，交于商贾，生什一之息，为肄业诸生膏火费，延师讲授，一时称盛。③光绪年间，因经费不敷，曾于光绪二十三年（1897）、光绪二十六年（1900），两次募集银钱，④发商生息，光绪二十九年（1903）奉文改为中学堂。

书院历任山长（院长⑤）和执教人员可考者如下：

（一）蒋德（1713—1766），字敬持，号秋泾，嘉兴府修水县人，雍正十三年（1735）举人，主平阳书院，著有《秋泾诗汇》。⑥

（二）顾汝修，生卒年不详，字息存，号密斋，成都府华阳县人，乾隆壬戌年（1742）进士，授翰林院编修，后官至一品。乾隆三十五年（1770）前后，出任平阳书院院长。⑦

（三）卫济世，生卒年不详，字星船，怀庆府济源人。乾隆年间任院长。⑧

（四）曹培哲，生卒年不详，平阳府蒲县人。曾在国子监读书，五年后又到晋阳书院读书，嘉庆十八年（1813）考中拔贡，执教平阳书院。⑨

（五）周尚莲，生卒年不详，号丹台，广信府弋阳县人。乾隆五十七年（1792）举人，嘉庆十年（1805）进士，授庶吉士，散馆改知县，以亲老不愿远行，就员外郎衔。

---

① （雍正）《平阳府志》卷九，《学校》。
② ［清］徐浩：《平阳书院碑记》，（民国）《临汾县志》卷五，《艺文类上》。
③ （乾隆）《临汾县志》卷五，《学校》。
④ 参见王欣欣：《山西书院》，第190—191页。
⑤ 乾隆年间谕令书院山长改称院长。
⑥ 邹晓东、张影：《邵齐焘年谱（外二种）》，黑龙江大学出版社，2015年，第280页。平阳书院当为正谊书院。
⑦ 张莉红、张学君：《成都通史（卷六·清时期）》，四川人民出版社，2011年，第398页。
⑧ 程峰：《覃怀历史人物传略（隋唐宋元明清卷）》，中国文史出版社，2005年，第370页。王天然主编：《三晋石刻大全·临汾市尧都区卷》，第503页。
⑨ 黄国印整理：《忆曹玉堂先生二三事》，编辑委员会《蒲县文史资料》第4辑，蒲县鸿益印刷有限责任公司，2001年，第29页。

曾游历山西，主讲平阳书院。①

（六）方钺，生卒年不详，字子华，扬州府常熟县（一作昭文县）人。"嘉庆己卯（1819）举人，大挑知县，历宰山西洪洞、石楼县，捐赀修治山径，行旅便之。富商某，广通声气，厚馈之，卒不受。因赵城案，诖误留省，主平阳书院，名流多从之"②。"学胆才优，善诱多方，著有《一簣山庄时文》行世。道光二十六年，平阳饥，先生出宦囊赈济贫人，费数千缗，又以所得修金在大云寺建藏经楼，至今士人多盛称之"③。

（七）胡兆崧，生卒年不详，字苍岩，浙江举人，主讲平阳书院，博学工画。④

（八）多隆阿（1794—1853），字雯溪，号文希，满洲正白旗人，舒穆禄氏，道光乙酉（1825）拔贡。后应同年平阳知府何维墀之邀，任平阳书院院长。"学问博通，风流宏奖，尤敦古谊"⑤。咸丰三年（1853），太平军与捻军会合，攻打平阳，多隆阿受命率少量乡兵防守西门，力战不支被俘，大骂不降，遂被戕害。

三、平阳中学堂

光绪二十七年（1901），清政府实行"新政"，开始将各地书院改为学堂，光绪二十九年（1903）颁布《奏定学堂章程》，规定各府须设中学堂一所，平阳府照此要求，将府属书院改为中学堂。平阳府中学堂，或称平阳中学堂，创于光绪二十九年（1903），"当时草创，诸多缺略，故于三十年二月开课，为第一年第一学期"⑥。对于平阳中学堂是由哪所书院改建而来的，论者认识不一：有云是由晋山书院改建（见前引临汾一中《省立中学校门额题刻》），有云是由平阳书院改建。⑦

晋山书院位于府治西北，平阳书院在府治东关外。乾隆时，邑志的纂修者对两所书院当时的不同境况有过一段感论：

> 余至临汾，观平阳书院，见其讲堂、书舍、门阶、户壁皆洁净雅爽，加以长

---

① （同治）《弋阳县志》卷九，《人物志》。
② （乾隆）《重修常昭合志》，常熟市地方志编纂委员会办公室标校，上海社会科学院出版社，2002年，第1083页。
③ （民国）《临汾县志》卷四，《乡贤录下》。
④ 同上。
⑤ （民国）《临汾县志》卷四，《乡贤录下》。马清福主编：《满族文学史》（第3卷），辽宁大学出版社，2012年，第422—423页。
⑥ 《学部奏山西平阳府中学堂学生毕业请奖折》，《学部官报》，1909年第816期。
⑦ 山西省史志研究院编：《山西通史（卷六·近代卷）》，山西人民出版社，2001年，第201页。

廊幽径，曲沼平台，竹木阴翳，芰荷纷披，虽古名园不能过，信藏修游息之胜地也！读太守徐公所为碑记，知徐公之勤于教化。及观旧志所载晋山书院遗址，又见废兴在人，不禁为之掩卷三叹矣！①

此志修于乾隆四十四年（1779）前后，当时晋山书院因康熙平阳大地震坍塌殆尽，仅存"遗址"，尚未重建（道光二十年［1840］以后重建），满目衰败之象，而平阳书院发展正劲，一片欣欣向荣之景象。此材料说明两所书院所占地域并无交连。平阳中学堂即今临汾一中的前身，在旧莲花池所在地，与晋山书院地域上交连或重合，故从选址来看，临汾一中应该是从晋山书院改建扩建而来的。至于平阳中学堂是从平阳书院改建而来的说法，笔者找不到更多资料，推测可能是中学堂筹建时，合并了平阳书院的师资、书籍和其他资源。

结　语

纵观两所书院的发展历史可以得到如下几点认识：

（一）晋山书院作为临汾最早的书院，其历史至少可以追溯到1319年，而非1325年。康熙平阳大地震后，晋山书院虽然被彻底毁灭，但在1840年以后又得到了重建。

（二）两所书院多从科举发达的南方地区，尤其是江西、福建、浙江等地延请主讲和山长（院长），其中不乏进士。

（三）书院的发展时衰时兴，并不稳定，主要取决于地方当政者是否提倡和支持，民间风俗"多务商而不急读书"，②对文教事业不重视，因此未能凝聚成自发的发展动力，这与元明清三代北方地区教育整体落后、科举不振的大环境相契合。

（四）临汾一中的前身平阳中学堂从建筑选址上看是由晋山书院而非平阳书院改建而来的。

（程黎娜，现在山西师范大学图书馆工作。）

---

① （乾隆）《临汾县志》卷五，《学校》。
② ［清］王师：《临邑绅士捐铜价代完通税复兴正谊书院文会记》，（雍正）《平阳府志》卷三十六，《艺文二》。

伯希和与五台山研究

孙 宁

引 言

位于今山西省忻州市境内的五台山属于国家自然与文化双重遗产,以佛教圣地而知名,其地位于唐代便凸显出来。一大体现是敦煌藏经洞出土了较多的的五台山写本,主要有《五台山赞》《五台山曲子》《往五台山行记》等。其中《五台山赞》《五台山曲子》约有20个编号。这些卷子分别被斯坦因、伯希和等人劫夺,现藏于英国的有S.0370、S.0467、S.2080、S.4012、S.2985、S.4039、S.4429、S.4504、S.5487、S.5573等编号;藏于法国国家图书馆的有P.3360、P.3563、P.3645、P.4560、P.4608、P.4617、P.4641等编号。而俄罗斯圣彼得堡也藏有此类卷子,中国国家图书馆的8325等编号也属此类文献。《五台山行记》较之更为珍贵,此类写本中以P.4648、S.0397两个残卷最引人注意。另外,其他敦煌文献中也保留了五台山史料,如S.0529《诸山圣迹志》、P.2511《诸道山河地名要略第二》、北图乃字74号《辞娘卷文》、P.3644《礼五台山偈》四首、S.5981《后唐同光二年智严往西天巡礼圣迹记》、P.3718《后唐长兴二年河西释门故僧政京城内外临坛供奉大德兼阐扬三教大法师赐紫沙门范和尚写真并序》、P.2977《五台山志》残卷以及P.3931《印度普化大师游五台山启文范》等。[1]学界对敦煌五台山写本的校录与研究,代不乏人。早年许国霖、任二北等对《五台山曲子》一类文献有所关注,杜斗城《敦煌五台山文献校录研究》(山西人民出版社,1991年)一书集中过录了当时见到的五台山文献。

至于《五台山图》,在莫高窟第9、第61、第144、第159、第222、第237、第

---

[1] 杜斗城:《敦煌石窟中的五台山史料》,《忻州师范学院学报》,2004年第6期。

361等窟中皆有所展现。以上诸窟所绘五台山图，或局部，或全部，其中以第61窟所见场面最为宏大，内容最为丰富。这第61窟即伯希和编号的第117窟。① 2018年江苏凤凰美术出版社出版了赵声良主编的《敦煌壁画五台山图》，全景呈现，图版清晰，解说到位，并详细介绍了文殊菩萨与五台山的文化奇缘。②

而最早接触、发掘并传播敦煌五台山资料信息的当推法国探险家、学者伯希和（Paul Pelliot，1878—1945）。为了纪念伯希和西域考察活动结束100周年，法国远东博物馆、集美博物馆合作整理并于2008年出版了伯希和西域探险团最重要的文献——《旅途中的日记本，1906—1908年》。耿昇先生在获得该书的版权后，于2014年在中国藏学出版社出版了该书的汉译本——《伯希和西域探险日记1906—1908》。此前，耿先生曾对伯希和西域探险过程及成就做了系统介绍，③而这部日记对其西域考察的动态过程更增进一步。在其探险日记未公开出版之前，我们对伯希和对五台山研究的了解不够全面。鉴于中世中国五台山文物及写本曾经占据了这位卓越东方学家的内心，现综合各类资料试述其发现及研究经过。

一、伯希和《西域探险日记》关注五台山的动态

1908年2月25日，伯希和探险中最重要的时刻来临。当日晚6时许，到达莫高窟。2月26日，伯氏在千佛洞的"前10个石窟中度过一整天"，接下来的两天依然查看洞窟。④ 其在2月29日即发现了五台山壁画，并以较大篇幅记入当天日记："对于提供了著名寺院平面图画面的一种重新审视，便得出了解决办法：这是一幅山西五台山佛教圣地的详细平面图，带有对某些地点的标注，人们正是通过这些地点而从东南和西南方向到达那里。由于这幅平面图肯定早于13世纪（该地区当时仍被分成道，而不是如同在元代那样被分成路），所以它最有意义，可以与《清凉山志》的文献进行比较（我们在河内拥有这部文献）。从这一时代起，我发现一座清凉大寺。在五台山的诸寺

---

① 赵声良：《敦煌壁画中的五台山图》，赵声良主编《敦煌壁画五台山图》，江苏凤凰美术出版社，2018年，第28—46页。
② 郭祐孟：《文殊菩萨的法门与信仰：经典、历史、图像的对话》，赵声良主编《敦煌壁画五台山图》，第7—26页。
③ 〔法〕伯希和等著，耿昇译：《伯希和西域探险记》"译者的话"，云南人民出版社、人民出版社，2011年，第1—38页。
④ 〔法〕伯希和著，耿昇译：《伯希和西域探险日记1906—1908》（以下简称《探险日记》），中国藏学出版社，2014年，第477—479页。

中，标注有铁勒寺，也就是铁勒部（Tölös）的寺院，或者是特勤（tegin，汉文中经常在"勒"与"勤"之间出现混淆）的寺庙。但无论如何，它也是一座突厥寺庙。"①

伯希和首先对这幅巨型山水人物壁画的地理区位做了判定：位于清代山西省的佛教圣地五台山，他还指出该图表现了区域性的交通网络，将时代定于13世纪以前。虽然壁画面积巨大，但判定为五台山似无难处，主要是因为题记丰富，并有多条题记具备地标性质，如"五台县"出现了两次。所谓"发现一座清凉大寺"，乃指"大清凉之寺"的题记，这座大寺在图中毗邻"南台之顶"。这一题记促使他忆起曾为河内法兰西远东学院搜集到的《清凉山志》。由于五台山图居于该窟西壁亦即正壁，伯希和查看题记的方向是自南而北，而"铁勒之寺"与大清凉寺几乎处于同一水平线，相距不远。在整体构图中，这两寺位置居中偏下，正好目力可及。据今统计，此图共绘有大小寺院47座，②其日记仅提及如上两寺。如此苟简，一是他已拟定较为周详的洞窟记录计划，二是他来不及投入更多精力，当天仍利用"置身于北部石窟群的机会，去考察了第163窟附近的那些更靠北部的石窟"③。3月1日继续测量石窟，慨叹是一种冗长的工作。

3月3日，伯希和进入"至圣所"（即藏经洞）翻检文献。3月8日上午，他发现了"一篇《五台山赞文》，诗歌体；其中包含相当数量的信息资料，我们应该将之与石窟鸟瞰图进行比较"，晚上"又发现了另一卷同一篇《五台山赞文》，还有另一篇同样是有关五台山的文献"。④从日记的先后次序看，伯希和对五台山图的关注已迁移到五台山相关写本上，期待二者之间有所参照。研究认为《五台山图》与《五台山赞》等文本应是相辅相成而流布当时的。⑤

3月16日，"这一天的最珍贵收获是：……一名和尚赴五台山旅行的短篇游记，他在那边（伯希和原笔记本中于此画去了'绘制'）画了寺院平面图。这完全可能是他在返程时绘制了五台山的大平面图，该图装饰着本处主洞之一背屏的墙壁。"⑥这里所言僧人赴五台山短篇游记，即是P.4648号文书，现存34行，第25—29行部分言："（二月）廿四日，卯时发，行卅里，南桥受供养；又行十里，到太原城内大安寺内常住库

---

① 〔法〕伯希和：《探险日记》，第480页。
② 赵声良主编：《敦煌壁画五台山图》，第41页。
③ 〔法〕伯希和：《探险日记》，第480页。
④ 同上注，第486页。
⑤ 杜斗城：《敦煌五台山文献校录研究》，第135页。
⑥ 〔法〕伯希和：《探险日记》，第493页。

安下。廿五日,前衙参太傅。二月廿八日,下手画台山图。廿九日,长画至终。三月十七日,巡游诸寺。在河东城内,第一礼大崇福寺。入得寺门,有五层乾元长寿阁。"① 下手绘制"台山图",从二月二十八日到三月十六日,前后费时近二十天。该《行记》写作的相对年代是后唐天成四年(929)四月至长兴三年(932)十一月之间,具体年月应是长兴三年(932)三月至十一月之间。该行记的作者前往太原似是应邀专门作画,并在太原顺便巡礼佛寺。他本人能画五台山图,证明亲自巡礼过五台山。这件文书定名应为《后唐天成四年(929)至长兴三年(932)某僧人往太原巡礼行记》或《后唐长兴三年(932)某僧人往太原巡礼行记》。② 因此,翻阅写本的伯希和终日处于亢奋状态,对这件游历日记了解得不够确切。该僧是为太原大安寺绘制五台山图,与其巡游五台山并绘图携归无显著关系。

1908年3月下旬,伯希和对五台山研究稍有涉猎。其3月20日日记:"有关五台山的文殊师利,请参阅法照的书目和著作。"③ 3月23日继续写道:"有关来到五台山的印度僧侣,请参阅《佛顶尊胜陀罗尼经》的序。其中提到,在676年,婆罗门教出身的和尚佛陀波利或觉护,曾以'磕长头'(五官着地,平腹)的方式登上了五台山之巅。"④ 千年以前日僧圆仁巡礼五台时,对这段佛陀波利与五台山之间的宗教奇遇做了转述。⑤ 3月25日又表示:"我还要给波科夫写信,请他给我寄来有关五台山的文章。"⑥ 可见,面对较为丰富的写本及图像资料,伯希和希望对五台山研究能更上层楼。

3月27日起,他重新着手研究洞窟,⑦ 并表现出自五台山写本回归五台山图的循环关注。3月29日的"最大部分时间被用于了研究第117号窟。对于女供养人榜题的释读,无论他们多么重要,也未向我提供比我已经发现的内容更丰富的东西。五台山的平面图相反却使我强烈地感兴趣。除了我已经发现的铁勒寺之外,那里还有一座无著之塔。这就可能使人猜测到,无著就安葬在那里。那里也有一座新罗王塔,然后还提到了罽宾(我是通过三藏而知道该地区的)的佛陀波利的登山。所有这一切都向我们证明,该伽蓝从印度到蒙古,再到新罗,都享有巨大威望。最后,我从千佛洞的写

---

① 杜斗城:《敦煌五台山文献校录研究》,第140—143页。
② 孙继民:《敦煌所出伯希和文书4648号的写作年代及其研究历史交通地理的资料价值》,《历史地理》第14辑,上海人民出版社,1998年,第91页。
③ 〔法〕伯希和:《探险日记》,第497页。
④ 同上注,第499页。
⑤ 圆仁著,白化文等校注,周一良审阅:《入唐求法巡礼行记校注》,中华书局,2019年,第285—286页。
⑥ 〔法〕伯希和:《探险日记》,第501页。
⑦ 同上注,第501—502页。

本中拣出了提到五台山的内容，特别是在佛教辩经僧法照的著作与生平中检索。然而，我于此发现了提到'法照和尚菴（庵）'的地方，它应该恰恰是指同一人。"①这些内容占据了当日所记近一半的篇幅，揭示了中古时期五台山在亚洲地区的文化价值。伯希和应该将当天大多数的时间用在了五台山图的仔细勘查及其题记的释读抄录上。

如上，在110年前那个春寒料峭的敦煌三月，伯希和对五台山图及五台山写本保持了近一个月的满腔热忱。

二、图文并举：伯希和所记录的第61窟

《伯希和敦煌石窟图录》是伯希和与其助手努埃特在莫高窟拍摄的大部分洞窟壁画照片资料，这是有史以来首次对莫高窟展开的全面而较详细的考察活动，也是第一次大规模拍照。1920—1924年由巴黎保罗·格特那书店出版了这部六卷本的 *Les grottes de Touen-Houang: peintures et sculptures bouddhiques des époques des Wei, des Tang et des Song*，均为单色图版。该图录被认为是世界上最早的一部敦煌莫高窟壁画图录，收集了莫高窟原始资料图片384幅，拍摄了182个洞窟的内容，附有法、英、汉三种文字的图版说明。伯希和当时为"图录"写了前言并作了序。其中第四卷是关于伯希和编号的第111窟至第120窟北壁的照片，他为之倾倒的第117窟（今编第61窟）五台山图即位列其中。

该图录和1981年出版的《伯希和敦煌石窟笔记》是敦煌石窟与佛教美术研究的重要参考资料。除了石窟的照片外，伯希和仍以文字记录了他考察过的石窟的位置及内部装饰、各种壁画雕塑的主要内容与位置，尤其是他释读并抄录下来的各类题识、碑文。②

根据韩百诗制订的伯希和西域探险团档案出版计划，《伯希和敦煌石窟笔记》6册于1980—1992年由法兰西学院亚洲研究所中亚和高地亚洲研究中心出版。这是对莫高窟部分石窟内容的客观描述："第117号洞，洞子很大，属于最重要的洞窟之列。五台山图就位于这里。努埃特已拍摄了该洞中的所有大画面。还需要拍摄下部的某些画面。它应该是斯坦因所说的第107号洞。"然后，伯希和的笔触对该洞窟的前厅、过道左部画面、过道和右侧、进口方向左侧的前画面、左部侧画面、右部前画面、右

---

① 〔法〕伯希和：《探险日记》，第502页。
② 〔法〕莫尼克·玛雅尔、〔法〕旺迪埃-尼古拉：《伯希和敦煌石窟笔记的内容与价值》，〔法〕伯希和等著，耿昇译《伯希和西域探险记》，云南人民出版社、人民出版社，2011年，第272页。

部侧画面、洞背屏画面等依次展开描述。其中，"洞背屏画面：五台山图。其题识有（略）"，伯希和于此记录了191处榜题。① 巨幅《五台山图》是该窟的耀眼之处，但伯希和仍将其放在整个洞窟的环境下来记录。

他对此图部分榜题的汉字释读做了说明：第24条难以辨认，故付之阙如。伯希和实际上释读了190条题记，至于第3、第8、第35、第49、第51、第123、第150、第160、第162、第176、第191条等10多处题记的个别文字，他本人不能确定。题记中"启"字出现次数较多，唯有"灵口之启"照录，且言原文如此，余下省为"启"字。另外，对第79条"弗陀波利从罽宾国来寻台峰遂见文殊□化老人身略问其由"做了进一步补充："参阅席尔宛·列维：《尼泊尔》第1卷第334页中的'法仙'。"② 他不仅抄录得十分认真仔细，而且对五台山图所见榜题及其研究价值很重视，如"这幅地图中边幅的两个大题识框中没有任何题识。应拍摄该厅内的几乎所有下部画面并研究其题识"③。

法兰西学院亚洲研究所的莫尼克·玛雅尔、旺迪埃－尼古拉简练介绍和高度评价了《伯希和敦煌石窟笔记》的内容与价值，同时指出"对于第117洞中五台山图中题识的释读，需要做两处澄清"云云。④ 赵声良先生则辨认了该图195处题记，但有2处完全不能释读，1处可辨认出字数而无确切内容，同时依靠伯希和的记录而补充完整了17条题记信息。如赵录第177条"顺圣之殿"（伯录第187条）则完全据伯希和所见而补足，可见当时榜题的清晰度。因此，伯希和抄录的各类题识与后来者的录文相比较的话，他的工作质量仍是最多或最为完整者。⑤

三、《敦煌藏经洞访书记》所见初步的五台山研究

由上，以其探险日记最能体现五台山图与五台山写本文献发现的动态，《石窟图录》则是洞窟形制及壁画的照片，《石窟笔记》是以文字形式对洞窟内容的客观记述，而伯希和亲自撰写的《敦煌藏经洞访书记》则对此略加研究。这四种记录了敦煌五台

---

① 〔法〕伯希和著，耿昇译：《伯希和敦煌石窟笔记》，甘肃人民出版社，1987年，第197—199页。
② 同上注，第199页。
③ 同上。
④ 〔法〕莫尼克·玛雅尔、〔法〕旺迪埃－尼古拉：《伯希和敦煌石窟笔记的内容与价值》，〔法〕伯希和等著，耿昇译《伯希和西域探险记》，第277页。
⑤ 同上注，第274页。

山图及五台山相关写本的文献所撰述的年代都是1908年,伯希和为主要责任者,但是公开的时间次第差别甚大:《访书记》发表于1908年的《法国远东学院学报》,系对法国地理学会等机构的专题报告;其探险日记公布的时间最晚,迟至2008年。

为避免与探险日记的记载相重复,兹将《访书记》所见五台山研究简况附录于此:"最后,我已经向您略微提了一下一种全景图,即石窟寺庙的全景图,也可能是占据了一座阿兰若背景的整幅画面的石窟示意图。它实际上是一幅五台山图,五台山是一座名山,佛教界都认为那里是文殊师利最喜欢的道场。这可能是一幅中国中原式的图,没有标出比例尺。但它可以使我们指出,在900年左右,有哪些阿兰若矗立在五台山的各座山峰之上。总而言之,这就是我现在可以思忖的一切,我认为由义净携归的那烂陀寺图(我们感到遗憾的是它已失传)也不会比此名表更加详细多少。我还要补充说明,此图绝对有可能是现存中国最古老的平面图。它似乎应该是9世纪的,最晚也是10世纪上半叶的。努埃特先生尽一切可能,以全面地拍摄它。"前引《探险日记》认为该图早于13世纪,于此对图像创作年代的校正更加精确了,这当与伯希和翻检了大量敦煌写本有很大关系。

伯希和认为图中铁勒寺(temple tölös,一座突厥寺)的存在,是"作为一种珍品,同时也是作为一种年代标志"。至于五台山图中矗立的世亲之兄无著的塔,伯希和以为需要在文献中查证无著否被葬于此。"一般来说,我们应将这幅五台山图与近代(我认为是18世纪)发表的地志做一番比较。我记得这部地志是以《清凉山志》的书名而出版的。此书可能不存在于巴黎,但我们在河内有一套"。日记中已提及《清凉山志》,译注指出是明朝万历年间僧人镇澄所撰。① 但此处交待的这部18世纪的《清凉山志》,依其撰作年代,当指清代乾隆五十年(1785)重纂的《钦定清凉山志》,其曰:"乾隆五十年十二月初三日钦奉谕旨:《清凉山志》旧本原纂体例,俱有未当,著军机大臣派员重行纂辑。钦此。"②

在这篇《访书记》临近结尾时,伯希和再次表达了对五台山的切身感受:"我现在应该从沙州千佛洞回到过去曾在中国内地颇受崇拜的佛教遗址上了,特别是五台山。"并点明是近代中国三大进香圣地之一,但唯有五台山"才在我们的写本中被提及,并出现过多次"。"有关在一个石窟中所绘制的五台山图的问题,我已向您指出了与此有关的几种回忆。我发现自己遗漏了一条(一共有200多条)有关'法照和尚庙'的短

---

① 〔法〕伯希和:《探险日记》,第480页。
② 此据《五台山史志典籍》丛书中的影印版,山西人民出版社,2018年。

小榜题。这是我的一大错误,因为法照是一位著名高僧,恰恰是在其传记及其著作中,都提到过五台山"①。据其《石窟笔记》,"法照和尚菴"的题记赫然在列而未遗漏。

他再次对部分五台山写本做了概括:"我觉得更有意义的是向您指出其他的写经,首先是一部《五台山赞》,我在两卷写本中遇到了它;其次是对圣山的一篇简志;最后是一名可能是敦煌的和尚前往五台山朝圣行记,他在那里对诸僧伽蓝都绘制了一幅草图。您立即就会看到这里提出了什么问题:是否就是由我掌握其行记的这名和尚亲自绘制,或者是让人绘制了一个洞窟背屏那特别详细的大幅五台山图呢?"②上文已指出伯希和对 P.4648 号文书内容的判断有疏失,某僧应邀为太原大安寺创作"台山图",与这幅第 61 窟的巨构无直接关系。残存的文字无法证明该僧来自敦煌,研究认为应自洛阳赴太原。③唐代《五台山图》作者有据可查的应是画师张公荣,高宗龙朔年间(661—663)长安会昌寺僧人会赜、内侍张行弘等人受敕前往清凉山参谒圣迹,携画师同行。他绘制了《五台山图》("小张"),并流行于三辅地区。④其他则未见确切的作者信息,开成年间汾州头陀僧义圆与圆仁同游五台山,后并至太原,义圆出资"见雇博士",画《五台山化现图》,"拟付传日本国"。⑤

同时,伯希和拟定的五台山研究计划比较全面,体现了图像与写本、中西论著、文献与实地调查三部分结合:"我另外还有意携带这些汉文和欧文记述,亲自赴五台山一次,以利用我们的千佛洞图以及我于此搜集到的有关这一著名圣山的其他写本资料。"⑥伯希和通过对敦煌《五台山图》及五台山写本的初步研究,已粗知中古汉地佛教的地位与影响力。

四、敦煌《五台山图》信息的在华传播

上言《敦煌藏经洞访书记》公开发表很及时、《敦煌石窟图录》出版较早,但中法远隔,我国译介甚晚,没有很好发挥其影响力。因此,伯希和如何将其在敦煌发现的

---

① 〔法〕伯希和等著,耿昇译:《伯希和西域探险记》,第 260 页。
② 同上。
③ 孙继民:《敦煌所出伯希和文书 4648 号的写作年代及其研究历史交通地理的资料价值》,《历史地理》第 14 辑。
④ 〔唐〕慧祥《古清凉传》卷下,《大正新修大藏经》卷五一《史传部三》,台北新文丰出版公司,1985 年,第 1098 页。
⑤ 〔日〕圆仁著,白化文等校注,周一良审阅:《入唐求法巡礼行记校注》卷三,第 313 页。
⑥ 〔法〕伯希和等著,耿昇译:《伯希和西域探险记》,第 235—236 页。

五台山图像资料传播给中国学者，抑或谁是最早得知《五台山图》者，亦值得探讨，借此了解早期中国敦煌学的窘境。

此图为中国学者所知，颇有曲折之处。伯希和于1909年5月21日离开河内，前往中国，计划在北京等地为法国国家图书馆购买汉籍，然后再取道俄国，返回巴黎。伯希和乘船北上途中，途经上海，于1909年6月上旬访问了江苏省会江宁府（南京），多次拜访两江总督兼南洋大臣端方（1861—1911）及其幕僚、江南图书馆总办缪荃孙等人。端方于1909年6月8日晚设宴招待伯希和，缪荃孙等作陪。据缪荃孙1909年6月8日日记记载："晚，匋帅（端方）招陪伯希和。"① 伯希和于6月9日给缪荃孙回信说："奉手书，承惠赠小丛书及钞本《岛夷志略》，谨领以谢。嘱钞《沙州志》，俟弟到北京后，遵即钞呈。午前十下钟时，当诣前请教，借壮行色。此复，敬请撰安。弟伯希和顿首。二十二日（1909年6月9日）。"② 可推测他于当日离开江宁。伯希和离开江宁后，取水路经上海、天津到达北京。伯希和到达北京的日期最有可能在1909年6月下旬或7月上旬。伯希和逗留北京最初两个月间，有意识地避免接触北京政学界上层人物。③ 而端方与缪氏在与伯希和交谈中是否提及敦煌保存的五台山资料，于史无征。直到1909年9月中旬左右，清大理寺推丞王式通和刑部主事董康才侦察到伯希和在北京的行踪，及其随身携带敦煌文物等消息，并托美国人约翰·卡尔文·福开森为中介，拜访了伯希和。④

据罗振玉自述，他在董康引导下拜访伯希和的时间和方式，是于当年"中秋晨驱车往"⑤。据此可定，罗振玉拜访伯希和的时间，是1909年9月28日（宣统元年八月十五日中秋节）早晨。⑥ 俟后，罗振玉写成《敦煌石室书目及发见之原始》一文："伯君言诸窟壁画，有绘五台山图者，记该山梵刹二百余，一一皆记其名，已影印。"⑦ 可见伯希和对此图念念不已，这也是他告诉罗振玉的唯一的莫高窟壁画内容。"已影印"即

---

① 缪荃孙：《艺风老人日记》，1909年6月8日（宣统元年四月二十一日）日记，北京大学出版社，1984年，第2176页。
② 钱伯城、郭群一整理，顾廷龙校：《艺风堂友朋书札》，上海人民出版社，2018年，第1276页。
③ 王冀青：《伯希和北京之行相关日期辨正》，《敦煌学辑刊》，2011年第4期。
④ 恽毓鼎1909年10月4日（宣统元年八月二十一日）日记。恽毓鼎著，史晓风整理：《恽毓鼎澄斋日记》，浙江古籍出版社，2004年，第2册，第453—454页。
⑤ 罗振玉：《集蓼编》，罗继祖主编《罗振玉学术论著集》第11集，上海古籍出版社，2010年，第55—56页。
⑥ 王冀青：《伯希和北京之行相关日期辨正》，《敦煌学辑刊》，2011年第4期。
⑦ 商务印书馆：《东方杂志》第六卷第十期"杂纂"部分，1909年，第42—46页。

指伯希和等人对此图的拍摄。学界以为罗振玉此文首刊于《东方杂志》第六卷第十期，其出版时间 1909 年 11 月 7 日也被当作中国"敦煌学"的起源日期。实际上，罗文应写成于 1909 年 9 月 29 日，随后交董康诵芬室刊印，10 月 3 日印成的诵芬室本方是罗文的第一个刊印本，即原始版本。① 故敦煌学在中国，是以罗振玉为首的朋友圈子开始的，同人色彩比较浓厚。② 所以，罗振玉对敦煌《五台山图》信息的传播很有局限性，更无法对敦煌石窟艺术开展实地考察与深入研究。

1921 年 8 月 27 日，张元济去信伯希和略表谢意："您确实非常友善，将《敦煌千佛洞》第四卷第 111 号至第 120 号洞中的六十四张玻璃影印版的复印本这么珍贵的礼物送给我。"③ 张元济受赠此书，第 117 窟《五台山图》正在其中，但我们不确定伯希和是否有意将此卷与其中国友人分享。

此后，1931 年贺昌群在《东方杂志》第二十八卷第十七号发表了《敦煌佛教艺术的系统》一文，利用伯希和诸人拍摄的《敦煌石窟图录》简述了洞窟的壁画内容，其中便包括这幅壮观的五台山图："第二二一至二二四的四图，为洞底壁画五台山图。图之右下端，起自太原府城，有'河东道山门西口'题记，大概是五台山入口。又有'河北道镇州''河北道山门东口'当系五台山各台的去向。全山寺塔、伽蓝、灵迹，均一一为之详绘，其可考知唐末五台山的情景。"④ 当然，贺先生对敦煌石窟艺术的惊叹和赞颂并不限于此图。

该图能够被中国各界较为深入的了解应自梁思成始。递至 20 世纪 30 年代，梁思成利用敦煌壁画中的建筑内容探讨了唐代建筑概况，并对这幅《五台山图》着墨颇多。他以为敦煌唐人写经虽被斯坦因、伯希和掠走，"但壁画究不易随便搬动，仍得无恙，伯希和曾制摄为《敦煌石窟图录》，其中各壁画上所绘建筑，准确而且详细，我们最重要的资料就在此"。"敦煌壁画将唐代的建筑：宫殿、佛寺，乃至平民住宅——在佛像背景里一概忠实的描画下来，使得未发现当时的木质建筑遗物的我们，竟然可以对当时建筑大概情形，仍得一览无遗，实在是一件可喜的事"。因此，可以伯希和的"敦煌照片为根据，做一个敦煌壁画中建筑的分析，所有引用窟的号数，都是伯希和的编号"。"在第 117 窟，更有五台山图（第三图），其中所表现伽蓝数约有二十三四处，也

---

① 王冀青：《罗振玉〈敦煌石室书目及发见之原始〉版本问题研究》，《敦煌研究》，2012 年第 1 期。
② 孟宪实：《最初敦煌学：中日之比较》，孟宪实编著《孟宪实读史漫记》，凤凰出版社，2009 年。
③ 祖艳馥、〔西〕达西娅-维埃荷-罗斯编著：《史与物：中国学者与法国汉学家论学书札辑注》，商务印书馆，2015 年，第 179 页。原信为英文，此据译文，第 176—177 页。原文作"120N"，未译。
④ 贺昌群：《贺昌群文集》（第一卷），商务印书馆，2003 年，第 171—204 页。

都是那样配置。其中有'南台之寺'一处,正殿的左有三重塔,右有二层楼,……这时代的平面配置法更明显了"。梁思成文中的第三图即拷贝自伯希和探险队所摄敦煌《五台山图》。[①] 图中有一座叫"大佛光之寺"的庙宇引起了梁思成的注意。1937年6月26日,梁思成和林徽因率领中华营造学社同仁在五台山豆村实地发现了中国仅存的唐代木结构建筑——大佛光寺,并留下了手绘的大殿结构图。

佛光寺大殿是我国早期木结构建筑的典范之作,其外在形象集中体现了唐代木构建筑清爽简单、祥和浩荡的气魄,被梁思成誉为"国宝"。1961年,国务院将佛光寺确定为全国重点文物保护单位。梁先生抱定中国大地上依然留存唐代建筑实物的信念,才有了这样的巨大发现,而伯希和《敦煌石窟图录》对第61窟《五台山图》以摄影手段所做的客观记录,给梁先生的信念助力甚多。

结　语

综观伯希和的五台山研究,计有如下几个特点:一是对五台山图的高度关注,多方位拍照、尽力全面记录榜题;二是对五台山相关文献的发掘;三是初步研究,包括第117窟(第61窟)所处时代的判定、五台山图的创作者、要求寄送研究文章、推测大夏寺及铁勒寺等得名、五台山图与五台山文献应该相结合;四是肯定五台山的文化地位,并计划实地探查五台山。伯希和的工作对梁思成在五台山发现唐代建筑——佛光寺大殿产生了积极影响。

《五台山图》与五台山写本是敦煌石窟艺术与藏经洞文献中一个有机的重要构成。而唐宋之际的五台山在亚洲世界享有崇高的地位,体现了华夏自然地理与印度佛教文明的碰撞与融合,并远播朝鲜半岛与日本,是中外文化交流史上有趣的一章。伯希和对敦煌五台山图像资料的揭示及其影响,使世人再次感到五台山自然与人文的双重魅力。

(孙宁,1984年生,江苏新沂人,历史学博士,现为山西师范大学历史与旅游文化学院副教授,研究方向为隋唐史与山西古代史研究。本文为国家社科基金青年项目"唐五代户籍编造研究"[15CZS004]成果。)

---

① 梁思成:《我们所知道的唐代佛寺与宫殿》,《中华营造学社汇刊》第3卷第1册,1932年,第75—114页。实际上,梁思成见到敦煌《五台山图》照片的时间要早于其所作研究。

元代皇家寺院大承天护圣寺研究

温 旭

在元代,佛教十分昌盛,为皇帝祝延圣寿,护佑国祚,教化百姓。元文宗图帖睦尔在位时,规模宏大的皇家寺院多达12座,僧额3150人。① 大承天护圣寺正是元文宗下旨创建的一所融合了佛教显密二宗的皇家寺院。奎章阁侍书学士虞集主笔的《大承天护圣寺碑》记载了大承天护圣寺的创建背景、过程、布局以及第一代住持慧印。慧印的生平事迹详见于今山西五台山南山寺的《故荣禄大夫大司徒大承天护圣寺主持前五台大万圣佑国寺主持宝云普门宗主广慧妙弁树宗弘教大师印公碑铭》(以下简称《慧印碑铭》)。1997年,杯茗将《慧印碑铭》碑文公开发表。② 上述碑刻史料可与《元史》的记载相印证,补《元史》之不足。

目前,史学界对元代皇家寺院大承天护圣寺研究的并不充分,尚有深入研究的余地。王颋《五台山与元代佛教崇奉》一文引用《光绪清凉山志·高僧懿行》的简略记载介绍了五台山高僧张慧印的事迹,没利用到《慧印碑铭》③。夏成钢《大承天护圣寺、功德寺与昆明湖环境的演变(上)》从园林建筑的视角详细研究元代大承天护圣寺的选址、建寺理念、建筑布局、自然环境等内容,而忽略了与大承天护圣寺相关的重要历史事件④。陈高华《再说元大都的皇家佛寺》对大承天护圣寺的兴建和住持皆有论述,但未能确切辨析住持慧印与宝峰的关系⑤。本文将利用碑刻历史文献,以大承天护圣寺

---

① 《元史》卷三五《文宗四》,中华书局,1976年,第784页。
② 杯茗:《南山寺碑文》,《五台山研究》,1997年第4期。
③ 王颋:《五台山与元代佛教崇奉》,中国元史研究会编《元史论丛》第十辑,中国广播电视出版社,2005年,第354页。
④ 夏成钢:《大承天护圣寺、功德寺与昆明湖环境的演变(上)》,《中国园林》,2014年第8期。
⑤ 详见陈高华:《再说元大都的皇家佛寺》,姚大力、刘迎胜主编《清华元史》第三辑,商务印书馆,2015年,第61—76页。

为中心研究如下四个问题：大承天护圣寺的创建与重修、大承天护圣寺的管理机构、大承天护圣寺的历代住持、元朝人游览大承天护圣寺的历史活动。

一、大承天护圣寺的创建与重修

元文宗幼年时受祖母答己太皇太后保育、教导。答己崇奉佛教，对元文宗影响深远。天历二年（1329）春，元文宗虽然取得"两都之战"的胜利，夺得皇位，但政局不稳。于是，本着祈福报本的思想，他决定创建一所皇家寺院，一则以佛法护佑国祚，二则报亲，供奉祖母答己（Dagi）的御容。元文宗命"太禧宗禋使月鲁不花、中书平章明理董阿、大都留守张金界奴"度地作梵刹。①他们为建寺做了一系列前期筹备工作，如占卜选址、筹措资金、命名寺名、购买土地、设立管理机构等。

天历二年（1329）四月，元文宗亲临大都西山玉泉河北岸考察地形，命太史占卜，选定合适的寺址；五月初九，"以储庆司所贮金三十铤、银百铤建大承天护圣寺"②。八月，元文宗担心"建寺而不先正其名，民将因其地而称之"，署题寺名为"大承天护圣寺"，直接宣示了建寺的目的；另，考虑到大承天护圣寺将用于奉祀祖先，百姓杂居恐怕会亵渎神灵，于是"买旁近地，得十顷有奇，皆厚直以予之，分赐从臣，俾为休沐之邸，侍祠而至则处焉。且命其总管府臣相大田以买之，度其岁入，以为僧食"。③此处的总管府，指隆祥总管府。它是元文宗在天历二年（1329）八月三十日为"总建大承天护圣寺工役"而设立的，秩正三品。④当时正值元文宗毒杀同父异母的兄长元明宗和世瓎（Qošila），重登皇位不久。《大承天护圣寺碑》还记载了隆祥总管府的职官设置情况：太禧宗禋使月鲁不花领府事，将作院使阿麻为达鲁花赤，大都留守张金界奴为总管。⑤

元朝营建佛祠一般由国库出资，兵民服役，官府供亿，贪缘为奸。营建大承天护圣寺则不同于以往。至顺元年（1330）九月，元文宗诏谕隆祥总管府总管张金界奴云：

---

① ［元］虞集：《道园学古录》卷二五《大承天护圣寺碑》，《四部丛刊》，上海涵芬楼景印明景泰翻元小字本，叶4A。
② 《元史》卷三三《文宗二》，第734页。
③ ［元］虞集：《道园学古录》卷二五《大承天护圣寺碑》，《四部丛刊》，上海涵芬楼景印明景泰翻元小字本，叶4A-4B。
④ 《元史》卷三三《文宗二》，第740页。
⑤ ［元］虞集：《道园学古录》卷二五《大承天护圣寺碑》，《四部丛刊》，上海涵芬楼景印明景泰翻元小字本，叶4B。

"朕之建寺非徼福以私朕躬也。昔者国家有佛祠之建，金帛谷粟一出于国之经费，受役庀徒则民与兵，官府供亿，并缘为奸，非朕意也。今兹役也，工佣其直，物赏其价，勿使有司因得以重困吾民。"按照元文宗的旨意，此次营建大承天护圣寺"财出内帑而不伤于外府，役以佣钱而不劳于兵农，官有专任而不烦于有司"。十月，元文宗命中书右丞相燕铁木儿"率百官诣寺所，告诸后土之神，始命大匠治木"。至顺二年（1331）四月十六日，"始作土功，治佛殿基"。为了避免亵渎元文宗的斋宫，寿禧殿专由将作院工匠建造，并且"给钱如两院之兵"。大承天护圣寺工程浩大，调用了大量士兵，参与营建。经大都留守兼隆祥总管府总管张金界奴奏请，枢密院、储政院所领4300名军士也"就役而给钱如民"。① 四月初三，又"发卫卒三千助大承天护圣寺工役"②；九月初三，"命留守司发军士筑驻跸台于大承天护圣寺东"③。

大承天护圣寺工程因建设资金不足一度中断。天历二年（1329）十月廿七日，"罢大承天护圣寺工役"④。为解决资金短缺问题，卜答失里皇后带头捐资。十一月初六，"皇后以银五万两助建大承天护圣寺"⑤。至顺二年（1331），"皇后出大庆礼，赐白金，从户部易钞四万定及割田赋之在荆襄者以资之"⑥。当年二月十九日，中书省也以钞本助役，"上向所易钞本十万锭、银六百铤助建寺之需"⑦。

元文宗极其重视大承天护圣寺的营建工作，多次亲临现场，视察工程。至顺二年（1331）九月十八日、十月十一日，"幸大承天护圣寺"⑧。至顺三年（1332），大承天护圣寺历时四年终于竣工。元文宗在至顺三年（1332）正月十七日、五月初十，"幸大承天护圣寺"⑨。同年六月，树《大承天护圣寺碑》，百官毕至。⑩

《大承天护圣碑》对寺院的主体建筑有所记载。兹不赘述。值得注意的是，大承天

---

① ［元］虞集：《道园学古录》卷二五《大承天护圣寺碑》，《四部丛刊》，上海涵芬楼景印明景泰翻元小字本，叶5A-5B。
② 《元史》卷三五《文宗四》，第782页。
③ 同上注，第790页。
④ 《元史》卷三三《文宗二》，第743页。
⑤ 《元史》卷三三《文宗二》，第744页；《元史》卷一一四《后妃一》，第2877页。
⑥ ［元］虞集：《道园学古录》卷二五《大承天护圣寺碑》，《四部丛刊》，上海涵芬楼景印明景泰翻元小字本，叶6A。
⑦ 《元史》卷三五《文宗四》，第777页。
⑧ 同上注，第791、792页。
⑨ 《元史》卷三六《文宗五》，第800、803—804页。
⑩ ［元］陈旅：《安雅堂集》卷四《西山诗序》，《元代珍本文集汇刊》，"国立"中央图书馆，1970年，第166页。

护圣寺东殿内的墨书《大藏经》由元文宗在至顺元年所施,而西殿内的金字《大藏经》乃卜答失里皇后所施。① 因此,虞集作《金字藏经序》云:"盖闻乾刚御世必资化于坤仪,月镜涵空亦承辉于日象。我今上皇帝创建大承天护圣寺。于是,皇后念绍隆于祖武,祈辑福于圣躬,嘉惠生民,俾均法施,乃造金书三乘,经教一大宝藏,广启胜缘,增崇上志。伏愿光音融彻,显密圆通。五雨十风,咏赞皇明之运;普天率土,皈依等觉之慈。常住正因,永扶景祚。"② 分析可知,卜答失里皇后继祖母答己太皇太后、元武宗之后,也尊崇佛教,她向大承天护圣寺施金字《大藏经》的初衷是为丈夫元文宗祈福,惠泽百姓。大承天护圣寺是一座显宗、密宗合一的皇家寺院,其中,东室的护世天王、西室的护法神王都是密宗神像。

在元代皇家寺院中,有专门供奉各朝皇帝和皇后御容的神御殿。"神御殿朔望岁时讳忌日辰禋享典礼"之事由太禧宗禋院掌管。③ 大承天护圣寺神御殿内供奉着元文宗祖母答己的御容,"日有献,月有荐,时有享,礼器用金宝"④。这正是元文宗兴建大承天护圣寺的动机之一。元文宗死后,他的御容也被供奉在大承天护圣寺神御殿内。元统元年(1333)十月廿日,"奉文宗皇帝及太皇太后御容于大承天护圣寺。命左丞相撒敦为隆祥使,奉其祭祀"⑤。大承天护圣寺僧人有义务在神御殿内做佛事。至顺二年五月三十日,宣政院臣言:"旧制,列圣神御殿及诸寺所作佛事,每岁计二百十六,今汰其十六为定式。"制可。⑥ 由此,大承天护圣寺的僧人每年做200天佛事。

至正初,大承天护圣寺遭到焚毁,元惠宗妥欢贴睦尔(Toγon Temür)下诏重修。据《元史·李稷传》记载:"承天护圣寺火,有旨更作,乃上言:'水旱相仍,公私俱乏,不宜妄兴大役。'议遂寝。"⑦ 当时水灾、旱灾频发,百姓贫乏,因监察御史李稷上疏反对,重修大承天护圣寺的计划被暂时搁置。但是,至正十三年(1353)三月十六日,大承天护圣寺最终得以重修,元惠宗"诏修大承天护圣寺,赐钞二万锭"⑧。这一

---

① [元] 虞集:《道园学古录》卷二五《大承天护圣寺碑》,《四部丛刊》,上海涵芬楼景印明景泰翻元小字本,叶4A。
② [元] 虞集:《道园学古录》卷二二《金字藏经序》,《四部丛刊》,上海涵芬楼景印明景泰翻元小字本,叶7B。
③ 《元史》卷八七《百官三》,第2207页。
④ [元] 虞集:《道园学古录》卷二五《大承天护圣寺碑》,《四部丛刊》,上海涵芬楼景印明景泰翻元小字本,叶4B。
⑤ 《元史》卷三八《顺帝一》,第818页。
⑥ 《元史》卷三五《文宗四》,第786页。
⑦ 《元史》卷一八五《李稷传》,第4257—4258页。
⑧ 《元史》卷四三《顺帝六》,第908页。

点夏成钢已经指出。

二、大承天护圣寺的管理机构隆祥使司

如前文，天历二年（1329）八月三十日，立隆祥总管府（正三品），总管营建大承天护圣寺。至顺二年（1331）九月三十日，"改隆祥总管府为隆祥使司，秩从二品"①，太禧宗禋使晃火儿不花、撒迪、阿麻瑛和大司农张金界奴并为隆祥使。②《元史·百官志》记载："隆祥使司（，）[。]秩正三品。天历二年，中宫建大承天护圣寺，立隆祥总管府，设官八员。至顺二年，升为隆祥使司，秩从二品，置官：司使四员，同知、副使、司丞各二员，经历一员，都事二员，照磨兼架阁一员，令史十人，译史、通事、知印各二人，宣使十人，典吏六人。"③隆祥使司的下属机构中与大承天护圣寺直接相关的有如下6处。

（一）大承天护圣营缮提举司

天历二年（1329），立大承天护圣寺营缮提点所，秩正五品。④天历三年（1330），改为大承天护圣营缮提举司，"掌管营造工匠、寺僧衣粮、收征房课之事"，设官4员：达鲁花赤1员、令史1员、大使1员、副使1员。⑤

（二）善盈库

"天历二年，隶隆祥总管府。置提领一员，大使、副使各一员。掌金银钱粮之事"⑥。

（三）荆襄等处济农香户提举司

"秩正五品。天历三年，以荆襄提举司所领河南、湖广出土为大承天护圣寺常住，改为荆襄济农香户提举司，隶隆祥总管府。置达鲁花赤、司令、提举、同提举、副提

---

① 《元史》卷三五《文宗四》，第791页。
② [元]虞集：《道园学古录》卷二五《大承天护圣寺碑》，《四部丛刊》，上海涵芬楼景印明景泰翻元小字本，叶4B-5A。
③ 《元史》卷八七《百官三》，第2211页。
④ 《元史》卷三三《文宗二》，第741页。
⑤ 《元史》卷八七《百官三》，第2212页。
⑥ 同上注，第2212页。

举各一员"①。

（四）宣农提举司

天历二年（1329）十月初六，立大都等处田赋提举司，秩从五品，隶隆祥总管府。②天历三年（1330），改为宣农提举司，设官四员，"达鲁花赤、提举、同提举、副提举各一员。掌征收田赋子粒之事"③。

（五）平江善农提举司

天历二年（1329）十月初六，立平江等处田赋提举司，秩从五品，隶隆祥总管府。④天历三年（1330），改为平江善农提举司，设官四员，"达鲁花赤、提举、同提举、副提举各一员"⑤。《鲁山铭》云："文皇以孝治天下，严祀祖考，特设太禧院总之，复置隆祥使司，皆以师相领其事，其司属悉选用，不轻授。平江善农提举司其属也，掌承天、龙翔、崇禧三寺之田赋。"⑥重纪至元三年（1347），元惠宗命平江善农提举司掌管大龙翔集庆寺的修理、祭供等事。至正元年（1341），革罢平江善农提举司，田粮并入大龙翔集庆寺掌管。⑦

（六）益都广农提举司

至顺元年（1330）四月廿一日，"括益都、般阳、宁海闲田十六万二千九十顷，赐大承天护圣寺为永业。立益都广农提举司及益都、般阳、宁海诸提领所，并隶隆祥总管府"⑧。益都提领所、般阳提领所、宁海提领所应当隶属于益都广农提举司，负责征收大承天护圣寺在益都、般阳、宁海地区永业田的田赋子粒。益都广农提举司的职官设置和品秩很可能与平江善农提举司一致。

---

① 《元史》卷八七《百官三》，第 2212 页。
② 《元史》卷三三《文宗二》，第 742 页。
③ 《元史》卷八七《百官三》，第 2212 页。
④ 《元史》卷三三《文宗二》，第 742 页。
⑤ 《元史》卷八七《百官三》，第 2212 页。
⑥ [元] 释大䜣:《蒲室集》卷一五《鲁山铭》，中华再造善本影印中国国家图书馆藏元至元刻本，北京图书馆出版社，2005 年。
⑦ [元] 张铉:至大《金陵新志》卷六上，《宋元方志丛刊》影四库全书本，中华书局，1990 年，第 5590 页下。
⑧ 《元史》卷三四《文宗三》，第 756 页。

上述机构负责大承天护圣寺的营建以及管理寺产。大承天护圣寺在建成之前就拥有巨额的田产、房宅、税收、人口、牲畜等，主要来自元文宗朝官方籍没权贵之家的资产，以及矿银。①

此外，大承天护圣寺有专门的医药机构承天仁惠局，主要面向社会，救治生病的百姓。它由隆祥使司承建。据虞集《承天仁惠局药方序》记载，元文宗"命隆祥使司作承天仁惠药局"，整理药方，"敕中书右丞臣撒迪、太禧院使臣晃忽儿不花、大司农臣张金界奴与奎章阁大学士臣阿荣相与详定。进上。命刻其书，而出大承天护圣寺库金，制药开局，以施万民之有疾苦者。十月廿二日，臣金界奴至学士院奉宣圣旨，命臣集识而序之"。②隆祥使司奉命营建承天仁惠局的年代当为至顺二年。因为在这一年，隆祥使司业已设立，而撒迪正官中书右丞，③他恰与晃忽儿不花、张金界奴同为隆祥使。如此一来，他们与奎章阁大学士阿荣一起商定药方，由隆祥使张金界奴向奎章阁侍书学士虞集宣旨等事皆在情理之中。

重纪至元六年（1340），元明宗之子元惠宗亲政之后，开始清算、否定元文宗。这年十一月，元文宗设立的隆祥使司被罢废。十二月，降隆祥使司为归运提点所，秩正五品，隶属于宣政院。④尽管如此，元惠宗同样笃信佛教，依然大力扶持大承天护圣寺。至正七年（1357）十一月甲辰，"拨山东地土十六万二千余顷属大承天护圣寺"⑤。

三、大承天护圣寺的历代住持

《元史·文宗纪》记载，至顺二年（1331）正月初四，"住持大承天护圣寺僧宝峰加司徒"⑥。当时，大承天护圣寺正在营建之中。这个拥有司徒名爵的宝峰高僧正是大承天护圣寺第一代住持张慧印。他的灵塔在山西省"五台山县台怀镇杨柏峪村南岸沟自然村东南约900米处"，灵塔石碣则云："特授荣禄大夫、大司徒、大承大护圣寺第一代住持、前五台山大万圣佑国寺住持、宝云、普门宗主、广慧妙辩树宗弘教大师宝

---

① 详见陈高华：《再说元大都的皇家佛寺》，姚大力、刘迎胜主编《清华元史》第三辑，第63—64页。
② [元] 虞集：《道园学古录》卷二二《承天仁惠局药方序》，《四部丛刊》，上海涵芬楼景印明景泰翻元小字本，叶8B。
③ 《元史》卷一一二《宰相年表一》，第2832页。
④ 《元史》卷九二《百官八》，第2330页。
⑤ 《元史》卷四一《顺帝四》，第879页。
⑥ 《元史》卷三五《文宗四》，第762页。

峰印公灵塔。"① 在此之前，张慧印正主持着元成宗铁穆耳（Temür）所创建的大万圣佑国寺，精通密宗、显宗教法，事迹详见于《慧印碑铭》。陈高华先生未能参考到这类碑刻石料，故而误将宝峰和慧印视作两个人。②

《慧印碑铭》云："文宗登极，诏遣太禧院官乘驿致之京师，主持大承天护圣寺，授荣禄大夫、大司徒银印，一品，加赐金帛。"而《慧印碑铭》的撰文人是"荣禄大夫、大司徒、寿安山大昭孝弘圣寺住持释源宗主法洪"。③ 寿安山大昭孝寺是元英宗创建的皇家寺院，位于大都西山。法洪还是《大承天护圣碑》的撰文人之一。"（至顺）三年，寺大成。于是，召五台山万圣寺释师惠印，特赐荣禄大夫、司徒，主教于寺。有敕命臣祖常、臣集、臣法洪、臣惠印制文，以刻诸碑"④。惠印，即张慧印。大承天护圣寺建成后，张慧印与马祖常、虞集、法洪一同奉元文宗敕命撰写碑文。但在《大承天护圣寺碑》中，张慧印主持大承天护圣寺的年代要比《元史·文宗纪》所载晚一年。

下面据《慧印碑铭》的记载，对张慧印的生平做简要介绍。张慧印，陕西下弁人，生于元世祖至元八年（1271）。8岁时，张慧印随北禅永昌寺真慧大师为僧；通过游历陕西、河南地区，学习经律论。23岁时，参加鄢陵法会，受具足戒；30岁时，三受资戒。皇庆元年（1312），张慧印奉皇太后答己懿旨，到元大都安国寺讲《华严议疏》；又奉元仁宗爱育黎拔力八达（Ayurbarwada）诏，在弘法寺储校诸经抄疏。皇庆二年（1313），张慧印在上都海宝寺讲《华严玄谈》及《甘露疏》；同年冬，奉元仁宗圣旨、皇太后答己懿旨，为长讲法王，蒙赐袈裟、衣服，在殊祥院使执礼和台护送下，回到五台山大万圣佑国寺。延祐元年（1314），殊祥院使伯颜帖木儿（Bayan-temür）谕旨，张慧印开始主持大万圣佑国寺。延祐六年（1319）夏，张慧印从帝师必兰纳识里受秘法。至治二年（1322），元英宗硕德八剌（Sitibala）幸五台山，张慧印从游诸寺，元英宗下旨命张慧印统领五台山诸寺，赏赐中除了币15000缗、七宝数珠1束，还有一尊文殊菩萨像。五台山正是文殊菩萨的道场。同年，张慧印奉诏乘驿到大都大永福寺，参与储校藏经。至治三年（1323），元英宗遣宗室益不花太子到五台山，设华严法会，赐张慧印手诏和御酒，命张慧印代元英宗行香。元文宗即位后，元文宗在仁寿殿召见

---

① 《忻州古塔》，三晋出版社，2001年，第50页。
② 详见陈高华：《再说元大都的皇家佛寺》，姚大力、刘迎胜主编《清华元史》第三辑，第76页。
③ 杯茗：《南山寺碑文》，《五台山研究》，1997年第4期。引文标点有所改动。
④ ［元］虞集：《道园学古录》卷二五《大承天护圣寺碑》，《四部丛刊》，上海涵芬楼景印明景泰翻元小字本，叶5A。

张慧印，下旨凡教门之事，张慧印可以面奏元文宗。按元朝制度，只有中书省、枢密院、御史台、中政院、宣政院等少数机构的首脑官员才有资格面奏皇帝。所以，张慧印受到了元文宗的隆礼。经御史大夫撒迪奏请，张慧印的三位老师荣封多和国师、栖岩国师、真慧国师之号。重纪至元三年（1337），张慧印圆寂，火化后葬于大都西山。张慧印生前用皇帝所赐财物在五台山开创普门寺，在大都开创宝云寺。张慧印共有200多名弟子，而法贤、智安、了资、道佑、法量等比较出众。①

继张慧印之后，何人主持大承天护圣寺？从《慧印碑铭》的书丹人"大承天护圣寺开演经律论三学法主法贤"来看，张慧印的弟子法贤精通经律论三学，是大承天护圣寺的高僧，但没继承张慧印的衣钵。另据《游西山诗序》记载，某年三月十七日，礼部郎中吴师道应大承天护圣寺"主僧月潭"之邀，游览西山玉泉护圣寺。②吴师道没有明确此次出游的具体年代。陈高华据此认为，月潭是大承天护圣寺的住持。正确。但通过考察吴师道的生平推测认为，月潭在重纪至元初年到至正三年（1343）主持大承天护圣寺③不可靠。因为元统元年（1333），吴师道迁池州建德县尹，一直在地方为官，直到至正元年（1341），才回到大都，任国子助教；至正三年（1343）三月，吴师道回到金华，丁母忧，同年底，染疾而死。④加之，重纪至元三年（1337），张慧印圆寂。此后，月潭继张慧印接任大承天护圣寺住持，在至正元年（1341）到至正三年（1343）期间，邀请吴师道造访大承天护圣寺。因元惠宗朝史料匮乏，月潭之后的大承天护圣寺住持未能详考。

四、元朝人游览大承天护圣寺

大承天护圣寺坐落于大都西北面的瓮山山麓，玉泉河畔，群山环绕。夏天，莲花盛开，青山佛寺成为大都的一道风景线。翰林直学士宋褧于至顺二年（1331）五月随元文宗至大承天护圣寺，作《从驾观承天护圣寺》诗文云："陪驾西郊外，遐观倦未

---

① 怀茗：《南山寺碑文》，《五台山研究》，1997年第4期。
② [元]吴师道：《吴礼部文集》卷一五《游西山诗序》，北京图书馆古籍出版社编辑组编《北京图书馆古籍珍本丛刊》（93），书目文献出版社，2000年，第422页。
③ 详见陈高华：《再说元大都的皇家佛寺》，姚大力、刘迎胜主编《清华元史》第三辑，第76页。
④ [元]吴师道：《吴礼部文集》附录《元故礼部郎中吴君墓表》，北京图书馆古籍出版社编辑组编《北京图书馆古籍珍本丛刊》（93），第524页。

还。荷深七里泊,云近五华山。"① 大承天护圣寺与西山玉泉自然融为一体,也吸引着元惠宗前来消暑礼佛。

> 至正改元四月十三日戊子,皇帝御龙舟幸护圣寺,中书右丞臣帖木尔达实、参知政事臣阿鲁、臣有壬扈行,乐三奏,命右丞前特授平章政事,参政进右丞,臣有壬(逢)[进]左丞,恳辞不允,惶汗就列。平章、右丞曰:"今日游骋之盛,恩遇之隆,不可不纪也。"悚惧之余,为二十韵以献。
>
> 宇宙承平日,邦畿壮丽乡。宫中无暇逸,湖上暂翱翔。凤辇重云降,龙门万斛骧。风霆随桂楫,日月运牙樯。五卫分翚羽,千官列雁行。长年花压帽,仙妓锦连航。绒绋初徐引,銮旍渐远扬。鼛轩呈曼衍,傑侏递铿锵。玉食传麟脯,冰壶出蔗浆。鱼鸢知永昼,莺燕逐余香。夹岸金戈翊,弥空绣幕张……②

分析许有壬的韵文可知,至正元年(1341)四月十三日,元惠宗乘龙舟至大承天护圣寺,龙舟上有玉食珍馐,歌妓乐舞,出行旗仗威严,后妃、百官、侍卫随驾而行。在这样的场合中,不乏元惠宗任命中书官员的政治活动以及元朝士大夫作韵谢恩的雅事。

参知政事许有壬随驾游大承天护圣寺,荣升左丞。《元史·顺帝纪》亦载:"(至正元年四月)庚寅,帝幸护圣寺。命中书右丞铁木儿塔识为平章政事,阿鲁为右丞,许有壬为左丞。"③ 这比许有壬的记载晚两日。但许有壬是事件的亲历者,他的记载更可信。事后,许有壬作《护圣寺泛舟》④。他的同僚也通过诗文,唱和其随驾荣升的殊遇。陈旅和诗《次韵许左丞从车驾游承天护圣寺是日由参升左丞》:"银瓮呈山麓,銮舆际水乡。……卫兵环越棘,舞女蹋吴航。渐觉仙楼近,微闻梵铎扬。"⑤ 礼部郎中吴师道和诗《次韵许可用参政从幸承天护圣寺是日升左丞》:"西北群山迥,盘盘护帝乡。玉泉流海润,金刹倚云翔。四月龙舟迈,千官马首骧。"⑥ 云云。

---

① [元]宋褧:《燕石集》卷五《从驾观承天护圣寺》,北京图书馆古籍出版社编辑组编《北京图书馆古籍珍本丛刊》(92),书目文献出版社,2000年,第149—150页。
② [元]许有壬:《圭塘小稿》别集上,《丛书集成续编》影印三怡堂丛书本,第726页。
③ 《元史》卷四〇《顺帝三》,第861页。
④ [元]许有壬:《圭塘小稿》卷一三《护圣寺泛舟》,《丛书集成续编》影印三怡堂丛书本,第722页。
⑤ [元]陈旅:《安雅堂集》卷三《次韵许左丞从车驾游承天护圣寺是日由参升左丞》,《元代珍本文集汇刊》,第145—146页。
⑥ [元]吴师道:《吴礼部文集》卷六《次韵许可用参政从幸承天护圣寺是日升左丞》,北京图书馆古籍出版社编辑组编《北京图书馆古籍珍本丛刊》(93),第267页。

清明时节，生活在元大都的达官贵人、文人墨客纷纷到大都西山踏春，游览大承天护圣寺。元统二年（1334）二月廿五清明，"风和景舒，卉木妍丽"。金华（今浙江金华）傅若金客居元大都三年，久闻西山之胜，约金华王叔善、范诚之、四明（今浙江宁波）俞绍芳一道出游大承天护圣寺，并有仆人携带酒肴。他们"相与登高，藉草而坐，酒数行，约赋古诗五言六韵五章，道所得之趣，书二十字乱器中，人探五字以为韵"。王叔善和俞绍芳"脱冠纵酌，旁若无人"。傅若金不饮酒，吟啸自若。他们直到傍晚才尽兴而归。与傅若金诸人的春游不同，元大都的达官贵人出游时乘车而行，餐具奢华，饮食丰盛。"都人士游者，车服声技相填咽，金壶玉盘，罗列照烂，意若甚薄余数子者，而又有若甚慕者焉"。①

至正初，吴师道、张翥、赵琏、吴当一行在寒食节骑马同游大承天护圣寺。覆盖着绿色琉璃瓦的大承天护圣寺积雪未消。《三月十八日张仲举赵伯器吴伯尚王元肃同游西山玉泉遂至香山》诗云："道倚巨冢乌乌噪，寒食野祭道膻腥。沟深路狭雪泥在，缓控瘦马仍竛竮。行行山近寺始见，半空碧瓦浮晶莹。"② 大承天护圣寺第二代住持月潭与吴师道交游密切，盛情款待，相互间有诗文往来。吴师道《游西山诗序》记载："三月十七日，金华吴师道正传、晋宁张翥仲举、襄城赵琏伯器、临川吴当伯尚、河东王雍元肃同游西山玉泉护圣寺，遂至香山。既归，各赋诗以纪实。先是，护圣主僧月潭师款客甚勤，留之不果，则约以再游，又约以诗为寄。未及寄，则又屡督趣之。于是，哀写为卷，纳之山中。"③

结　语

大承天护圣寺是元文宗下旨创建的皇家寺院，融合了佛教显宗和密宗，在元代宗教史中具有重要地位。大承天护圣寺位于大都西北面的瓮山，在玉泉河之北，建筑外部覆盖绿色琉璃瓦，寺内建有神御殿、皇帝的行宫寿仁阁和斋宫寿禧殿。神御殿内供奉着答己太皇太后和元文宗的御容。元文宗、元惠宗生前常驾临大承天护圣寺。五台

---

① ［元］傅若金撰，杨匡和校注：《傅与砺诗集校注》卷二《清明日游城西诗并叙》，云南大学出版社，2016年，第68—69页。
② ［元］吴师道：《吴礼部文集》卷五《三月十八日张仲举赵伯器吴伯尚王元肃同游西山玉泉遂至香山》，北京图书馆古籍出版社编辑组编《北京图书馆古籍珍本丛刊》（93），第251—252页。
③ ［元］吴师道：《吴礼部文集》卷一五《游西山诗序》，北京图书馆古籍出版社编辑组编《北京图书馆古籍珍本丛刊》（93），第422页。

山大万圣佑国寺住持张慧印是元文宗钦定的大承天护圣寺第一代住持，精通显宗、密宗教法。张慧印圆寂之后，月潭开始主持大承天护圣寺。大承天护圣寺的寺产丰厚，归隆祥使司管理，并且建有医药机构承天仁惠局。元惠宗亲政后，否定元文宗，降隆祥使司为归运提点所，隶属宣政院。西山玉泉大承天护圣寺景色秀丽，每逢清明时节，也成为元大都百姓达官踏青游玩的必选之地。

（温旭，1988年生，河北沽源人，历史学博士，现为山西师范大学历史与旅游文化学院讲师，研究方向为蒙元史及北方民族史。）

史料即史学：
河东裴氏家谱书写问题举例

刘 丽

在历史认识中，存在这两种事实：一是本体论范畴下历史存在事实，即客观的过去；二是认识论范畴下历史记录事实，即史料。现代史料学试图通过对史料的真伪辨析来复原或者再现过去，事实上，无论人们多么努力，通过史料建构的历史与过去总有一定的距离。今日，受到后现代史学文本观念的影响，学人提倡"史料批评研究"，[①] 该研究并不满足于确保史料的真实可靠，而是在此基础上继续追问：史料是怎样形成的？史家为什么要这样书写？史料的性质如何？等等。史料批评研究将史料回归到文本属性上进行审视，认为史料只是构成了观察过去的重重滤镜而非事实本身，该视角更侧重于分析滤镜本身的构成方式与运行机制，从而窥测隐藏在文本缝隙中的别样图景。一直以来，家谱作为一种重要的史料备受关注，不过，与体例严谨、叙述规范的国史相比，谱牒的可靠性又备受质疑。[②] 因此，将谱牒作为史料来使用时，学界的态度是比较谨慎的。[③] 那么，影响家谱可靠性的因素有哪些呢？试以河东裴氏谱系书写中的三个问题为例进行说明。

一、回推立论导致历史过程的简单化

谱牒编纂，其叙述方式是倒述过去，譬如积薪，后来居上，叙述者的事后认知和

---

① 孙正军：《魏晋南北朝史研究中的史料批判研究》，《文史哲》，2016 年第 1 期，第 21—37 页。
② [清]钱大昕：《十驾斋养新录》卷 12《家谱不可信》，江苏古籍出版社，2000 年，第 245 页。
③ 仓修良：《使用家谱资料应当审慎》，氏著《谱牒学通论》，华东师范大学，2017 年，第 391—393 页。

回推立论,①使得历史线索清晰了。可是,这种方式也使得历史叙述呈现出简单化的倾向,遮蔽了这一过程中丰富多彩的各种可能,也就是说,线形的因果联系绝非历史本身,越是有条理,离历史真实可能就会越远。②这应该是影响家谱可靠性的关键因素。讨论河东裴氏的家谱书写,需要明确的是,"河东裴氏"是一个历史概念,它并非指一个具体家族,而是中古时期的郡姓之一,是士族身份的象征。③魏晋时期,河东的裴潜家族在政治上的崛起,促成"河东裴氏"郡望的形成。自此,"河东裴氏"的演进前后大致经历了三个阶段。

"河东裴氏"发展的初期,在于裴潜祖孙三代的努力。研究表明,东汉世族只是魏晋士族的基础,而新兴的名士则是东汉世族演变到魏晋士族的桥梁和中介。④东汉后期,士人要出人头地,关键在于获得一个好名声,获得的途径有两种:或是通过乡里舆论,或是士林品题。裴潜是裴氏的第一位名士,据《三国志》本传,由于裴潜的庶子身份,⑤又因行事不拘小节,故不受父亲裴茂的待见,因此很难通过乡里舆论获取好的名声。所以,他去了名士云集的荆州,试图通过士林品题来获取"士名"。在荆州,裴潜得到了傅巽、王粲等名士的称誉而扬名天下。⑥此后,他追随曹操,其务实的政治、军事、经济才能深得曹氏的赏识。他一生中做官谨慎恭敬,公私分明;治家上下相奉,恭谨无比。故而史官陈寿用"平恒贞干"来概括他廉洁自律的品质。⑦西晋时期,他的儿子裴秀、孙子裴頠,身居要职、姻连贵戚,实现了家族向士族的转化。不过,由于裴潜家族与西晋皇室过于密切,所以,在突如其来的政治变乱中失去了必要

---

① 〔美〕柯文著,杜继东译:《历史三调:作为事件、经历和神话的义和团》"绪论:历史学家重塑的过去",社会科学文献出版社,2015年,第8页。
② 陈寅恪指出:"今日之谈中国古代哲学者,大抵即谈其今日自身之哲学者也。所著之中国哲学史者,即其今日自身之哲学史者也。其言论愈有条理统系,则去古人学说之真相愈远。"参见氏著:《冯友兰中国哲学史上册审查报告》,《陈寅恪史学论文选集》,上海古籍出版社,1992年,第507页。
③ 郡望,亦称"郡姓",是指郡中为众人所仰望的显贵家族。起初,郡望是某族或某家因仕宦、战乱等迁出本地,进入仕宦地或某政治文化中心城市,在对外人称某地人的情况下才出现的,所以,它标识的只是地域概念。但是,中古时期,随着汉帝国的崩溃,集权政治受到冲击,"象征社会势力的家族主义和地方主义呈现出分庭抗礼之势",郡望由此突破了地域的概念,蕴含着强烈的贵族利益诉求。参见范兆飞:《中古郡望的成立与崩溃——以太原王氏的谱系塑造为中心》,《厦门大学学报》(哲学社会科学版),2013年第5期,第28—38页。
④ 刘蓉:《汉魏名士研究》"绪论",中华书局,2009年,第5页。
⑤ 汉代的北方存在鄙薄庶子的情况。参见唐长孺:《读〈颜氏家训后娶篇〉论南北嫡庶身分的差异》,《唐长孺社会文化史论丛》,武汉大学出版社,2001年,第102页。
⑥ 《三国志》卷6《刘表传》,中华书局,1959年版,第214页。
⑦ 《三国志》卷23《裴潜传》,中华书局,1959年,第671—674页。

的缓冲，几乎阖族罹难，裴潜一支绝嗣。

南北朝时期，郡望高下是士族子弟入仕的凭借。由于郡望是稀缺资源，很容易成为同姓攀附的对象。是时，日益封闭的士族政治加剧了新贵与旧门对"郡望"资源的支配，前者通过攀附、伪冒甚至制作郡望以抬高社会地位；① 后者则严防家谱修撰，企图借助"冢中枯骨"继续来维系高贵门第。刘宋时期裴松之为《三国志》作注，在《裴潜传》内增补了裴潜的父亲、兄弟、子侄的仕宦情况。与之同时，他还编著《裴氏家传》，初步完成了对魏晋时期的河东裴氏世系的建构。萧梁时期士庶界限越发严格，过江的裴氏并不得志，不过魏晋旧籍亦可装点门面，故而其曾孙裴子野的传记内，有"太子左率康八世孙"之语。② 北朝强化士庶是在孝文帝改革以后，与北魏早期的裴骏（？—468）相比，裴延俊（？—528）的传记云"魏冀州刺史徽之八世孙"，显示出明确的谱系意识，其从祖弟裴良（475—535）是郡中正，即修有家谱。③ 南来吴裴的裴叔业（438—500）家族更是如此，④ 直至唐代裴守贞编撰《裴氏家牒》，其家谱编纂一脉相承。⑤ 毫无例外的，南北朝时期的各地裴氏，将其家族与裴潜之父裴茂尤其是裴潜之弟裴徽的后裔联系起来，毕竟裴潜绝了后，攀附起来有困难。以上是"河东裴氏"郡望的发展期。

到了隋代，针对"尚姓"而来的"尚诈"之敝，隋朝"反古道，罢乡举，离地著"，废除了九品官人法，士族势力遭受重创，然而基层社会却出现了"士无乡里，里无衣冠，人无廉耻，士族乱而庶人僭"的混乱局面。⑥ 隋朝虽然结束了门第政治，但社会上崇尚门第之风不会骤然消失，很快，唐王朝惩隋之弊，接续南北朝的门第观念，

---

① 代表性的有何德章《伪托望族与冒袭先祖：以北族墓志为中心》（《魏晋南北朝隋唐史资料》第十七辑，2000 年）、陈勇《汉唐之间袁氏的政治沉浮与籍贯更迭——谱牒与中古史研究的一个例证》（《文史哲》2007 年第 4 期）、仇鹿鸣《制作郡望：中古南阳张氏的形成》（《历史研究》2016 年第 3 期）等。
② 《梁书》卷 30《裴子野传》，中华书局，1973 年，第 441 页。
③ [北齐] 魏收：《魏书》卷 69《裴延俊传》，中华书局，1974 年，第 1528 页。按：《裴良墓志》称其有感于"季叶浇替，骨肉世疏"，他于五服之内著《宗制》十卷，"使夫后生稚识，知在宗之为重。少长晚辈，悟收族之有归"，实现睦合九族的目的。由此可知，裴良的《宗制》应该就是他所撰的家谱。参见罗新、叶炜：《新出魏晋南北朝墓志疏证》，中华书局，2016 年，第 190 页。
④ "裴叔业，河东闻喜人也。魏冀州刺史徽之后也。五代祖苞，晋秦州刺史。祖邕，自河东居于襄阳。"参见《魏书》卷 71《裴叔业传》，中华书局，1974 年，第 1565 页。
⑤ 其家族将谱系一直追溯到姓氏始祖公子鍼。见《裴耀卿神道碑》《全唐文新编》卷 479，吉林文史出版社，2000 年，第 3 部第 1 册，第 5628 页，另见杨西江：《将相文武 风流千古——裴氏人物志传》，中国社会科学出版社，2001 年，第 318 页。
⑥ [宋] 欧阳修等：《新唐书》卷 199《儒学中·柳冲传》，中华书局，1975 年，第 18 册，第 5678—5679 页。

随着《氏族志》《姓氏录》等大型姓氏书的陆续修纂，谱牒的修撰超过了历史上的任何时期，只不过此时决定郡望高下不再是血统而是冠冕。为了抬高郡望，同姓权要家族势必要联合起来，因此攀认同姓成为常态，郡望实际上就变成了姓望。① 那么，这一时期的某氏谱，往往就是通谱，即在一定利益的驱动下，同姓者或同姓宗族间通过合作编撰谱牒进行的认同共祖、连通世系、重排昭穆的活动。② 今天能够看到裴氏家谱，是唐后期裴潾所修的《裴氏家谱》，以及宋人根据唐代裴氏诸谱而成的裴氏宰相世系表。③ 这两个谱系，是唐代裴氏权贵家族的大联合，以产生过宰相的家族为核心向前追溯，而那些没有产生过宰相的祖先，像赫赫有名的"三河领袖"裴骏、"独立使君"裴侠等，则自动忽略掉，即使是裴潾父子，也完全被边缘化了。在这些家谱内，唐代所有宰相家族的成员都被归入河东裴氏的东、中、西三眷内，所有人物都成为裴茂的直系后裔。

显然，同姓攀附虽然加剧了郡望与原本望主体家族的脱离，不过伪冒者也给士族本身带来了活力，因为"伪冒者替代早已衰弱的本支成为某些士族的主干房支，以一种特殊的方式为某些已经衰败的士族个体重新注入活力"④。也正是这一方式使得"河东裴氏"郡望能够绵延数百年，在这数百年间，并非像《裴氏家谱》以及裴氏宰相世系表所呈现的那样，是一个单一的、连续性的单线历程，恰恰相反，那个原本的过程是一个多层次、多维度的分叉的历史。⑤ 总之，裴氏家谱经过层累建构，一定程度上弥合了世系的断裂，掩盖了裴氏发展过程中的多样性和丰富性。

二、文献传播中产生讹误

文献在传播过程中，随时都有可能出现失形、失真乃至面目全非的情形，清代方

---

① 姓望，指同姓内的名望家族。从郡望到姓望，郭锋指出："最初以一本望主体家族为主拥有一个郡望，到社会上一部分同姓异宗家族（包括郡望里贯所在地域内同姓家族与它地同姓家族两部分）共同享有一个郡望，再整个社会同姓之间共同享有一个郡望的过程。"见氏著：《郡望向姓望转化与士族政治社会运动的终结——以清河张氏为同姓共望为例》，《中国社会历史评论》第3卷，中华书局，2001年，第75页。
② 钱杭：《论通谱》，《史林》，2000年第1期，第1—18页。
③ ［宋］欧阳修等：《新唐书》卷71上《宰相世系表一上》，中华书局，1975年，第7册，第2179—2244页。
④ 仇鹿鸣：《"攀附先世"与"伪冒士籍"——以渤海高氏为中心的研究》，《历史研究》，2008年第2期。
⑤ ［美］杜赞奇著，王宪明等译：《从民族国家拯救历史——民族主义话语与中国现代史研究》"导论"，江苏人民出版社，2009年，第2页。

苞曾说,"一室之事,言者三人,而其传各异",这是由于"言语可曲附而成,事迹可凿空而构,其传而播之者未必皆直道之行也,其闻而书之者未必有裁别之识也"。① 家谱问题更突出,事实上,其编纂过程远不如国史的规范、严谨,且不论其间的胡编乱造,即便是从正史上抄出来的,往往也是错讹百出,试以裴茂的爵号为例。

在河东裴氏的谱系中,裴茂是一位特殊的存在,他虽然没有儿子裴潜出名,却是裴氏有史可考的第一位封侯的人。据《新唐书·宰相世系表》,灵帝时,裴茂历郡守、尚书,因"率诸将讨李傕有功,封阳吉平侯"②。这一记载出自曹魏史学家鱼豢的《魏略》。《魏略》在宋元以后逐渐亡佚,刘宋时期裴松之为《三国志·裴潜传》作注,在补充裴潜家世的时候,采用了《魏略》上的说法,其原文是:

> 裴潜,字文行,河东闻喜人也。《魏略》曰:潜世为著姓。父茂,仕灵帝时,历县令、郡守、尚书。建安初,以奉使,率导关中诸将讨李傕有功,封列侯。③

《魏略》的说法,在《后汉书》中被隐约提及,如:

> (建安)三年,使谒者仆射裴茂诏关中诸将段煨等讨李傕,夷三族。以段煨为安南将军,封闅乡侯。④
>
> (建安十九年)三月,天子使魏公在诸侯王上,改授金玺、赤绂、远游冠。《献帝起居注》曰:使左中郎将杨宣亭侯裴茂持节印绶之。⑤

据《后汉书》《三国志》等记载,建安元年(196),汉献帝摆脱了李傕、郭汜、张济等军阀的控制,几经辗转,后被曹操迎奉到许都。建安二年(197)冬十月,曹操派谒者仆射裴茂率领关西诸将段煨等讨伐李傕。建安三年(198)四月,李傕兵败被杀。战事结束,论功行赏,关西将领段煨被封安南将军、闅乡侯,裴茂被封为列侯,应该就是建安十九年(214)提及的"杨宣亭侯"。那么,问题就来了:

第一,裴茂因功封爵,为何正史不载?对东汉王朝而言,讨平李傕是一件大事。故而《后汉书·董卓传》专门强调了平叛将领段煨受封一事。那么,裴茂在其间扮演

---

① [清]方苞:《万季野先生墓表》,《望溪集·文集》卷12《墓表》,清咸丰元年戴均衡刻本。
② 《新唐书》卷71上《宰相世系表一上》,中华书局,1975年,第7册,第2180页。
③ 《三国志》卷23《裴潜传》,中华书局,1959年,第3册,第672页。
④ 《后汉书》卷72《董卓列传》,中华书局,1965年,第8册,第2342—2343页。按:"三年"当为"二年"。
⑤ 《三国志》卷1《武帝纪》中华书局,1959年,第1册,第43页。

什么样的角色呢？事实上，作为谒者仆射，裴茂是汉献帝派出的信使，所以《魏略》用的词是"奉使"，即奉天子之命出使的意思；《董卓传》中用的也是一个"诏"字，更能体现裴茂传令者的身份，而非平叛的领导者。因而，论功行赏，裴茂只能排在后面，正史不载也就不足为奇了。裴氏后人编纂家谱，裴茂事迹显然抄自《魏略》，不知是无意还是故意，省却了裴茂早年县令的经历，也略去了裴茂"奉使"身份，直接用"率"字来彰显裴茂在此次讨叛中的地位，以此来凸显裴茂受封的意义。在这里，历史的叙述看似完整，实际上掩盖了太多的历史细节，历史的面目仅仅留给后世的是，裴茂率众讨李傕、因功封侯的记忆。

第二，裴茂受封列侯，是"杨宣亭侯"，还是"阳吉平侯"呢？列侯，原本称作"彻侯"，因避汉武帝的讳而改。彻侯，为秦爵第二十等，"以赏功劳"，功大者食县，小者食乡、亭。① 以此可知，列侯，有县侯、乡侯、亭侯的区分。倒是"平侯"，史书无载，不知何种来头。裴茂受封，正史不载，根据立功情况，他虽受封列侯，显然低于主将段煨的乡侯。乡侯之下，则是"亭侯"。

南北朝时期，正是"河东裴氏"这一郡望的发展期。这一时期，仕宦与婚姻，促使谱牒修撰大姓的家谱修撰盛极一时。裴茂自然成为"河东裴氏"谱系溯源的关键人物，他不仅出现在《三国志》裴松之所作的注内，还体现在魏晋已降的裴氏墓志中。略具如下：

> 裴敬墓志（延昌四年，515年）：君讳敬，字符敬，河东闻憙桐乡高阳里人。汉尚书阳吉亭侯茂之后也。②

> 裴子诞墓志（天保三年，552年）：自翼周命氏，佐汉分珪，源流淼满，彰于史策，可得称焉。③

> 裴鸿墓志（天和元年，566年）：公讳鸿，正平闻熹人。鼻祖起于即裴，休蒂盛于阳吉。金行在运，太显中朝。④

> 裴子休墓志（开皇五年，585年）：公讳子休，字季祥，正平闻喜人也。即裴命氏，阳吉削珪，爰在金行，冠冕海内。⑤

---

① ［唐］杜佑撰，王文锦等点校：《通典》卷31《职官十三》，中华书局，1985年，第854页。
② 赵君平、赵文成编：《秦晋豫新出墓志搜佚续集》国家图书馆出版社，2015年，第45页。
③ 罗新、叶炜：《新出魏晋南北朝墓志疏证》，中华书局，2016年，第198页。
④ 王其祎、周晓薇：《隋代墓志铭考》（第一册），线装书局，2007年，第341页。
⑤ 同上注，第187页。

裴敬墓志，是目前所知的河东裴氏最早的一方墓志。裴敬是北魏宣武帝时人，其墓志明确表示，他是"阳吉亭侯"裴茂之后。裴子诞、裴子休是兄弟俩，他们的父亲裴良，《魏书》有传。① 裴良有子八人，孝悌仁爱，被誉为"义门裴氏"，事见裴良第四子子通的曾孙敬彝的传记。② 裴鸿是裴宽的族弟，《周书》有传。③ 上述诸人墓志内，诸如"佐汉分珪""阳吉削珪""休荫盛于阳吉"等，都在重申裴茂封侯一事。显然，北朝时期在河东裴氏眼中，"阳吉亭侯"即裴茂的爵位，故而在他们的墓志中一再被提及。

由上，"平侯"显然是讹误。那么，"阳吉"与"杨宣"孰是？在古代，无论是"阳""杨"，还是"吉""宣"，它们的字形无疑是非常接近的。"阳吉"是自北魏以来就出现在河东裴氏的谱牒内，至北宋编纂《宰相世系表》而因袭；可是，裴松之注《三国志》，采用的《献帝起居注》，明确提到裴茂的身份是"左中郎将杨宣亭侯"④。"亭侯"属于"列侯"的一种，这与其在《裴潜传》内的注释也不冲突。

至此，裴茂的爵号，确定的是"阳吉亭侯"或"杨宣亭侯"，前者出自裴氏世代流传的家谱，后者则是官方的记录，没有确凿的证据，尚难辨析哪一种说法是可靠的。不过，三国时期倒是有"阳吉亭侯"的分封，即黄初元年（220）魏文帝曹丕封尚书卫觊为阳吉亭侯，此时裴茂尚在世，事见《三国志·裴潜传》。因此，笔者更倾向于，裴茂最初的爵号很可能是"杨宣亭侯"，后来因为字形相近，讹误为"阳吉亭侯"，因"亭""平"字形近似，再次讹为"阳吉平侯"。

三、认知缺陷引发的错误

事实上，谱系书写方面的问题，不仅会在传抄过程中产生讹误，即使到了近世，鉴于修谱者学识水平等因素，也会因为字词理解上的歧义而产生混乱。裴再兴被误作元朝人就是显例。

金代闻喜人裴再兴是东眷裴氏后裔，他的家中世代保存有祖传的《家谱》，这个家

---

① 《魏书》卷69《裴延骏传附裴良》，中华书局，1974年，第5册，第1531页。
② 《旧唐书》卷188《孝友传》中华书局，1975年，第15册，第4923页。
③ 《周书》卷34《周宽附裴鸿》，中华书局，1971年，第2册，第598—599页。
④ 《三国志》卷1《武帝纪》，中华书局，1959年，第1册，第43页。按：今人句读，"使左中郎将杨宣、亭侯裴茂持节、印绶之"。显然，是将裴茂的身份割裂了。左中郎将，比二千石。居宫禁中，更直宿卫，协助光禄勋考核管理郎官谒者从官。

谱是唐后期闻喜县令裴滔所编纂,一直以来秘不示人。不过,时间久了,世道也不太平。因担心家谱被毁坏,他与族人商量,于金大定十一年(1171)将该谱刊于石碑上。目前,这方碑比较完整地保存在裴柏村的裴氏碑苑内,只是一半的家谱内容磨损严重。就在家谱刻于石碑的同时,裴再兴还对家谱做了初步的整理,把家族世系从唐代续写到金代,命名为《裴氏世谱》。在做上述工作时候,裴再兴邀请了自己的好友、同里的刘若虚写序,刘氏是个文采特别出众的学者,他分别为入碑的《裴氏家谱》及裴再兴的《裴氏世谱》写了序文。①

到了清代康熙年间,闻喜人翟凤翥编纂《裴氏世牒》。该谱是在裴再兴《裴氏世谱》的基础上修撰而成的,自然把刘若虚的序文也保留了下来,序云:

……河东八裴一十二族,五代后分争散逸,邈视若路人,仁者宁不恻然动念哉。元潞州知事裴再兴发其家乘,与职方氏互参考订,自遵迄(再)兴凡四十代,别世次,叙枝派,联缀成图,以为谱牒之纲。……②

在这段序文内,有"元潞州知事裴再兴"语。对于这句话,翟凤翥等人产生了困惑,如康熙五年(1666)裴之英在校对《裴氏世牒》时就提出质疑:"序云元潞州知事,末书大定十一年。大定系金年号,且刘公既云里人,又云彭城,俱疑误。"关于裴之英的疑问,虽然光绪年间的《闻喜县志斠》进行了释惑,指出刘若虚系金人,"如以序中元字而疑之,是不知元之潞州已改隆德府矣"③。对此,《县志》的进一步解释是:裴再兴官属"例仕",即非正途,而裴氏仕宦"补不胜补",对此凡例从略,故而导致歧义的产生。可是,这个解释并未找到产生问题的本源。其实,尤论是翟凤翥还是裴之英,他们误解了"元"的本意,很显然他们将"元"理解为元朝,故而,刘若虚的序在《世牒》中被称作"元序"。

其实,在清代,"元"与"原"有了区别。顾炎武指出:"元者,本也。本官曰元官,本籍曰元籍,本来曰元来。唐宋人多此语,后人以'原'字代之。"④以此可知,"元"本作"原"解,是裴之英对"元"理解错误所致。另外,刘若虚前冠以"彭城",

---

① 见拙文《〈裴氏家谱〉的复原及相关问题研究》,《唐研究》第 25 卷,北京大学出版社,2020 年,第 573—609 页。
② [清]翟凤翥纂:《裴氏世牒》"元序",清乾隆刻本,辽宁省图书馆藏。
③ 《闻喜县志斠》卷二《斠人物》,金"刘若虚"条,《闻喜县志》,《中国地方志丛书》,成文出版有限公司印行,1977 年,第 1078 页。
④ 《日知录》卷 32《元》,《顾炎武全集》第 19 册,上海古籍出版社,2011 年,第 1240 页。

《县志》指出，彭城但指郡望，非彭城人也。此属唐代崇尚郡望的余绪，不足为怪。

那么，也正是翟凤翯、裴之英等人对"元"字的错误理解，在他们编修家谱中，把裴再兴列在元代，后世在此基础上续修，也就沿袭了这一错误认识。

结　语

家谱的书写过程，实际上是历史叙述、亦即历史解释的极端形式，其形成与传承过程中存在的所有问题，或隐或显地存在于一切历史叙述之中。家谱内的谱系，往往被视作一种隐喻，去解构现有历史叙述背后的认知传统。① 100年前，当傅斯年提出"历史学只是史料学"的时候，标志着中国的传统史学转向现代史学；今天，当历史学在史料学方面建立起最严格的游戏规则，人们在史料不能直接等同于过去的共识面前，罗新则提出："一切史料都是史学。"② 罗新说的"史料"，无所不包，甚至包括遗忘，在他看来，遗忘塑造着记忆。因此，他强调要考察那些被排斥在集体记忆之外的内容，认为今天历史学家应该为所有那些遗忘的、失去声音的人发出声音，去探究现有的在竞争中胜出的历史叙述是如何形成的，只有这样做，才有可能更加接近几千年前的过去。那么，对家谱的重新审视，亦当如是看。

（刘丽，1976年生，河南南阳人，历史学博士，现为山西师范大学历史与旅游文化学院副教授，研究方向为唐宋史学史。本文为山西省哲学社会科学规划课题一般项目"碑志所见河东裴氏家风资料的整理与研究"［2020YJ068］阶段性成果之一。）

---

① 葛兆光：《系谱，还是历史——以唐代哲学史或思想史为例》，《文汇报》，2004年4月18日。
② 罗新：《一切史料都是史学》，《文汇报》，2018年4月13日，第W02版。

隋汾阳宫新考

霍 斌

汾阳宫是隋炀帝时所建避暑离宫之一，不仅炀帝曾两次亲临，而且也发生过一些重要历史事件。宫在唐初已废，后无重建，今仅存遗址。位于山西省宁武县的汾阳宫遗址，在2019年10月被国务院核定并公布为第八批全国重点文物保护单位。目前学界已有研究汾阳宫的一些成果。如杨鸿年的《隋唐宫廷建筑考》[1]引用《隋图经》《隋书》《资治通鉴》等资料，扼要介绍汾阳宫建造的时间、目的、景况等基本情况。罗新、叶炜在《新出魏晋南北朝墓志疏证》[2]中考证汾阳宫的修建时间是大业二年（606）。赵曙光的《隋汾阳宫初考》[3]通过梳理考古材料和文献考察汾阳宫所在的区域位置，但对具体时间和事件缺少详细考证。贾志刚在《隋代宫殿建筑消费考述》[4]一文中也认为汾阳宫最早营建时间是大业二年（606），并阐述汾阳宫的选址与附属设施的配置等问题，但限于文题待详考之处较多。笔者也曾专门研究过汾阳宫的营建时间、原因及废弃，认为汾阳宫于大业三年（607）八月后不久下诏营建，大业四年（608）四月是建成时间。[5]目前看来此观点及相关问题均有待完善。本文将进一步详细梳理相关史料，对汾阳宫的营建时间、原因及废弃等关键问题进行重新考证。

---

[1] 杨鸿年：《隋唐宫廷建筑考》，陕西人民出版社，1992年，第48—50页。
[2] 罗新、叶炜：《新出魏晋南北朝墓志疏证》，中华书局，2005年，第548—549页。该书于2016年中华书局重出修订本，涉及汾阳宫内容未有改动。
[3] 赵曙光：《隋汾阳宫初考》，山西博物馆编《春华集：纪念山西博物馆九十周年学术文集》，山西人民出版社，2009年，第126—139页。
[4] 贾志刚：《隋代宫殿建筑消费考述》，权家玉主编《中国中古史集刊》第1辑，商务印书馆，2015年，第389—392页。
[5] 霍斌：《隋汾阳宫考》，《山西档案》，2013年第1期。

一、隋汾阳宫的营建时间

（一）大业四年说

《隋书·炀帝纪》载：大业四年（608），"夏四月丙午以离石之汾源、临泉，雁门之秀容为楼烦郡。起汾阳宫"①。《资治通鉴》载：大业四年（608）"夏，四月，诏于汾州之北汾水之源，营汾阳宫"②。这是两条权威性最高的史料，看似无过多可商榷之处，但是与其他材料排比分析时却发现两处疑问。

疑问一：《隋书·敬钊传》载："大业三年，炀帝避暑汾阳宫。"③即在大业三年（607）汾阳宫已经建成，而且炀帝还于此避暑。杨鸿年、罗新、叶炜、贾志刚诸先生也有发现此疑点，惜未有考辨。为说明此问题，有必要梳理炀帝的出巡轨迹。

大业三年（607）四月丙申（十八日），炀帝车驾从西京出发，开始第一次北巡；己亥（二十一日），到达赤岸泽（今陕西大荔县西南）。六月辛巳（初四），游猎于连谷（今陕西神木北），六月戊子（十一日）到达榆林郡。八月壬午（初六），车驾发榆林出塞，八月癸巳（十七日）入楼烦关（今山西宁武北），壬寅（二十六日）抵达太原。之后"上太行，开直道九十里"。九月至济源，幸张衡宅，留宴三天，己巳（二十三日）回到东都。④炀帝南返时入楼烦关，然后经此达太原，此路即严耕望所谓之"太原西北汾水出楼烦关道"⑤，途经汾阳宫所在地无疑。但笔者认为，此时汾阳宫并未建成，杨广也未曾驻跸。原因有二：第一，从楼烦关到太原首尾只用十天，无避暑休闲时间。根据《元和郡县图志》所记：汾阳宫在静乐县北一百二十里，静乐县在岚州东四十五里，岚州距太原三百三十里。⑥校勘记中认为一本"三百"作"二百"，且乐史《太平寰宇记》记为"二百五十里"，此更合理。还有《通典》载楼烦郡（即岚州）"东南到太原府二百五十里"⑦。结合严耕望在《唐代交通图考》中所描绘之方位，并排除绕道的可能。最保守估计太原距静乐县约二百里，距汾阳宫三百二十里。

---

① 《隋书》卷三《炀帝纪上》，第71页。
② 《资治通鉴》卷一八一，"隋炀帝大业四年四月"条，第5639页。
③ 《隋书》卷七一《敬钊传》，第1643页。
④ 胡戟：《隋炀帝的真相》，北京大学出版社，2011年，第124—127页。
⑤ 严耕望：《唐代交通图考》第五卷《河东河北地区》，上海古籍出版社，2007年，第1358—1366页。
⑥ ［唐］李吉甫：《元和郡县图志》卷一四，中华书局，1983年，第396—397页。隋楼烦郡的治所是在伏戎城。
⑦ ［唐］杜佑：《通典》卷一七九，中华书局，1992年，第4740页。

《唐律疏议》卷三"流配人在道会赦"条引唐《公式令》载:"马,日七十里;驴及步人,五十里;车,三十里。"① 这是唐代官方的日程里数要求。据此,从汾阳宫到太原,骑马需要五天,步行需要七天,坐车需要十一天。楼烦关距汾阳宫仅三十里,又不费一天工夫。北齐文宣帝高洋曾于天保九年(558)从太原赴天池,六月乙丑(初三)自晋阳出发,己巳(初七)到祁连池(即天池),② 首尾共计五天,可能是最快时间。《隋书》记载隋炀帝出巡时坐车,速度或更慢,会用七八天时间。按此来算炀帝基本没有在汾阳宫久住的可能,即使逗留在汾阳宫,最长时间也不过二三日。这和《敬钊传》"避暑"之说又矛盾,如是避暑当为有目的有计划之行程,而非匆忙路过,且八月时晋北气温已转冷并非避暑时节。假设此时汾阳宫已经建成,当是完工不久且是炀帝首次临幸,按常理他更该好好享受游玩一番。从不久之后登太行山,幸张衡宅"帝悦其山泉,留宴三日"③ 来看,未见当时有如后来杨玄感反叛之危急大事发生。由此看来《隋书·敬钊传》"大业三年避暑"之说不能成立,"三"很可能是"四"之讹误。

疑问二:《隋书·律历志下》载:"(大业)四年,驾幸汾阳宫。"④《隋书·张衡传》载:"大业三年,帝幸榆林郡,还至太原。……明年,帝幸汾阳宫,宴从官,特赐绢五百匹。"⑤《隋书》卷七七《崔廓传附子赜》载:"大业四年,(崔赜)从驾汾阳宫。……从驾登太行山。"⑥ 此三条材料均表明,大业四年(608)确有隋炀帝幸汾阳宫之事。最关键史料是《李静训墓志》所载其死亡时间与地点:"大业四年六月一日遘疾终于汾源之宫,时年九岁。"⑦ 六月一日薨于汾阳宫,则很可能五月底炀帝一行已入住。

核查《隋书·炀帝纪》和《资治通鉴》所载炀帝大业四年(608)的巡行轨迹又无赴今山西省之事,亦需说明。《隋书·炀帝纪》载:大业四年(608)三月"车驾幸五原,因出塞巡长城。……八月辛酉,亲祠恒岳,河北诸道郡守毕集"⑧。《资治通鉴》记载与此一致:大业四年(608)三月"乙丑,车驾幸五原,因出塞巡长城"⑨。未见有幸汾阳宫的记载。如此就与上引《隋书》三条记载相矛盾。岑仲勉已经发现此问题,认

---

① [唐]长孙无忌等:《唐律疏议》卷三"流配人在道会赦"条,中华书局,1983年,第68页。
② [唐]李百药:《北齐书》卷四《文宣帝纪》,中华书局,1972年,第65页。
③ 《隋书》卷五六《张衡传》,第1392页。
④ 《隋书》卷一八《律历志下》,第426页。
⑤ 《隋书》卷五六《张衡传》,第1392页。
⑥ 《隋书》卷七七《崔廓传附子赜》,第1757页。
⑦ 罗新、叶炜:《新出魏晋南北朝墓志疏证》(修订本),第508页。
⑧ 《隋书》卷三《炀帝纪上》,第71页。
⑨ 《资治通鉴》卷一八一,"隋炀帝大业四年四月乙丑"条,第5638页。

为"五原"乃"太原"之误,并举《册府元龟》中记作大业四年(608)三月"幸太原"为证。①

综上,大业四年(608)确有隋炀帝避暑汾阳宫之事,时间还能缩小到五月到八月之间,夏天四、五、六三个月包括在内,存在避暑可能性。梳理以上记载可得出如下事件顺序:大业四年(608)三月隋炀帝驾幸太原,四月下诏营建汾阳宫,五月底已居住在汾阳宫。

(二)大业二年说

此说主要由罗新、叶炜和贾志刚提出。三位先生也都注意到《隋书·敬钊传》"三年避暑汾阳宫"、四年四月下诏营建、六月李静训死于汾阳宫三者记载间的矛盾。他们引《大业杂记》为据,认为汾阳宫营建时间是大业二年(606)。虽然《大业杂记》成书于唐贞观时期,作者杜宝在隋炀帝时曾任秘书学士,入唐做过著作郎,可以说是当时之人记当时之事,但记载错误颇多,尤其是时间上。

《大业杂记》原书已佚,辛德勇曾以北宋晁载之《续谈助》所摘录内容为主,辅以《通鉴考异》《太平御览》《太平广记》等书做过辑校工作。据《大业杂记辑校》引《续谈助》记载:大业二年(606)"七月,自江都还洛阳。敕于汾州西北四十里,临汾水起汾阳宫,即管涔山汾河源所出之处。当盛暑日,临河盥漱,即凉风凛然,如八月九月"②。《太平御览》引杜宝《大业拾遗录》载:"二年,汾州起汾阳宫。宫南外平林率是大桦木,高百余尺,行从文武皆剥取皮覆庵舍。"③《大业拾遗录》即《大业杂记》。这两段文字记载虽不多,错误却不少。

第一,《隋书》和《资治通鉴》都明确记载隋炀帝从江都还洛阳的时间是大业二年四月,而非七月。"夏四月庚戌,上自伊阙,陈法驾,备千乘万骑,入于东京。"④"三月,庚午,上发江都,夏,四月,庚戌,自伊阙陈法驾,备千乘万骑入东京。"⑤首先,两书都能具体到庚戌这天入东京,当凭借可靠的证据。其次,这回入城仪式非比寻常,因为大业二年(606)正月东京才建成,这是炀帝第一次入新京,属于当时最重要的政

---

① 岑仲勉:《隋书求是》,中华书局,2004年,第103页。
② [唐]杜宝撰,辛德勇辑校:《大业杂记辑校》,三秦出版社,2006年,第23页。牟发松也做过专门研究,见《关于杜宝〈大业杂记〉的几个问题》《〈大业杂记〉遗文校录》,均收入《魏晋南北朝隋唐史资料》,2007年第15辑。笔者研究时也有参考。
③ [宋]李昉等:《太平御览》卷九六一《木部一〇》,中华书局,1960年,第4267页。
④ 《隋书》卷三《炀帝纪上》,第66页。
⑤ 《资治通鉴》卷一八〇,"隋炀帝大业二年"条,第5624页。

治事件。《隋书》不应该记错。

第二，说汾阳宫在汾州也是错误的。隋代有三个汾州：1. 文城郡（治所今山西吉县）。"东魏置南汾州，后周改为汾州，后齐为西汾州。后周平齐，置总管府。开皇四年府废，十六年改为耿州，后复为汾州"①。施合金进一步完善时间点："581—595 南汾州，596—597 耿州，598—606 汾州，607—617 文城郡。"② 开皇元年到开皇十六年称南汾州，开皇十八年至大业三年四月改州为郡前称汾州。2. 临汾郡霍邑县（治所今山西霍州市）。"后魏曰永安，并置永安郡。开皇初郡废。十六年置汾州，十八年改为吕州，县曰霍邑。大业初州废"③。开皇十六年、开皇十七年、开皇十八年称汾州。3. 龙泉郡（治所今山西隰县）。"后周置汾州。开皇四年置西汾州总管，五年改为隰州总管。大业初府废"④。开皇元年到开皇五年称汾州。北齐也有西汾州（治所今山西离石市），后周改为石州，大业四年改为离石郡。⑤

唐初也有两个汾州：1. 原隋文城郡，武德元年到武德五年称汾州，武德五年到武德八年称南汾州。《旧唐书·地理志》载："元魏曰南汾州，隋改为耿州，又为文成郡。武德元年，改为汾州。五年，改为南汾州。八年，改为慈州。"⑥ 2. 原隋西河郡（治所今山西汾阳市），武德三年以后称汾州。西河郡"后魏置汾州，后齐置南朔州，后周改曰介州"，隋大业四年改郡之前都称介州。⑦ "武德元年，以介休郡为介州，西河郡为浩州。三年，改浩州为汾州，仍割并州之文水来属。"⑧ 汾阳宫与以上所说今山西吉县、霍州市、隰县、离石市、汾阳市都没有关系，而是在晋北的宁武县。"汾州西北四十里"的记载可以说是无稽之谈。

另外再举《大业杂记》明显的两个错误。第一，载大业十年（614）正月"又以许公宇文述为元帅，将兵十万刻到鸭绿水"事，其实是大业八年（612）第一次征高丽事，⑨ 此类特别重大事件都能混淆。第二，载大业十年（614）"四月，车驾幸汾阳宫避

---

① 《隋书》卷三〇《地理志中》，第 850—851 页。
② 施合金：《中国行政区划通史·隋代卷》，复旦大学出版社，2009 年，第 336 页。
③ 《隋书》卷三〇《地理志中》，第 851 页。
④ 同上。
⑤ 同上注，第 852 页。
⑥ 《旧唐书》卷三九《地理志二》，第 1475 页。
⑦ 《隋书》卷三〇《地理志中》，第 852 页。
⑧ 《旧唐书》卷三九《地理志二》，第 1475 页。
⑨ 《资治通鉴》卷一八二，"隋炀帝大业十年"条，第 5689 页。

暑"①。大业十年（614）上半年隋炀帝第三次伐高丽，《隋书·炀帝纪》记载：是年"三月壬子，行幸涿郡。癸亥，次临渝宫。……（四月）甲午，车驾次北平。……秋七月癸丑，车驾次怀远镇。……八月己巳，班师。……冬十月丁卯，上至东都"②。所以，大业十年（614）四月炀帝绝对不可能赴汾阳宫。即使"十"为"十一"之误，炀帝也是大业十一年（615）五月避暑汾阳宫，而非四月。

总之，因《大业杂记》原书早已亡佚，在后世流传过程中出现诸多鲁鱼亥豕之误，在时间或数字记载的准确性上远不如《隋书》，不可全做信史看待。尤其是关于大业二年（606）营建汾阳宫的记载条目上，存在两大明显错误，整段的时间表述的准确性要大打折扣。另外与大业三年的问题相同，若汾阳宫在大业二年已经建好，为何大业三年炀帝在路过时却不临幸享乐。大业二年说基本可以否定。

（三）大业四年四月下诏整修汾阳宫

大业四年说还需要再回归到原始材料中进行探讨。《资治通鉴》与《隋书》出自不同史源，前者是"夏，四月，诏于汾州之北汾水之源，营汾阳宫"；后者为"夏四月丙午以离石之汾源、临泉，雁门之秀容为楼烦郡。起汾阳宫"。《资治通鉴》未载丙午日设楼烦郡事，其史源很可能是《大业杂记》——"敕于汾州西北四十里，临汾水起汾阳宫，即管涔山汾河源所出之处"。上文已探讨"汾州之北"属错误之论，司马温公此处有失精审。大业四年四月若非《大业杂记》原文，那就是司马光在时间上又参考了《隋书》的记载。这就带来一个问题，我们能否轻易否掉《隋书》大业四年的表述。

大业四年四月丙午日设楼烦郡一事能精确到日，《隋书》的编撰者很可能参考了官方档案。又紧接着说"起汾阳宫"，恐非随意编排，两者之间当存在联系。《大唐创业起居注》载："大业初，帝（李渊）为楼烦郡守，时有望气者云：'西北乾门有天子气连太原，甚盛。'故隋主于楼烦置宫。"③据此，也是先有楼烦郡，后有汾阳宫，与《隋书》叙事顺序相同。那么大业四年（608）营建汾阳宫之事不能轻易否定。

以往质疑大业四年说的学者都是认为工期时间太紧。罗新、叶炜认为："但若四月始建，李静训六月一日卒于此宫，岂不建宫过速。"④贾志刚认为："问题是四月才下诏'起汾阳宫'，六月皇帝就驻于汾阳宫内，似乎有点不合常理。……大业四年诏'起汾

---

① 《大业杂记辑校》，第45页。
② 《隋书》卷四《炀帝纪下》，第87—88页。
③ ［唐］温大雅：《大唐创业起居注》卷一，上海古籍出版社，1983年，第5页。
④ 罗新、叶炜：《新出魏晋南北朝墓志疏证》（修订本），第509页。

阳宫'是扩建或整修，而非始建，在此之前汾阳宫就存在，可能大业二年才是汾阳宫最早营建的时间。"①

笔者认为不到两个月建好汾阳宫的可能性是存在的，原因有四：第一，袁刚曾提出大业四年（608）所建之汾阳宫是在北齐汾阳宫基础上的扩建。②笔者认为表述为"扩建"可能不够准确而应是"整修"。北齐皇帝曾多次赴天池狩猎，在其附近当有驻跸之地，休憩之所。如高欢在东魏天平四年（537）六月壬申"如天池，获瑞石"③。天保六年（555）六月甲戌文宣帝高洋率领"诸军大会于祁连池"④。天保九年（558）六月己巳高洋"至祁连池"⑤。武平七年（576）十月丙辰后主高纬"大狩于祁连池"⑥。北齐是否有名为"汾阳宫"的宫殿目前并无证据，但皇帝频繁临幸此地当有较固定的住处。从北齐亡国（577）算起到大业四年（608）才三十余年时间，虽然其间北周皇帝、隋文帝都未莅临此地，但宫殿还是能保留部分，而不至于全被摧毁，但破败在所难免。所以，近两个月的工期主要是进行房屋整修与殿内装饰工作，并未大规模新建。于是才有大业四年（608）炀帝初幸汾阳宫，"时帝欲大汾阳宫，令（张）衡与纪弘整具图奏之"⑦之事。

第二，整修时可以就地取材，节省转运时间，缩短工期。上引《大业杂记》载："宫南外平林率是大桦木，高百余尺，行从文武皆剥取皮覆庵舍"，即为证据。

第三，不能过于高估汾阳宫的规模。《大业杂记》虽然常常在史料编排的时间上出现讹误，但对历史事件的记录却不是凭空捏造，多有与《隋书》契合者，价值较高，如宇文述伐辽事。书中如此描述汾阳宫的景状："宫所即汾河之源，上有山名管涔，高可千仞。帝于山上造亭子十二所，其最上名翠微亭，次阆风、彩霞、临月、飞芳、积翠、合璧、含晖、凝碧、紫岩、澄景，最下名尚阳亭。亭子内皆纵广二丈，四边安剑阑，每亭铺六尺榻子一合。山下又有临汾殿，敕从官纵观。"⑧如果杜宝选择的是最具代表性的建筑来说，那么仅有十二座大亭和一座临汾殿。

还能见到另一种说汾阳宫狭小的记载。《资治通鉴》载：大业十一年（615）"四

---

① 贾志刚：《隋代宫殿建筑消费考述》，第390页。
② 袁刚：《隋炀帝传》，人民出版社，2001年，第279页。
③ 《北齐书》卷二《神武纪下》，第20页。
④ 《北齐书》卷四《文宣纪》，第60页。
⑤ 同上注，第65页。
⑥ 《北齐书》卷八《后主纪》，第109页。
⑦ 《隋书》卷五六《张衡传》，第1392页。
⑧ 《大业杂记辑校》，第45—46页。

月,幸汾阳宫避暑。宫城迫隘,百官士卒布散山谷间,结为营而居之"①。同事还见载于司马光《通鉴考异》所引《大业杂记》中:"七月,帝幸雁门,先至天池,值雨,山谷泥深二尺,从官狼狈,帐幕多不至,一夜并露坐雨中,至晓多死,宫人无食,贷糒于卫士。"②二者叙事内容存在差异,前者侧重说宫城狭小,后者重在描写从官与宫人遇雨之后的狼狈惨状。但二者也有从官需要在野外搭设营帐居住的共同性。再佐以上引"行从文武皆剥取皮覆庵舍",可能还会有一些临时草屋。凡此,不能把汾阳宫想得如长安、洛阳宫殿,甚至太原晋阳宫那样富丽堂皇,规模宏大。

第四,隋王朝的国家工程一般都动员巨多人力,在短时间内完工。如营造新都大兴城仅九个月时间。开皇二年(582)六月下诏动工,开皇三年(583)正月庚子"将入新都",三月丙辰隋文帝"常服入新都"③。除去外郭城,宫城、皇城、坊市都已基本建成。④大业元年(605)三月下诏营建东京,大业二年(606)正月东京建成,也是九个月。大业元年(605)三月"发河南诸郡男女百万余,开通济渠",八月就能御龙舟,下江都。⑤大业三年(607)七月下诏"发丁男百余万人筑长城,西距榆林,东至紫河,一旬而罢"⑥。如果不到两月时间,就完成规模不大且有北齐基础的汾阳宫的整修工作,并非不可能完成的任务。

笔者认为还要将隋炀帝居住汾阳宫的计划与北边巡狩、长城修筑置于同一事件序列分析。隋炀帝营建汾阳宫目的是居住,非空有其所而不居。大业三年(607)四月炀帝开始北边巡狩,主观是巡视突厥并达到震慑目的,其间所做的大事为修建长城。七月下诏"发丁男百余万人筑长城,西距榆林,东至紫河"⑦。次年三月"出塞巡长城",目的就是视察新修长城。所以,大业四年(608)再次北巡是炀帝的既定计划。大业三年(607)八月,炀帝到太原后"诏营晋阳宫"⑧,就是为来年再次北巡做准备。大业三年(607)八月炀帝入楼烦关后,汾阳宫所在之管涔山与天池就近在咫尺,熟稔国家地理的他对这处胜地必然不会陌生。如《隋书·崔廓传附子赜》载:"大业四年,从驾汾阳宫。……从驾登太行山,诏问(崔)赜曰:'何处有羊肠坂?'赜对曰:'臣按《汉

---

① 《资治通鉴》卷一八二,"隋炀帝大业十一年四月"条,第5696页。
② 《资治通鉴》卷一八二,"隋炀帝大业十一年八月乙丑"条,第5697页。
③ 《隋书》卷一《高祖纪上》,第17—19页。
④ 张永禄:《唐都长安》,三秦出版社,2010年,第19页。
⑤ 《隋书》卷三《炀帝纪上》,第63、65页。
⑥ 同上注,第70页。
⑦ 同上。
⑧ 同上。

书·地理志》，上党壶关县有羊肠坂。'帝曰：'不是。'又答曰：'臣按皇甫士安撰《地书》云，太原北九十里有羊肠坂。'帝曰：'是也。'"①乃炀帝博学之明证。此外，炀帝在出巡时有寻找胜地建离宫的爱好。"帝无日不治宫室，两京及江都，苑囿亭殿虽多，久而益厌，每游幸，左右顾瞩，无可意者，不知所适。乃备责天下山川之图，躬自历览，以求胜地可置宫苑者"②。司马光在编《资治通鉴》时将此句置于大业四年四月下诏营建汾阳宫之前显然有所深意，他认为二者有必然联系。汾阳宫所在就很可能属于在"游幸"中"左右顾瞩"选择的"可意者"。

（四）隋汾阳宫与天池

赵曙光的《隋汾阳宫初考》通过考古勘察和文献分析，对汾阳宫的地点提出四说：天池说、东寨说、宁化说、林溪镇说，同时认为天池说当存疑；宁化说可否定；东寨说和林溪镇说存在可能性。可补充者是传世文献所载汾阳宫与天池位置常不一致。

如上引《大业杂记》载："临汾水起汾阳宫，即管涔山汾河源所出之处。……宫所即汾河之源，上有山名管涔，高可千仞。"汾阳宫在汾河源所在，但天池不是汾河源头。还见一种记载隋炀帝试图绕天池建宫殿而不成。《诸道山河地名要略残卷》记："炀帝尝于池南置宫，每夜风雨吹破，宫竟不成。"③《元和郡县图志》载："隋炀帝尝于池南置宫，每夜风雨吹破，宫竟不成。今池侧有祠，谓之天池祠。"④《太平寰宇记》云："隋炀帝于池南立宫，每至夜风雨辄吹破，宫竟不成。"⑤另外，天池与汾阳宫在地理方位上有差异。《太平寰宇记》载："汾阳宫，大业四年置，末年废，在县（岚州静乐县）北三十里。……天池，俗名祁连泊，在县（岚州静乐县）东北一百四十里。"⑥在校勘记中说《太平寰宇记》万廷兰本记为"在县北百二十里"，这当是万本"参核厘正"之结果，其所核正依据是《元和郡县图志》载："隋汾阳故宫，在县北一百二十里。"⑦另外，敦煌藏经洞发现的P2511号文书《诸道山河地名要略残卷》亦记载："汾阳宫……随（隋）汾阳故宫在静乐县北一百二十里。"⑧显然，汾阳宫在静乐县北三十里处之说是错

---

① 《隋书》卷七七《崔廓传附子赜》，第1757页。
② 《资治通鉴》卷一八一，"隋炀帝大业四年"条，第5639页。
③ 郑炳林：《敦煌地理文书汇辑校注》，甘肃教育出版社，1989年，第179页。
④ 《元和郡县图志》卷一四，第397页。
⑤ 《太平寰宇记》，第875页。
⑥ 同上。
⑦ 《元和郡县图志》卷一四，第397页。
⑧ 郑炳林：《敦煌地理文书汇辑校注》，甘肃教育出版社，1989年，第179页。

误的。但汾阳宫在县北，天池在县东北，二者不在一个方向。

环天池而建汾阳宫的说法，至晚在北宋前期才出现。《资治通鉴》中胡三省注曰："按炀帝起汾阳宫环天池。"① 明确地说，汾阳宫是环天池而建，视天池和汾阳宫为一体。紧接着胡注说"详见后注。五台注"。"五台注"是唐武宗会昌五年（845）"五台僧多亡奔幽州"句中对"五台"所作专门注文，即："《灵记》云：'五台山有四埵，去台各一百二十里。……西曰蓼山，有宫池古庙；隋炀帝避暑于此而居，因天池造立宫室，龙楼凤阁，遍满池边，号为西埵。'"② 《灵记》已不能详考。宋仁宗时五台山僧人延一在《广清凉传》上卷《五台西埵古圣行迹五》中亦引《灵记》，内容与胡三省所引内容几乎完全相同。那么《灵记》至少应该成书于宋仁宗之前。清代顾祖禹在《读史方舆纪要》中也继承此说："汾阳宫，在管涔山北原上。隋大业四年诏于汾水之源营汾阳宫，遂营建宫室环天池之上，并筑楼烦城。"③

但是，据山西省文物局官网 2008 年 6 月 16 日发布的消息，"（汾阳宫）遗址主殿坐落在天池之南的老马沟东侧，长 170 米，宽 140 米，占地 2 万多平方米。柱基石直径一米左右。宫城遗址内随处可俯拾残砖断瓦，调查发现陶瓷残片及建筑构件等均为隋代遗物"④。可见通过考古勘探，在天池附近发现了隋代遗物。在 2020 年 6 月 22 日山西省文物局官网发布的消息进一步明确，汾阳宫遗址所在地址是："宁武县余庄乡马营村北 2000 米处的南滨山顶一块平夷的开阔地上。现存平面呈长方形，占地面积约 16000 平方米，东西、南北各长 400 米，分内城、外城。遗址中部的建筑基址，南北长 86 米，东西宽 70 米，现残存墙基高约 1—2 米，基宽 2—3 米。"⑤ 此遗址位置就是天池附近。综上，考古发掘对汾阳宫的发现具有更重大的意义。

二、隋汾阳宫营建的原因再探

修建汾阳宫的原因，一直以来都说是隋炀帝奢侈享乐要在风光秀丽的地方建避暑之所。《隋书·炀帝纪》也明确说大业十一年（615）五月"避暑汾阳宫"。《太平御览》

---

① 《资治通鉴》卷一八一，"隋炀帝大业四年四月"条，第 5639 页。
② 《资治通鉴》卷二四八，"唐武宗会昌五年八月"条，第 8018 页。
③ ［清］顾祖禹：《读史方舆纪要》卷四〇，中华书局，2005 年，第 1834 页。
④ 山西省文物局官网：http://wwj.shanxi.gov.cn/e/action/ShowInfo.php?classid=296&id=18970。
⑤ 山西省文物局官网：http://wwj.shanxi.gov.cn/e/action/ShowInfo.php?classid=480&id=31312。这里的信息表达不够准确，如东西、南北都各长 400 米，当是呈正方形，"16000 平方米"当为"160000 平方米"。

引《隋图经》载:"大业十六年,自江都还洛阳,敕于汾州北,临汾水起汾阳宫,即管涔山汾河源所出之处。当盛暑之时,临河盥漱,即凉风凛然如八九月,其北多雨,经夏罕有晴日,一日之中,倏忽而雨,倏忽而晴,晴雨未曾经日。虽高岭千仞,岭上居人掘地深二三尺,即得清泉用之。"①此条内容的前半段与《大业杂记》有重合之处。杜宝还曾撰《水饰图经》,此处《隋图经》不知是否为别名。华林甫认为《隋图经》成书于大业三年(607)至大业十一年(615)。②然而大业无十六年,记载错误。对盛暑时节凉爽之叙述,可证明避暑之言不虚。

避暑之说固然不错,但还有更深层次的政治文化原因,即天池一地自北朝以来一直被视为神圣之地,而且谣谶的影响也是主要原因。

《晋书》记载前赵皇帝刘曜"弱冠游于洛阳,坐事当诛,亡匿朝鲜,遇赦而归。自以形质异众,恐不容于世,隐迹管涔山,以琴书为事。尝夜闲居,有二童子入跪曰:'管涔王使小臣奉谒赵皇帝,献剑一口。'置前再拜而去。以烛视之,剑长二尺,光泽非常,赤玉为室,背上有铭曰:'神剑御,除众毒。'曜遂服之。剑随四时而变为五色"③。同事还见于北魏郦道元的《水经注》④以及《太平御览》卷四五引北魏崔鸿的《前赵录》。⑤管涔山是汾水源头。此处固然有神话、虚构的成分,但选择以管涔王来预见刘曜以后为帝,就是利用了当地影响力较大的民间信仰,有助于增强可信度。这点下文还有很多次旁证。

位于管涔山麓的天池也有预言性与神秘性。《魏书·尔朱荣传》载:"秀容界有池三所,在高山之上,清深不测,相传曰祁连池,魏言天池也。"尔朱荣与父亲尔朱新兴曾游于天池之上,"忽闻箫鼓之音,新兴谓荣曰:'古老相传,凡闻此声皆至公辅。吾今年已衰暮,当为汝耳。汝其勉之'"。⑥在天池之上听到箫鼓声能做到三公宰辅,是古老相传之事。北齐人谓天为"祁连",天池又称祁连池,谓之为"天"就蕴含一定的神圣意味。

上文曾引东魏天平四年(537)北齐政权的实际奠基人、神武皇帝高欢曾赴天池。此行他获取一块有"六王三川"四字的符瑞石头,作为自己代有天下的预言。《北齐

---

① 《太平御览》卷一七三《居处部一》,第848页。
② 华林甫:《〈隋图经〉辑考》,国家图书馆古籍馆编《地方文献国际学术会议论文集(2004)》,北京国家图书馆,2006年,第283页。
③ [唐]房玄龄等:《晋书》卷一〇三《刘曜载记》,中华书局,1974年,第2683—2684页。
④ [北魏]郦道元撰,陈桥驿校证:《水经注校证》卷六,中华书局,2007年,第156页。
⑤ 《太平御览》卷四五《地部一〇》,第215页。
⑥ [北齐]魏收:《魏书》卷七四《尔朱荣传》,中华书局,1974年,第1644页。

书·阳休之传》载："高祖幸汾阳之天池，于池边得一石，上有隐起，其文曰'六王三川'。高祖独于帐中问之，此文字何义。对曰：'六者是大王之字，王者当王有天下，此乃大王符瑞受命之征。既于天池得此石，可谓天意命王也，吉不可言。'高祖又问三川何义。休之曰：'河、洛、伊为三川，亦云泾、渭、洛为三川。河、洛、伊，洛阳也；泾、渭、洛，今雍州也。大王若受天命，终应统有关右。'高祖曰'世人无事常道我欲反，今闻此，更致纷纭，慎莫妄言也。'"①

北齐文宣帝高洋两至祁连池，后主高纬狩猎于祁连池，如果除去避暑这层固有的认知模式，而从天池的神圣性出发，这三次北齐皇帝的驾临具有向上天神灵祈祷的可能。

第一次文宣帝高洋赴天池有北讨茹茹誓师的意味。天保六年（555）六月"丁卯（十八），帝如晋阳。壬申（二十三），亲讨茹茹。甲戌（二十五），诸军大会于祁连池。乙亥（二十六），出塞"。这次誓师之后的作战得到神灵的庇佑，如"至厍狄谷，百余里内无水泉，六军渴乏，俄而大雨"。七月己卯"帝顿白道，留辎重，亲率轻骑五千追茹茹。壬午，及于怀朔镇。帝躬当矢石，频大破之，遂至沃野，获其俟利薄焉力娄阿帝、吐头发郁久闾状延等，并口二万余，牛羊数十万头。茹茹俟利郁久闾李家提率部人数百降。壬辰，帝还晋阳"②。可以说在不到两个月时间里高洋北伐茹茹大获全胜，在当时君臣看来这与到天池祈祷有某种联系，于是在历史书写中才会特别记录"大会"一事。

第二次天保九年（558）高洋赴天池，"六月乙丑（初三），帝自晋阳北巡。己巳（初七），至祁连池。戊寅（十六），还晋阳"③。六月属于盛暑时节，高洋在天池待了有五六天，说避暑并无问题。但是如果考虑到次年十月三十一岁的高洋暴崩于晋阳宫德阳堂，九年时他可能身体已经出现健康问题，去天池是祈祷康健。

第三次北齐后主高纬武平七年（576）十月在天池狩猎。如果联系到李商隐"晋阳已陷休回顾，更请君王猎一围"一诗来讽刺高纬将畋猎作为寻欢作乐的活动，因宠幸冯淑妃而荒淫亡国，似无有可深论者。但是十月时天已转冷，绝非避暑时节。后主为何选择此时赴天池需结合前后所发生事件分析。武平五年（574）五月，大旱。武平六年（575）八月"冀、定、赵、幽、沧、瀛六州大水"，北周入侵洛阳。武平七年（576）二月，"风从西北起，发屋拔树，五日乃止"；六月，日食；七月，水涝④，可以

---

① 《北齐书》卷四二《阳休之传》，第561—562页。
② 《北齐书》卷四《文宣帝纪》，第60页。
③ 同上注，第65页。
④ 《北齐书》卷八《后主纪》，第108—109页。

说是阴阳不调、天灾不断。"十月丙辰（十一），帝大狩于祁连池。周师攻晋州。癸亥（十八），帝还晋阳。甲子（十九），出兵，大集晋祠。庚午（二十五），帝发晋阳。癸酉（二十八），帝列阵而行，上鸡栖原，与周齐王宪相对，至夜不战，周师敛阵而退。十一月，周武帝退还长安，留偏师守晋州"①。后主在狩猎的同时，北周进攻晋州（治所今山西临汾市）。随后高纬亲征，初期获得胜利。据此，笔者认为与其说是后主冒着寒冷赴天池寻欢作乐，不如说是国家面临内忧外患时期的祈祷活动。

这种天池崇拜还一直传承到五代。《旧五代史·杨光远传》载：后晋时杨光远曾说："我在代北时，尝以纸钱驼马祭天池，皆沉没，人言合有天子分，宜且待时，勿轻言降也。"②综上可见，天池最晚从北朝以来就是重要的神圣之地。

若再加上当时的谣谶影响，汾阳宫的修建还具有压服太原西北天子气的政治文化意味。《大唐创业起居注》载："大业初，帝为楼烦郡守，时有望气者云：'西北乾门有天子气连太原，甚盛。'故隋主于楼烦置宫，以其地当东都西北，因过太原，取龙山风俗道，行幸以厌之云。（笔者案：此当大业四年事）后又拜代王为郡守以厌之。（大业十三年）二月己丑，马邑军人刘武周杀太守王仁恭，据其郡，而自称天子，国号定杨。武周窃知帝于楼烦筑宫厌当时之意，故称天子，规以应之。"③《册府元龟》亦有类似记载："大业十三年，望气者云：'龙门有天子气连太原，甚盛。'故炀帝置离宫，数游汾阳宫以厌之。"④此处"龙门"当是"乾门"之误。乾门代表西北方向。"天子气"从西北方连接到太原，汾阳宫就在太原西北方向，与所述符合。谣谶之说盛行于魏晋南北朝之际，隋唐之际亦不能免其波及。隋炀帝身处此时代，自不能摆脱当时社会之信仰。据姜望来研究，越逢乱世谣谶之说越盛并且影响到政治发展走向。⑤我们不能一概谓谣谶为迷信，因为它的预言常常准确。在此处"天子气"影响之下，诞生了四位君主：刘武周、杨侑（即代王）、唐高祖、唐太宗，此气真可谓之"甚盛"。

如果大业四年（608）第二次北巡"五原"为"太原"之误的话，那么隋炀帝三次北巡都经过楼烦郡一地，"太原西北汾水出楼烦关道"就应该是龙山风俗道。隋炀帝厌此天子气的目的很明显，因此不能单纯解释为巧合。且帝王出巡厌天子气者，非自炀帝始。《史记·高祖本纪》云："秦始皇帝常曰：'东南有天子气'，于是因东游以厌

---

① 《北齐书》卷八《后主纪》，第109页。
② ［宋］薛居正：《旧五代史》卷九七《晋书·杨光远传》，中华书局，1974年，第1293页。
③ ［唐］温大雅：《大唐创业起居注》卷一，上海古籍出版社，1983年，第5页。
④ ［宋］王钦若等：《册府元龟》，凤凰出版社，2006年，第211页。
⑤ 姜望来：《谣谶与北朝政治研究》，天津古籍出版社，2011年，第224页。

之。"① 南朝宋废帝刘子业亦有此举。《宋书·前废帝纪》载："先是讹言云：'湘中出天子。'帝将南巡荆、湘二州以厌之。"② 同书《符瑞志上》亦载："前废帝永光初，又讹言湘州出天子，幼主欲南幸湘川以厌之，既而湘东王即尊位，是为明帝。"③ 由于秦始皇有出巡厌天子气之举，又因其对后世帝王影响巨大，所以此举为后世效仿并不为奇。

三、隋汾阳宫的最终结局

关于隋汾阳宫的最终命运，史书未有明确记载。大业十三年（617）三月丁卯，刘武周袭破楼烦郡"进取汾阳宫，获隋宫人，以赂突厥始毕可汗"④。但未有被刘武周下令焚毁的记载，他似乎也无必要这样做，如穷究其动机也并不清晰。尤其是他据汾阳宫还有一个重要目的，就是印证此处的天子气是为他而生，"武周窃知帝于楼烦筑宫厌当时之意，故称天子，规以应之"。笔者认为根据已有史料，在唐初被废弃的可能性较大。《资治通鉴》载：武德元年（618）七月"庚申，诏隋氏离宫游幸之所并废之"⑤。《册府元龟》亦记：武德元年（618），唐高祖下诏"离宫、别管、游憩之所并废"⑥。另外，《新唐书·高祖本纪》《唐会要》卷三〇"杂录"条亦有相关记载，但《唐会要》记为武德三年（620），与两《唐书》《资治通鉴》《册府元龟》记载不一，不确。

史书中还见唐高宗时期依然有汾阳宫，高宗还欲巡幸于此，如果成立则汾阳宫存在时间的下限要大大后移。但是这种说法并不正确。《旧唐书·狄仁杰传》载："高宗将幸汾阳宫，以仁杰为知顿使。并州长史李冲玄以道出妒女祠，俗云盛服过者必致风雷之灾，乃发数万人别开御道。仁杰曰：'天子之行，千乘万骑，风伯清尘，雨师洒道，何妒女之害耶？'遽令罢之。"⑦ 《新唐书》记载与此相同。刘全波在《唐高宗幸汾阳宫献疑》一文认为"汾阳宫"是"晋阳宫"之讹误。⑧ 笔者赞同此说，另献数疑，以为佐证。

第一，唐高宗幸并州只有显德五年（660）一次，也正如刘全波所说，高宗此次巡

---

① [汉] 司马光：《史记》卷八《高祖本纪》，中华书局，1959年，第348页。
② [梁] 沈约：《宋书》卷七《前废帝纪》，中华书局，1974年，第146页。
③ 《宋书》卷二七《符瑞志上》，第786页。
④ 《资治通鉴》卷一八三，"隋恭帝义宁元年三月丁卯"条，第5723页。
⑤ 《资治通鉴》卷一八五，"唐高祖武德元年七月庚申"条，第5804页。
⑥ [宋] 王钦若等：《册府元龟》，凤凰出版社，2006年，第143页。
⑦ 《旧唐书》卷八九《狄仁杰传》，第2887页。
⑧ 刘全波：《唐高宗幸汾阳宫献疑》，《中国典籍与文化》，2010年第4期，第130页。

幸并未离开并州。《旧唐书·高宗本纪》载:"五年春正月甲子,幸并州。二月辛巳,至并州。丙戌,宴从官及诸亲、并州官属父老,赐帛有差。……甲午,祠旧宅,以武士彟、殷开山、刘政会配食。三月丙午,皇后宴亲族邻里故旧于朝堂。……己酉,讲武于并州城西,上御飞阁,引群臣临观。……夏四月戊寅,车驾还东都。"① 此次到并州,武则天是主角,不仅是为荣归故里,还有突出其父开国功臣的地位,从而抬升自己的政治地位,增强家族荣耀。游玩寻欢非主要目的,更重要的是赴汾阳宫多为避暑,春天晋北仍寒冷,绝非避暑之时。如果高宗仅是图一时之快而欲游览名胜,为何史书将皇帝行踪缺而不载?

第二,杜文玉的《狄仁杰评传》中有《狄仁杰大事系年》,显庆元年(656)至上元元年(674)期间狄仁杰明经及第,任汴州判佐,之后升任并州都督府法曹参军。② 显庆五年(660),狄仁杰年仅三十一岁,从仕宦资历来看,他没有资格做到负责安排皇帝出行住宿餐饮的知顿使之位。

第三,杜文玉根据狄仁杰任官经过,认为他任度支郎中、知顿使是在永隆元年(680)以后。但永隆元年以后唐高宗身体已极度衰弱,不可能长途跋涉到并州,更何况远赴三百里之外的汾阳宫。

第四,《唐会要》记载此事为:"调露元年(679)九月七日,幸并州,以度支郎中狄仁杰为知顿使。"③ 但是,两《唐书》《资治通鉴》均未载是年唐高宗赴并州之事,且如此大事《高宗本纪》不该缺载,《唐会要》记载有误。

综上,《旧唐书·狄仁杰传》中所记汾阳宫之事,疑点重重,此事虽亦见于《唐语林》和《封氏闻见记》,但二书均无明确时间,而且叙事与狄仁杰毁淫祠相并列,颇疑其乃后人将他人之事附会于狄仁杰身上。如果就据此认为隋汾阳宫还留存至唐高宗之时,恐不确。

今日对汾阳宫的考古发掘仍未全面展开,因此只能期待于此。如能发现被火烧的痕迹,如此则刘武周焚毁的可能性就大大增加了。但就今日所见之文字,唐初被废弃的可能性最大。

---

① 《旧唐书》卷四《高宗本纪上》,第80页。
② 杜文玉:《狄仁杰评传》,三秦出版社,2000年,第328页。
③ [宋]王溥:《唐会要》卷二七《行幸》,上海古籍出版社,2006年,第602页。

四、结论

山西省文物局官方对汾阳宫的介绍存在错误。第一,"汾阳宫筑于隋大业三年"。经本文考证,更合理的表述是大业四年(608)四月下诏整修汾阳宫。第二,"隋末,刘武周造反起兵,袭破楼烦郡,进取汾阳宫,将宫城焚毁,后再未修复"。此说仅能存疑,未有证据能表明刘武周烧毁汾阳宫。第三,"隋炀帝曾四度来此避暑游览"。此说也不准确。隋炀帝三次北巡,每次都会到太原,但只有两次到汾阳宫避暑。具体经过是:大业三年(607)八月隋炀帝入楼烦关到太原;大业四年(608)三月到太原,可能在五月到八月之间在汾阳宫避暑;大业十一年(615)五月到太原,避暑汾阳宫。

此外还有五点可补充讨论。

第一,《隋书·张衡传》补说。隋炀帝于大业三年(607)幸张衡宅后,"明年,帝幸汾阳宫,宴从官,特赐绢五百匹。时帝欲大汾阳宫,令衡与纪弘整具图奏之。衡承间进谏曰:'比年劳役繁多,百姓疲敝,伏愿留神,稍加折损。'……帝谴衡以宪司皆不能举正,出为榆林太守。明年,帝复幸汾阳宫,衡督役筑楼烦城,因而谒帝。帝恶衡不损瘦,以为不念咎"①。针对两个"明年",司马光在《通鉴考异》中说都存在错误:"《张衡传》云,'帝幸衡宅之明年,幸汾阳宫。'又云'明年,复幸汾阳宫。'按《本纪》皆无其事,恐《传》误。"②于是他将传文中内容的时间做了模糊处理:"初,帝欲大营汾阳宫,令御史大夫张衡具图奏之。"岑仲勉在《隋书求是》中认为第一处"明年"是大业四年,第二处"明年"是大业五年。大业五年(609)隋炀帝西巡,不可能赴汾阳宫,"考异之疑,良非妄发",但引《太平寰宇记》《隋书·律历志》论证大业四年之事确有发生。③司马光只看《本纪》未能梳理其余《传》中的内容,得出错误观点。大业四年之事上文已有详论,且《李静训墓志》最是强证。大业五年(609),隋炀帝根本未至汾阳宫,《张衡传》记载错误无疑。《大业杂记》说大业十年(614)隋炀帝也到过汾阳宫,前文已论也是不可能发生的事情。总之,凡是据这些引证大业五年、大业十年炀帝曾赴汾阳宫避暑的观点都是错误的。

第二,隋炀帝嫡次子齐王杨暕因在汾阳宫狩猎而失宠的时间问题。《隋书》载:"会帝于汾阳宫大猎,诏暕以千骑入围。暕大获麋鹿以献,而帝未有得也,乃怒从官,

---

① 《隋书》卷五六《张衡传》,第1392页。
② 《资治通鉴》卷一八一,"隋炀帝大业六年"条,第5651页。
③ 岑仲勉:《隋书求是》,第103页。

皆言为暕左右所遏，兽不得前。帝于是发怒，求暕罪失。时制县令无故不得出境，有伊阙令皇甫诩幸于暕，违禁将之汾阳宫。"①此事发生于何时，未明确记载。司马光在《资治通鉴》中系年于大业四年（608）四月到七月之间，笔者认为可信。结合上文的考证，此时恰是隋炀帝第一次赴汾阳宫之时。

第三，汾阳宫附近不仅植被丰茂、风光秀丽，而且也是很好的牧马之所，这些都是能举行皇家大规模狩猎活动的自然条件。大业八年（612）正月，炀帝让西突厥特勤史大奈"别将余部居于楼烦"②。唐代在岚州又设有楼烦、玄池、天池之监。③后唐长兴元年（930）八月，"北京奏，吐浑千余帐内附，于天池川安置"④。这些都表明楼烦郡以及天池附近的地理环境适合游牧民族生存。

第四，可以确定薛道衡《从驾天池应诏》⑤的创作时间是在大业四年（608）五月到八月。袁敏在《隋代文宗薛道衡生平事迹考辨》一文中考证薛道衡是在大业五年（609）后半年去世。⑥那么从驾到天池当是二次北巡之时。另外一首《从驾幸晋阳诗》也可能创作于是年。

第五，唐高祖与汾阳宫之间也有密切联系。《旧唐书·高祖本纪》载："大业初，为荥阳、楼烦二郡太守。"⑦李渊很可能是楼烦郡的首任太守，汾阳宫也可能是在他的主持下进行营建。李渊太原起兵前，驻扎在楼烦郡的史大奈率部落投靠，提升了唐军的骑兵实力。《旧唐书》载："会高祖起兵，大奈率其众以从。隋将桑显和袭义军于饮马泉，诸军多已奔退，大奈将数百骑出显和后，掩其不备，击大破之，诸军复振。"⑧史大奈之所以能来，或与李渊在楼烦、马邑、太原时与之密切往来有关。大业十一年（615）雁门之围时，楼烦太守是阴世师，《隋书》载："及帝还，大加赏劳，拜楼烦太守。时帝在汾阳宫，世师闻始毕可汗将为寇，劝帝幸太原。"⑨史书能考为太守者仅此二人。李渊也曾在汾阳宫与亲信好友密谋推翻炀帝统治之事。武德二年（619），宇文

---

① 《隋书》卷五九《炀三子传》，第1443页。
② 《资治通鉴》卷一八一，"隋炀帝大业八年正月"条，第5658页。
③ ［宋］欧阳修、宋祁：《新唐书》卷五〇《兵志》，中华书局，1975年，第1338页。
④ ［宋］薛居正等：《旧五代史》卷四一《唐书·明帝纪》，中华书局，1974年，第567页。
⑤ 隋薛道衡《从驾天池应诏》："上圣家寰宇，威略振边陲。八维穷眺览，千里曳旌旗。驾鼋临碧海，控骥践瑶池。曲浦腾烟雾，深浪骇鲸螭。"［唐］徐坚：《初学记》卷一三，中华书局，1962年，第332页。
⑥ 袁敏：《隋代文宗薛道衡生平事迹考辨》，《唐都学刊》，2010年第1期，第73页。
⑦ 《旧唐书》卷一《高祖本纪》，第2页。
⑧ 《旧唐书》卷一九四下《突厥传下》，第5180页。
⑨ 《隋书》卷三九《阴寿传附子世师传》，第1149页。

士及初归唐时对李渊说："臣之罪诚不容诛，但臣早奉龙颜，久存心腹，往在涿郡，尝夜中密论时事，后于汾阴宫，复尽丹赤。"①"汾阴宫"当为"汾阳宫"之误，此事发生于大业十一年（615）隋炀帝第二次临幸之时。"尽丹赤"是宇文士及表示愿意支持李渊夺取帝位。

"汾阳宫"在《隋书》中出现17次，作为一个地位规模远不及两京皇宫的地方行宫，有此频率已不能算低，应该通过历史叙事来凸显其历史地位。综上所论，涉及隋汾阳宫相关历史事实的考证已较为明晰，这为我们深入了解这座国保单位，提升其历史文化内涵具有重要帮助，从而为"游山西就是读历史"提供史学服务。（笔者曾在《山西档案》2013年第1期发表《隋汾阳宫考》一文，之后发现其中的考证有一些错误。本文是在原文基础上的修订与扩充，特此说明。）

（霍斌，1987年生，山西太原人，历史学博士，现为山西师范大学历史与旅游文化学院副教授，研究方向为隋唐史。本文为2018年教育部人文社会科学青年基金项目"唐宋时期的毒药问题研究"[18YJC770011]成果。）

---

① 《旧唐书》卷六三《宇文士及传》，第2410页。

唐代大同藩镇的设置及影响

任艳艳

大同，北魏时称平城，隋属马邑郡，唐初称云州，又或云中郡。唐武宗时始置大同藩镇，宋复为云州，金改为大同府，而后大同之名沿用至今。大同镇是唐中后期在北部边疆设立的方镇。殷宪《大同地区出土唐代墓志中的大同城》将墓志资料结合传世文献，对北魏至唐代大同城的沿革情况以及明清大同城、唐代大同军城与北魏平城的关系做了详细的阐述。文中指出唐肃宗至德年间云州设大同军防御使，始有大同军城之名。[①] 程存洁《唐王朝北边边城的修筑与边防政策》对修筑在河东道北部的云、蔚、岚、忻、代、朔六州的边城有相关考述。[②] 由于研究对象的限制，他们都没有对唐后期大同镇的情况进行考察。据《新唐书》卷65《方镇表》北都栏："会昌三年，河东节度使罢领云、朔、蔚三州，以云、朔、蔚三州置大同都团练使，治云州。会昌四年，升大同都团练使为大同都防御使。"[③] 会昌三年（843），武宗为何要设置大同都团练使，设置大同都团练使对当时的战局、政局有怎样的影响，本文拟对此略做探讨。

一、从大同军到大同镇

大同军，原属河东节度使管辖。在两唐书中均有记载。

《旧唐书》卷38《地理志》河东节度使条记载了河东节度使管辖下的大同军的方位以及兵马数额：

---

① 殷宪：《大同地区出土唐代墓志中的大同城》，《魏晋南北朝史论文集》，巴蜀书社，2006年，第201—208页。
② 程存洁：《唐王朝北边边城的修筑与边防政策》，《唐研究》第3卷，1997年，第363—379页。
③ 《新唐书》卷65《方镇表》，第1819页。

> 河东节度使,掎角朔方,以御北狄,统天兵、大同、横野、岢岚等四军,忻、代、岚三州,云中守捉。……大同军,在代州北三百里,管兵九千五百人,马五千五百匹。

据此,大同军驻扎在代州北三百里,有9500兵额、5500匹马,隶属河东节度使管辖,负责抵御北边游牧民族的袭扰,守边卫国。大同出土的《唐特进苏公墓志并序》对唐前中期大同军属于河东节度使这一军队隶属情况及军事职责也给予了辅证。墓志所载:"公讳承悦,河内人也。……公亦弃文而就武,徙居云中将,拒林胡之牧。……后仆固继逆凭陵,太原节度追公为锋突之将。"①墓主人苏承悦,两唐书无传。据墓志记载,苏承悦为行伍出身,后来去云中守边。其职责"拒林胡之牧",林胡在唐早已消亡,这里乃北方游牧民族之代称,说明其职责乃抵御北方游牧民族的袭扰。

《新唐书》卷39《地理志》代州雁门郡条记载了大同军的名称沿革:

> 其北有大同军,本大武军,调露二年曰神武军,天授二年曰平狄军,大足元年复更名。

《新唐书》卷50《兵志》载唐初戍边御敌的大同军归属河东道:

> 夫所谓方镇者,节度使之兵也。原其始,起于边将之屯防者。唐初,兵之戍边者,大曰军,小曰守捉,曰城,曰镇,而总之者曰道……天兵、大同、天安、横野军四,岢岚等守捉五,曰河东道。

唐长孺先生在《唐书兵志笺正》中对两唐书相关记载和《通典》《唐会要》《元和郡县图志》中有关大同军的记载做了考订,他指出诸书中关于大同军沿革记载微异,《旧唐书》《元和郡县图志》《通典》记载大同军在雁门郡北三百里,而《唐会要》云大同军置在朔州,"二州本邻封,疆界容有出入也"②。按《通典》卷179《州郡典》马邑郡条:"南至雁门郡一百四十里。"马邑郡即朔州。若朔州南北幅员宽阔的话,则大同军驻扎在朔州北界。但这一猜测并不符合朔州地形。可参看谭其骧主编的《中国历史地图集》第5册《隋唐五代十国时期》(中国地图出版社,1982年版,第46—47页)中的唐云、朔、代三州地形图。

又据《通典》卷179《州郡典》云中郡条:"南至雁门郡界一百六十里。北至长城

---

① 胡学忠:《大同出土的唐代苏承悦墓志考析》,《山西大同大学学报》(自然科学版),2011年第4期。
② 唐长孺:《唐书兵志笺正》,科学出版社,1957年,第45页。

蕃界三百里。"则代州雁门郡往北三百里应该在云州云中郡，故大同军应该置在云州，而非朔州。《唐会要》所载大同军置于朔州当为错讹。

安史之乱后，唐廷始在中原地区广置团练、防御等使，成为仅次于节度使的地方藩镇机构。《旧唐书》卷38《地理志》记载："至德之后，中原用兵，刺史皆治军戎，遂有防御、团练、制置之名。要冲大郡，皆有节度之额；寇盗稍息，则易以观察之号。"又云："大同军防御使。云州刺史领之，管云、蔚、朔三州。"按《新唐书·方镇表》记载，大军都防御使是武宗会昌四年（844）事。大同从边防镇戍部队之一一跃而成为一个藩镇的名称，无论地位还是辖区都大大提升或扩大。从大同军到大同方镇并不是一蹴而就的，这与唐廷不断加强北方边境军防有很大关系。

唐玄宗开元年间就非常重视边防，对云、朔一带御边地区曾增防联建。《朔方河东河西陇右节度使御史大夫赠兵部尚书太子太师清源公王府君（忠嗣）神道碑铭并序》有对唐玄宗时云、朔一带军防的描述：

> 公始以马邑镇军，守在代北，外襟带以自隘，弃奔冲而蹙国。河东乃城大同于云中，徙清塞横野，张吾左翼。朔方则并受降为振武，筑静边云内，直彼獯虏。巨防周设，崇墉万堵，开阳闭阴，拓迹爰土，藏山掩陆，磅礴固护。西自五凉，东暨渔阳，南并阴山，北临大荒，联烽接守，乘高掎要。塞风扬沙，绝漠起鸟，悉数於瞬息，传致於晷刻。……方逆胡之兆乱也，意并河东，伪筑雄武，常山临代，飞狐扼塞，制夷夏之吭，抚崤函之背。①

墓主人王忠嗣，两《唐书》有传。开元二十一年（733），王忠嗣任左领军卫郎将等兼代州都督。"公始以马邑镇军，守在代北"即是。后因讨击吐蕃有功，授河东节度副使，兼大同军使。"河东乃城大同于云中"说明大同军的军队驻所设于云中城。开元二十九年（741），王忠嗣为朔方节度权知河东节度事，后河东节度另任他人。到天宝四载（745），他又兼任河东节度采访使。"自朔方至云中，缘边数千里，当要害地开拓旧城，或自创制，斥地各数百里"②。大同军城显然成为河东节度使辖区内之北方重镇。

又据《唐故清河张府君墓志铭并序》记载："父讳庭绶，以元和十三年十一月七日倾于大同军新政坊私第。……公讳山岸，春秋卌有七，以长庆四年九月廿二日倾于

---

① 《全唐文》卷369，原载《朔方河东河西陇右节度使御史大夫赠兵部尚书太子太师清源公王府君（忠嗣）神道碑铭并序》，第3752—3573页。
② 《旧唐书》卷103《王忠嗣传》，第3199页。

大同军新政坊私第。公族望清河，太原并州人也。顷为拨乱，移家云中。荏苒异乡，五十余载。不趋名位，放旷丘园。……夫人李氏，以元和九年二月十七日，终于大同军府城新政坊私第。"①张庭绂、张山岸父子、夫人李氏相继于宪宗元和年间、穆宗长庆年间去世，而其生活的区域即大同军府城新政坊。说明唐代在军府所在地又修筑城郭安置民户居住。张氏移家云中是由于"拨乱"，盖平安史之乱事。这种缘边置民的办法对于解决军户供应、加强边地防御具有一定的积极意义。

云、朔、蔚三州地处唐河东道北部，"地控边陲，境联蕃籍"②。安史之乱以后，云、朔、蔚一带军防更是逐步加强。历史上云、朔、蔚一带一直是农耕民族和游牧民族的杂居之地。唐在云、朔、蔚诸州交通要道处设置关隘或驻军镇以加强边防。③这一带的常驻御边军队也并不只有大同军一支。据《通典》卷172《州郡典》序目河东节度使条载，调露中，破突厥后即置云中郡守捉、大同军，开元中又置横野军。又据桂齐逊统计，唐在云、朔、蔚一带除了这两个军队外，还置有奉诚军、定边军、感义军、兴唐军、天成军和清塞军。④诸军始置时间不同，与边境形势变化、唐廷不断增防有关。

到唐武宗会昌三年（843），将河东节度使管下的云、朔、蔚三州析出，分置大同都团练使，大同藩镇正式成立。

唐代析置大同藩镇的原因是多方面的，下文拟从时代背景、自然因素、唐廷御边与抑藩政策等角度加以分析探讨。

二、时代背景：武宗朝边防形势的变迁及应对

唐代中后期一改唐前期温暖湿润的气候，变得严寒，在气候学上公认为寒冷期。关于这一点，竺可桢、陈家其、蓝勇等均做过系统的研究。蓝勇进一步指出北方游牧民族的南下与唐宋间气候的由暖变冷有密切关系，游牧民族的南下往往是受寒冷气候造成的基本生存和生产的困难为潜在动力的。⑤气候变化确实对游牧民族的生存和发展有一定的影响，进而会波及其与临近的中原政权之关系。

---

① 许德合主编：《三晋石刻大全·大同市南郊区卷》，三晋出版社，2014年，第44页。
② 《故竭忠建策兴复功臣光禄大夫检校太傅使持节前蔡州诸军事蔡州刺史兼御史大夫上柱国汝南郡开国伯食邑七百户周公（令武）墓志铭并序》，《全唐文补遗》（第五辑），第76页。
③ 严耕望：《唐代交通图考》第5卷《河东河北区》篇37《太原北塞交通诸道》，第1335—1395页。
④ 桂齐逊：《唐代河东节度辖境及其管内各军配置图》，《唐代河东军研究》，中国文化大学（台湾）硕士学位论文，1990年，第107页。
⑤ 蓝勇：《唐代气候变化与唐代历史兴衰》，《中国历史地理论丛》，2001年第1辑，第4—15页。

唐文宗开成初年时，漠北回鹘汗国内部已是矛盾丛生，到开成五年（840）时，漠北回鹘汗国被黠戛斯所灭，残存的回鹘诸部纷纷逃散，加之气候转入寒冷期，其中一部分回鹘残部西迁，一部分就南下进入唐北境。《资治通鉴》卷246，唐文宗开成五年条记载此事，兹摘录如下：

> 及掘罗勿杀彰信，立厖馺，回鹘别将句录莫贺引黠戛斯十万骑攻回鹘，大破之，杀厖馺及掘罗勿，焚其牙帐荡尽，回鹘诸部逃散。其相馺职、特勒厖等十五部西奔葛逻禄，一支奔吐蕃，一支奔安西。可汗兄弟嗢没斯等及其相赤心、仆固、特勤那颉啜各帅其众抵天德塞下，就杂虏贸易谷食，且求内附。冬，十月，丙辰，天德军使温德彝奏："回鹘溃兵侵逼西城，亘六十里，不见其后。边人以回鹘猥至，恐惧不安。"诏振武节度使刘沔屯云迦关以备之。

唐文宗开成五年（840），回鹘嗢没斯等及其赤心、仆固、特勤那颉啜各率其众南下抵达唐天德军塞下，大军绵延六十里，浩浩荡荡，不见其后。直到唐武宗会昌元年（841）正月才退去。八月辛酉，诏田牟约勒将士及吐谷浑、沙陀、党项等部落，毋得先犯回鹘。九月戊辰朔，诏河东、振武严兵以待。河东北部即云、朔、蔚一带，因此加强云、朔、蔚一带的军事戒备，强化边事防备力量，防御回鹘南下成为唐廷备边的重要任务。会昌二年（842）正月，唐廷以回鹘屯天德、振武北境，以兵部郎中李拭为巡边使，查看边境防备以及将帅能否。二月，河东节度使苻澈修杷头烽旧戍以备回鹘。①然苻澈当时身染疾病，不能很好应对边防事务。三月庚申，以振武节度使刘沔继任河东节度。九月，又诏刘沔兼任招抚回鹘使。《旧唐书》卷161《刘沔传》对刘沔任河东节度使后，唐与回鹘关系以及唐北境的形势记载相当简略，仅言"朝廷以太原重地，控扼诸戎，乃移沔河东节度使、检校尚书左仆射、太原尹、北京留守。诏与幽州张仲武协力招抚回鹘，竟破虏寇，迎公主还宫"。今可据《刘沔墓志》对之进行补充。韦博撰《唐故光禄大夫守太子太傅致仕上柱国彭城郡开国公食邑三千户赠司徒刘公（沔）神道碑铭并序》记载：

> （会昌二年）九月，判兼充招抚回纥使。其时征四方之师已集，命公指挥进退，遂屯于雁门关，斩云州□□将七人以徇。然后分部据险，秣马教射，积食□器，练材杰，第猛力，程其材而任之。频诏促战。公上表曰：不及献岁之初，必

---

① 《资治通鉴》卷246，唐武宗会昌二年二月，第7958页。

见诛戎之效。朝议不听，责战益速。□第□□，坚正不挠。其年终移军天宁，□移云州。得牒者曰：回纥已于正月一日，将□当晨谒都护府。我并兵力攻，必得其城，食其粟。阴山漠南旧吾土，可以争衡。取安之道□□召并州刺史石雄，马步都知兵马使王逢，游□先锋使刘万除，令之曰：与尔□一万至安众寨，遇寇当战，复须以捷报，如乘其虚，即尽虏妻男女牛马，倍道归我。比虏还，已失旗张。吾遣士登城呼之，可一麾来降。时三年正月九日矣。至十一日夜，□□于杀胡岭大破之，斩首三千级，得太和公主，还于上京，降特勤王子二十一人，□汗达干将军卅余人，首领及俘累四千余众，牛马驼羊万计。犒旋，加检校司空。物议赏未直其功，再加金紫光禄大夫，仍赐一子正员八品官。军还次代州。时归义军回纥三千余人，并首领卅三人，隶食诸道，天子新与其号，而又恃思忠宿卫之宠，不受诏曰：我虏也，死于此足矣。南州不复往。夜大呼，连营据呼沲河叛。公曰：夫权贵于合道，是宜诛之。不俟诏旨。奏还，果契上意。军还河东。①

《刘沔墓志》详细记载了刘沔任招抚回纥使后秣兵砺马，备讨回鹘，并于会昌三年（843）正月大破回鹘于杀胡岭事。此役回鹘部落伤亡惨重，"斩首三千级，得太和公主，还于上京，降特勤王子二十一人，□汗达干将军卅余人，首领及俘累四千余众，牛马驼羊万计"。同时，据《资治通鉴》记载，回鹘乌介可汗"走保黑车子族，其溃兵多诣幽州降"②。据考，黑车子即室韦之一种。③但"回鹘余烬未灭，边鄙犹须警备"④。

据不完全统计，李德裕上书起草的有关游牧民族的奏章、状文、诏书等就有五十余篇，⑤其中大部分与招讨回鹘有关。唐廷面对紧急军情，修葺城池要塞，调遣精兵悍

---

① 《唐文拾遗》卷31，韦博《唐故光禄大夫守太子太傅致仕上柱国彭城郡开国公食邑三千户赠司徒刘公神道碑铭并序》，附《全唐文》后，中华书局，1983年，第10726页。《全唐文补编》卷77，韦博《唐故光禄大夫太子太傅致仕上柱国彭城郡开国公食邑二千户赠司徒刘公（沔）神道碑铭并序》，中华书局，2005年，第947页，略有不同。
② 《资治通鉴》卷247，唐武宗会昌三年正月，第7973页。
③ 胡三省注甚详。又见王国维：《观堂集林》卷14《黑车子室韦考》，中华书局，1959年，第623—628页。
④ 《资治通鉴》卷247，唐武宗会昌三年四月，第7980页。
⑤ 据《李德裕诗文编年目录》(傅璇琮：《李德裕诗文编年目录》，收于《李德裕文集校笺》，河北教育出版社，2000年。)统计，有会昌元年八月《赐回鹘嗢没斯特勤等诏书》、会昌元年八月二十四日《论田牟请许党项仇复回鹘嗢没斯部落事状》、会昌元年闰九月《请赐回鹘嗢没斯等物状》《赐回鹘嗢没斯等诏》《论幽州事宜状》、会昌元年十月《论幽州事宜状》《请于太原添兵备状》、会昌元年十一月初《请遣使访问太和公主状》、会昌元年十二月十四日《遣王会等安抚回鹘制》、会昌元年十二月十四日《赐回鹘可汗书》、会昌二年二月《赐回鹘书意》《条疏太原以北边备事宜状》、会昌二年三月初四（转下页）

将加强边防。会昌元年(841)修筑杷头烽,并于太原等处抽调军士镇守,且准令修筑其他城堡;会昌二年(842)"河东等三道各严兵守备"。①"三道"胡三省注为河东、卢龙、振武也,即唐北界一线。云州自古为军镇要地,又为大同军城所在地,故以云州为大同都团练使军府所在,兼辖朔、蔚二州,形成西联朔方、北控塞外、东临幽州、南接并州的重镇。劲军重镇为基础,严峻军情为外力,直接推动了大同都团练使的设置。因此,可以说设置大同都团练使是唐廷抵御回鹘崩溃南下之对策。

三、自然因素:天然屏障雁门山分隔山南山北

云、朔、蔚三州地处雁门关外。唐初,因强劲的突厥势力屡屡内犯,唐廷被迫驻军于雁门山上,并于制高点设置关隘,戍卒防守,即雁门关。雁门山是吕梁山脉北支云中山向东北方向延伸的部分,东与恒山山脉相接,整体呈现东西走向,横亘于今山西北部大同盆地与忻代盆地之间,海拔1500米以上,构成南北之巨防。由于雁门山是断块山,峭拔险峻,难以攀越,更增强了山北山南的隔离性,因此雁门山就像一道天然屏障将关外的云、朔、蔚三州与关内的代、忻、并等地分隔开来。唐人也认为出了代州就到了塞外。如薛能《送李溟出塞》:"边城官尚恶,况乃是羁游。别路应相忆,离亭更少留。黄沙人外阔,飞雪马前稠。甚险穹庐宿,无为过代州。"②

(接上页)《论天德军捉到回鹘生口等状》、会昌二年四月十八日《条疏应接天德讨逐回鹘事宜状》、会昌二年四月《奏回鹘事宜状》《赐回鹘可汗书意》、会昌二年七月《奏张仲武寄回鹘生口驼马状》、会昌二年七月末《代忠顺报回鹘宰相书意》《论太原及振武军镇及退浑党项等部落互市牛马骆驼等状》、会昌二年八月初一《论讨袭回鹘事宜状》、会昌二年八月初七至十五日间《请密诏塞上事宜状》、会昌二年八月十五日《赐回鹘可汗书》、会昌二年八月初七《论回鹘事宜状》、会昌二年八月十八日《论回鹘石诫直状》、会昌二年八月二十日《代刘沔与回鹘宰相颉于伽思书》、会昌二年八月下旬《疏边上要事宜状》《论振武以北事宜状》、会昌二年八月二十七日《驱逐回鹘事宜状》、会昌二年九月上旬《授刘沔招抚回鹘使制》《授张仲武东面招抚回鹘使制》、会昌二年九月十三日《请契苾通等分领沙陀退浑马军共六千人状》、会昌二年十月十七日《请赐刘沔诏状》、会昌二年十二月初十《请发河中马军五百骑赴振武状》、会昌二年十二月二十七日《请李思忠进军于保大栅屯集状》《赐刘沔张仲武密诏》、会昌二年十二月底《代刘沔与回鹘宰相书意》、会昌三年正月中旬《讨回鹘制》、会昌三年正月二十五日《请更发兵山外邀截回鹘状》《珍减回鹘事宜状》、会昌三年二月初五日《讨袭回鹘事宜状》、会昌三年二月中旬《与黠戛斯王书》《与纥斯可汗书》、会昌三年三月《论大和五年八月将故维州城归降准诏却执送本藩就戮入吐蕃城副使悉怛谋状》、会昌四年夏《与黠戛斯可汗书》、会昌四年九月下旬《论回鹘事宜状》、会昌五年春《与黠戛斯书》、会昌五年二月二十三日《赐缘边诸镇密诏意》等。

① 《资治通鉴》卷246,唐武宗会昌二年八月戊子,第7966页。
② 《全唐诗》卷558,薛能《送李溟出塞》。

从代北到云、朔一代的自然生活景象在唐人的诗词中屡有出现。唐代崔颢诗《雁门胡人歌》云："高山代郡东接燕，雁门胡人家近边。解放胡鹰逐塞鸟，能将代马猎秋田。"①陈子昂《送魏大从军》称："雁山横代北，狐塞接云中。勿使燕然上，惟留汉将功。"②卢纶《送彭开府往云中觐使君兄》："雁塞逢兄弟，云州发管弦。冻河光带日，枯草净无烟。"③敦煌写本《诸道山河地名要略》形容塞外风俗："北临绝塞之地，封略之内，杂虏所居，戎狄之心，鸟兽不若，欺馑则剽劫，丰饱则柔从，乐报怨仇，号为难掣。"④蔚州"北临朔漠，东接渔阳，并部咽喉，边（庭）亭襟带，宜多方控守，俾息难（虞）[虑]"⑤。云、朔、蔚一带为农耕民族和游牧民族混居之地，成为民族大融合的前沿地带，因此生活习俗也是胡汉交杂，尚武之风为甚。当北方游牧民族南下之时，云、朔、蔚等胡汉杂居之边界地带也成为唐廷密切关注的区域。

然雁门关内代并地区由于土壤风沙化比例相对于塞外较少，更适宜农耕的开展，而且北朝隋唐以来并州世家大族频出，使得并州也成为文风较盛的地区。唐人王维《送赵都督赴代州得青字》云："天官动将星，汉上柳条青。万里鸣刁斗，三军出井陉。忘身辞凤阙，报国取龙庭。岂学书生辈，窗间老一经。"⑥李白《杂曲歌辞·少年行三首》："经过燕太子，结托并州儿。少年负壮气，奋烈自有时。"⑦权德舆《太原郑尚书远寄新诗》："时看介士阅犀渠，每狎儒生冠章甫。晋祠汾水古并州，千骑双旌居上头。新握兵符应感激，远缄诗句更风流。"⑧但由于唐初"宁为百夫长，胜作一书生"的重武风气影响，而并州又与胡地接壤，因此也出现了很多并州男儿入伍从军的记载。如刘济《横吹曲辞·出塞曲》："倚是并州儿，少年心胆雄。一朝随召募，百战争王公。"⑨李颀《塞下曲》："少年学骑射，勇冠并州儿。直爱出身早，边功沙漠垂。"⑩

也就是说，由于雁门山山脉的天然阻隔，使得云、朔、蔚地区成为了一个相对独立的地理单元。这种地形所造成的不仅是交通的分界，也是民风的分界线。将云、朔、

---

① 《全唐诗》卷 130，崔颢《雁门胡人歌》。
② 《全唐诗》卷 84，陈子昂《送魏大从军》。
③ 《全唐诗》卷 280，卢纶《送彭开府往云中觐使君兄》。
④ 王仲荦著，郑宜秀整理：《敦煌石室地志残卷考释》，上海古籍出版社，1993 年，第 99 页。
⑤ 同上注，第 107 页。
⑥ 《全唐诗》卷 126，王维《送赵都督赴代州得青字》。
⑦ 《全唐诗》卷 24，李白《杂曲歌辞·少年行三首》。
⑧ 《全唐诗》卷 321，权德舆《太原郑尚书远寄新诗》。
⑨ 《全唐诗》卷 18，刘济《横吹曲辞·出塞曲》。
⑩ 《全唐诗》卷 134，李颀《塞下曲》。

蔚与代并等地区分割而置为两个藩镇，符合山川形便的行政区划划分的基本原则。

四、政策的衍生：唐代强边与抑藩的博弈

设置大同镇是御边的需要，同时也是限制河东节度使权力的必要举措。

从政治方面来看，唐廷分割河东镇之云、朔、蔚三州置大同都团练使，次年又升大同都团练使为都防御使，有增强中央对地方的控制力、分割河东节度使权力的考虑。当时，唐廷虽对藩镇仍具有号召力，能集结调动藩镇兵，但是诸镇的观望情绪却相当明显。

据崔郾《唐故军器使赠内侍李公（敬实）墓志》记载，会昌年间武宗诏令诸镇军兵讨伐泽潞事如下：

> 旋又上党背叛，征天下之师，环绕千里，日费百万，历年不下一城，不擒一将。武宗振怒，将帅怀忧，密令公往天井监成，旬月之间，未展韬钤，贼徒迫蹙，自枭刘稹之首，凶党率众归降。都统王宰密封稹首，公星驰献捷阙庭。天子加其殊勋，赐以朱绂。①

墓主李敬实，两《唐书》无传。据墓志记载，李敬实卒于大中十三年（859），会昌三年（843）时任掖庭局令。刘稹作乱，唐廷征"天下之师"讨伐上党，军费耗资甚众，称"日费百万"。巨额的军费开支对唐廷财政是极大的考验。有人称伐泽潞之役进行了一年后，唐廷似乎已快耗尽了最初的全部军费预算，而会昌灭佛很可能是为了提供伐泽潞所需的军费。②又会昌六年（846）九月敕河东等地榷曲，资助军用，③说明连年战争也致使唐廷财政困难，官军军费吃紧，不得不另开渠道筹措资金。从会昌三年（843）起讨伐泽潞，历时一年而战事毫无进展，一方面说明了泽潞的防御工事完备，另一方面则更凸显了藩镇军士的敷衍与观望，说明唐廷对藩镇控制力的下降。虽最终削平刘稹之乱，但中央对地方的控制力正在逐步削弱。我们从节度使权力的扩张上也可以辅证这一点。

---

① 《唐代墓志汇编续集》，大中078，第1028页。
② 王国尧：《李德裕与泽潞之役》，《唐研究》第12卷，北京大学出版社，2006年，第487—522页。
③ 《旧唐书》卷49《食货志下》记载唐武宗会昌六年九月敕文："扬州等八道州府，置榷曲，并置官店沽酒，代百姓纳榷酒钱，并充资助军用，各有榷许限。扬州、陈许、汴州、襄州、河东五处榷曲，浙西、浙东、鄂岳三处置官沽酒。"

河东节度使初置时，兼领大同军使，主要职权为经略镇守、式遏四夷。安史之乱后，唐廷始终把削弱地方节度使权力为要务。但是由于藩镇作为事实上地方的一级政权机构，这种职能的削减只是有名无实。河东节度使的权限从军事扩大到经济、财政和民政，权力得到了很大程度的提升。军事力量方面，河东镇在安史之乱后初期遭到严重削弱，不过经历了几十年的休整，特别是宪宗时期以河东军为主要力量出征讨藩，加速了河东节度使力量的壮大。会昌年间，出于限制和分割河东节度使权力的考虑，割出云、朔、蔚三州别置军镇。此举不仅可以继续巩固边防，而且分散了河东军的兵力，在一定程度上也构成了对河东节度使势力的牵制。

五、析置大同镇的意义及影响

大同镇建置后，在军事、经济、地方政局几个层面都产生了重要影响。

首先，从军事角度上看，大同藩镇的成立增强了唐廷北界的军防力量，使得北方游牧民族退却，缓减了游牧民族南下带来的边境压力。大同藩镇成为河东道北部边界稳定的重要基石。唐宣宗大中元年（847），回鹘乌介部降唐，此后北方游牧民族大多与唐休战，并不时来唐朝贡。大同镇在军事上的意义更多地表现在防御和备战方面。

其次，从经济支出角度看，大同团练兵部分减少了平时养兵的巨额支出，在一定程度上可以缓解大量军费带来的财政压力。据《旧唐书》记载，安史之乱以后的唐室财政空虚："迨至德之后，天下兵起，始以兵役，因之饥疠，征求运输，百役并作，人户凋耗，版图空虚。军国之用，仰给于度支、转运二使；四方征镇，又自给于节度、都团练使。"[①] 唐德宗为解决财政困难，推行两税三分制后，加强了唐廷对财权的控制，一定程度上抑制了地方财权扩大的倾向。[②] 然而，这是就总体局势而言的。在政局动荡、战事频发的时期，中央财政也会大幅削减，并大笔用于军费支出，若加上自然灾害的影响，农业衰败，民生困苦，唐廷则不可避免地遭遇困境。

据统计，唐文宗（827—840）在位的十三年间，发生水灾35次，旱灾15次，地震7次，虫蝗16次，霜2次，风7次，疫1次，饥4次，总计87次；唐武宗（841—846）在位的五年间，发生水灾3次，旱灾2次，地震1次，虫蝗2次，总计8次。[③]

---

① 《旧唐书》卷118《杨炎传》，第3421页。
② 陈明光：《唐代财政史新编》，中国财政经济出版社，1991年，第301页。
③ 靳强：《唐代自然灾害问题述略——侧重于灾害资料的统计与分析》，《魏晋南北朝隋唐史资料》第20辑，2003年，第98页。

文宗、武宗朝自然灾害的频繁发生，严重破坏了农业生态，生产力下降，百姓困苦，中央与地方的财政赋税征收均受到影响。

在这样的大背景下，唐廷设置大同都团练使，所管理的戍边军兵当为广义的团结兵。唐后期，"又定诸州兵，皆有常数，其召募给家粮、春冬衣者，谓之官健；差点土人，春夏归农，秋冬追集，给身粮酱菜者，谓之团结"①。团结兵与官健相较，少了春夏之际的军粮和衣赐绢布等军费开支。且设团练使后，从本州招募团结兵，如此一来，既可以增益兵士，在战时解决兵荒；又可以在农闲时督习弓矢，加强作战力量；还可以在无事时开田辟地，解决粮食等军需问题，缓解军费压力。

再次，从地方政局角度看，河东道之河东、大同、昭义与河中镇在相当长一段时间内恭顺于唐廷，没有发生不臣之举，可以说彼此之间相互牵制，稳定了地方政局。这表明唐廷以藩镇抑制藩镇的博弈策略取得了成功。到乾符五年（878），"升大同都防御使为节度使"②，大同藩镇的等级地位再次提升。但这一次大同藩镇等级升高与沙陀势力的扩张有关。《资治通鉴》卷253，唐僖宗乾符五年四月条记载："朝廷以李克用据云中，夏，四月，以前大同军防御使卢简方为振武节度使，以振武节度使李国昌为大同节度使，以为克用必无以拒也。"

综上，唐武宗以大同军为依托分割云、朔、蔚三州之地设置大同都团练使、大同都防御使，建设北部边疆型藩镇，既是日趋严峻的边防形势使然，又与云、朔、蔚地带独立的自然环境有关，此外也是唐廷加强对藩镇控制的结果。大同镇设置以后，不仅加强了边界地带镇防，而且有效制衡了中原型藩镇的发展，使唐廷地方政局在相当一段时间内保持了稳定局面。通过对大同藩镇设置的考量，也使我们重新审视唐廷的藩镇政策。唐廷对地方藩镇并非一味姑息，而一直是积极应对的，这也是大唐在安史之乱以后还得以维系一百多年的重要因素。

（任艳艳，1981年生，山西交城人，历史学博士，现为山西师范大学历史与旅游文化学院副教授，研究方向为北朝隋唐史。）

---

① 《资治通鉴》卷225，唐代宗大历十二年五月，第7245页。
② 《新唐书》卷65，《方镇表》北都栏。

明代宣大山西地方官员与"俺答封贡"的实现

韩 帅

"俺答封贡"是明代历史上的重大事件,实力强劲的蒙古右翼通过这一事件结束了和明王朝的战争状态。明王朝通过册封俺答汗为顺义王减轻了北部边防的压力,而俺答汗则代表蒙古右翼称臣纳贡,实现了自己多年通过战争而未能实现的夙愿,双方通使、互市,进入了和平交往时期,嘉靖年间严峻的"北虏"问题至此得以解决。在宣府镇至甘肃镇一线,数十年烽烟不起,百姓安居乐业,蒙汉人民互通有无、密切联系,加速了长城内外的一体化进程,"俺答封贡"颇得历史学界的肯定,具有重要的历史意义。

对于这一重要的历史事件,学界已进行了较为深入的探讨,学者们探讨了明朝廷的隆庆皇帝、高拱、张居正、李春芳、张四维等中央决策人物在该事件中的重要作用,也有学者认为蒙古一方的俺答汗诚心求贡是封贡能够实现的关键,而其他蒙古右翼首领也发挥了重要作用①。这些讨论已较为具体,但是仍不够全面,例如在中央决策人物

---

① 例如王天有对明穆宗的边务举措及其在"俺答封贡"当中的作用多有肯定(《试论穆宗大阅与俺答封贡》,《北京大学学报》(哲学社会科学版),1987年第1期),其其格认为是张居正推动了"俺答封贡"的实现(《张居正与"俺答封贡"》,《内蒙古师大学报》(哲学社会科学版),1996年第2期),而颜广文则认为高拱主导了"俺答封贡"的全过程,是该事件的真正决策人(《高拱与"俺答封贡"》,《广东教育学院学报》,2004年第1期),马静茹认为首辅李春芳发挥的作用也很重要(《李春芳与"俺答封贡"》,《民族史研究》,第11辑),周文则认为张四维游走于阁臣与边臣之间,在"俺答封贡"的推进过程中发挥了特殊作用(《张四维与"俺答封贡"研究》,四川师范大学硕士学位论文,2015年)等。唐玉萍认为俺答汗经过数十年的努力,终于促成了通贡互市的实现(《俺答汗在明代蒙汉关系中的作用》,《社会科学辑刊》,1996年第6期),而晓克则注意到除俺答汗之外,其它蒙古首领也积极参与及推动,起了积极作用(《"隆庆和议"新论》,《内蒙古社会科学》(汉文版),2011年第6期)等。

中，大学士赵贞吉也是支持贡市的，并且积极推动①。应该说，发生在宣大山西地区的这一重要事件，宣大山西地方官员作为直接经手人，才是事件的真正主角，处理"把汉那吉事件"、提出"封贡""互市"的具体实施方案，均是由宣大山西地方官员集思广益、各抒己见，最后通过督抚会疏的方式提交给中央政府的。因此，宣大山西地方官员这一群体值得给予较多关注，而从这一群体而非单个人进行考察②，得出的结论或许更为全面。

一、宣大山西地方官员发挥了重要作用

隆庆五年（1571）九月，在明廷、蒙古之间第一次互市完成之后，明廷升赏了效劳贡市的各级官员，"加崇古太子太保，赐之诰命，赏银四十两、纻丝二表里，巡抚刘应箕升俸二级，杨彩、孟重一级，总兵马芳、赵岢、副总兵麻锦实职一级，副使申佐、朱裳、参议崔镛等、千户鲍崇德等各升赏有差。又以本兵及该科有经画建议，劳赏尚书杨博、侍郎谷中虚及郎中王缉、给事中章甫端银币，缉仍候京堂缺推用，端升俸一级"③。其中崇古（指王崇古，笔者注）是宣大总督，刘应箕、孟重、杨彩是大同、宣府、山西的巡抚，马芳是大同总兵，赵岢是宣府总兵，麻锦是大同副总兵，申佐、朱裳、崔镛是司道官员，而鲍崇德是沟通双方的使节。按照效劳和赏功相等的一般原则，应该是宣大山西地方官员做出的贡献最大，获得的奖赏才会较高，中央兵部及兵科等官员主要是建议、参谋，获得的奖赏也就不如地方官员。在隆庆皇帝准备给高拱、张居正、殷士儋等促进封贡的内阁辅臣以"升荫"的奖赏时，这些阁臣坚决辞免，认为自己所做之事只是"职分当尽者"，最后朝廷以"各赐白金五十两、斗牛衣一袭"④了事。我们从中不难看出，作为当事者的宣大山西地方官员是实际受赏最重的群体，自然他们发挥了相当重要的作用。日本学者城地孝在仔细研读了《兵部奏疏》这一"俺

---

① 据明代胡维霖所撰《赵文肃公贞吉传》称："宣大督抚王崇古奏俺答等入降，议处置。公曰：大约浮言谓开边衅，然自俺答横行五十余年，每年边饷数百余万，何年无衅，岂在纳降？今当暂行降人官职，慰来者心，其制房机宜当令督抚自善为措。及虏求封贡，公议姑置，封贡事徐议之，又贻王书曰：吾外怜悉怛谋之附人，内恐李文饶之失助。公为边计笃切类此"（《胡维霖集》，《四库禁毁书丛刊》集部第164册，北京出版社，2000年，第640页）。由此看来，阁臣赵贞吉也是贡市的积极推动者。
② 王新利论述了王崇古在"俺答封贡"当中的作用，（《王崇古与明蒙关系》，内蒙古大学硕士学位论文，2009年），而刘志强则对方逢时所做的贡献进行了考察（《方逢时与"俺答封贡"》，内蒙古大学硕士学位论文，2009年）等。这些论文均意在论述某一边臣所起的作用。
③ 《明穆宗实录》卷61，隆庆五年九月癸未，"中央研究院"历史语言研究所，1962年，第1493页。
④ 《明穆宗实录》卷61，隆庆五年九月乙酉，第1496页。

答封贡"的重要文献后认为，在决策过程中，"政策原案在提交中央廷议之前，在程序上必须要取得地方官层级的全体同意"①，也就是说宣大山西地方官员这一群体参与了"俺答封贡"相关事项的讨论，该事件并非只是由总督王崇古与巡抚方逢时两人达成的地方决策，而是地方诸臣商议、效力的结果。

二、"处降"与"纳叛"：宣大山西地方官员的齐心协力

隆庆四年（1570）九月十三日，把汉那吉等人投降至大同西路败胡堡，本路参将刘廷玉将事情报告给大同巡抚方逢时，方逢时疑信参半，令刘廷玉再加译审，在确认无其他隐情之后，"遣中军官康纶率锐骑五百往受降"②，本月二十三日将把汉一行迎至大同镇城。方逢时此举一是确保对把汉那吉等人的绝对控制，防止其逃窜或被俺答劫走；二是要亲自处理此事。应该说，仅"受降"这一环节来说，方逢时发挥了主导作用，因为当时宣大总督王崇古正为了防护陵寝而驻扎于宣府镇，距离事发地较远，"甫浃旬，王公以秋防事毕旋师，即会本题知"③，待到防秋完毕之后，王崇古才与方逢时共同向朝廷奏明此事。王、方二人通过督抚会稿的方式，共同提出厚待把汉、授之职衔以换取赵全等人，或用以挟制俺答，或令把汉收降部下，"略如汉人置属国据乌桓之制"，待俺答死后，以其与黄台吉相雄长④。明廷批准了二人的计划，授把汉为指挥使，阿力哥为正千户，并赏大红纻丝衣一袭。

俺答得知把汉那吉投降之后，听从板升头目赵全等人的计策，组织三路大军索取把汉那吉，俺答自率一路攻平虏，永邵卜率一路攻威远，而俺答长子黄台吉由弘赐堡近薄大同镇城。而为了应对大军压境的局面，宣大总督王崇古积极调兵遣将，"行马芳统兵见驻左卫，胡镇统标兵二枝迎前防御外，及行麻锦等各营兵马相机战守，待虏有何言随便答应，再观动定，及行山西抚镇督兵广武一带策援山、马，及调宣府副总兵

---

① 〔日〕城地孝：《俺答封贡与隆庆五年（1571）三月的廷议——兼谈〈兵部奏疏〉的史料价值》，《第十三届明史国际学术研讨会论文集》，湖南人民出版社，2011年。据城地孝的研究，《兵部奏疏》是一部汇聚"俺答封贡"主要政治过程的文件集，从把汉乞降至互市完成，重要的题疏、覆奏皆收入其中。
② ［明］方逢时：《大隐楼集》卷16，《杂著二·云中处降录》，辽宁人民出版社，2009年，第268页。
③ ［明］刘应箕：《款塞始末》，薄音湖、王雄编辑点校《明代蒙古汉籍史料汇编》（第二辑），内蒙古大学出版社，2006年，第90页。
④ ［明］陈子龙：《明经世文编》卷316，《为夷酋款塞酌议事宜疏》，中华书局，1962年，第3352页。

刘国统该镇奇兵营兵马赴阳和"①，做好了一应的军事部署。大同巡抚方逢时也就本辖区的防御做了部署："调马芳大兵守左卫，督府中军胡镇守朔州，游击边大振守山阴，胡吉守怀仁，以备虏。"②两军对垒，形势颇为严峻。内阁阁臣李春芳写信告诫宣府巡抚孟重："降夷款塞，清朝盛世，顾俺酋纠众要索，不可不一创之，应援协驱，邻镇之义也，惟公念之"③，希望宣府镇也要做好相应的军事准备。

俺答希望捕获一名明方将领交换把汉，但是由于王崇古布防周密，没有使其得逞，反遭遇一定打击。据目击者——阳和兵备副使刘应箕的观察，"总督移檄宣府总兵赵岢，领兵至带刀岭，与虏遇……岢与大战，败其前锋，斩骁虏之首陆。虏惮之，遂卷兵由故道至镇羌堡而出，自是稍稍有乞怜意矣"④。正是因为宣府总兵赵岢挫其锐气，感受到了明廷的积极防备，才使得俺答有了和谈的想法，但是其态度仍然较为强硬，"遣使金国，赍传贴往，杀之。已，遣侯金往，又杀之"⑤，最后明廷派出了和蒙古私交甚好的鲍崇德，在其种种劝诱、离间之下，俺答终于同意以板升头目赵全等人换取把汉。关于俺答被说服的原因，方逢时认为是自己的离间之计起了重要作用，赵全等人先前曾投密揭予方逢时，希望回归故土，请求宽大处理。在交涉中，方逢时特意令通事鲍崇德告知俺答："诸亡命（指赵全等，笔者注）自知罪大，假此诱汝进边，将图汝自赎，还乡里得官赏耳"，崇德又拿出密揭给俺答看，结果"俺达大惊，悟曰：'有是乎？太师诚爱我也。'执叛之意遂决"⑥。而王崇古的说法则有些不同，其在给朝廷的奏疏中透露，自己的揭帖才是打动俺答的关键。王崇古称："臣虑崇德一时言词错乱，楷书宣谕词语一通给付崇德，备述朝廷不杀降之仁……及告以赵全等叛逆犯法、拘乱伊父子祖孙之情"，鲍崇德至俺答营之后，"备将臣原示宣谕缘由，令俺答屏去余人，只留亲信数人逐一译说，俺答尚未深信，疑系崇德编捏，崇德当将臣原给揭帖出示，俺

---

① ［明］郭乾等：《兵部奏疏》，《酌议安置善后事宜以弭边患事》，全国图书馆文献微缩复制中心，2007年，第23页。按：《兵部奏疏》为抄本古籍，未添加奏疏题名，原始的奏疏抬头颇长，如本注释的原始抬头为《兵部尚书郭等谨题为仰仗天威夷酋既款塞酌议安置善后事宜以弭边患事》，为简练起见，笔者谨按照明人文集中奏疏常见的缩略办法将其酌情简化，以便于读者阅读，此书以下注释皆同。
② ［明］刘绍恤：《云中降虏传》，薄音湖、王雄编辑点校《明代蒙古汉籍史料汇编》（第二辑），第98页。
③ ［明］李春芳：《李文定公贻安堂集》卷10，《与宣府孟中丞》，《四库全书存目丛书》集部第113册，齐鲁书社，1997年，第298页。
④ 《款塞始末》，第91页。
⑤ ［明］瞿九思：《万历武功录》卷8《中三边二》，薄音湖编辑点校《明代蒙古汉籍史料汇编》（第四辑），内蒙古大学出版社，2007年，第78页。
⑥ 《大隐楼集》卷16，《杂著二·云中处降录》，第271页。

答大喜……当说中国有太师这些好言语，我无不依从"①。俺答在看了王崇古的揭帖之后，非常高兴，才同意执送赵全等人。

方逢时、王崇古二人的说法均旨在突出自己的作用，但是阳和兵备副使刘应箕却说："其中事情千态万状……庙堂责之督抚，督抚责之兵备。其经画布置，余一一不能道其责也"②，阳和兵备也自称发挥了一定作用。看来离间俺答与赵全，或许也是督抚、兵备商议的结果。隆庆四年（1570）十一月十三日，朝廷允许在俺答擒献赵全等人的情况下遣还把汉，十九日明方接获赵全等人，二十一日鲍崇德护送把汉北去。王崇古"将各犯会行朔州、大同各兵备、冀北分巡各道副使刘应箕、参议崔镛、佥事韩宰，责行山西行都司、大同府掌印理刑各官逐一研审"③，看来审问这些罪犯、挖掘蒙古的内部消息，则主要是由这些司道官员负责的。事后王崇古在叙录地方诸臣功劳时称："宣大二镇大小臣工共事疆场，抚臣各道抚降慑虏，均著劳绩，将领官驱驰干旋，各输死力"④，对于一应地方官员的功劳也是承认的。

三、"封贡"与"互市"：宣大山西地方官员的群策群力

在双方友好地处理了人质互换之后，接下来的事情便是明廷如何对待蒙古"乞封求贡"事宜。俺答大军临边，等待结果，而明廷则议论迭起，支持者与反对者皆有，莫衷一是。此时大同巡抚方逢时因丁忧去任，接任者是阳和兵备副使刘应箕，宣大总督仍为王崇古，但是封贡事体重大，且牵涉到众多具体事宜，无现成案例可循，并非王崇古一人所能决策。皇帝要求王崇古会同地方镇巡共同商议，对于王崇古的单独上奏有所批评："今本官复题前因，止凭一二夷使之言，未见会同镇巡询谋佥同之虑，事关国家大计，夷夏巨防，相应再行详议……酌议停当，务图万全，然后方可请命朝廷"⑤，皇帝的意思是，只有在三镇地方文武达成地方决策之后，才可上请中央。张居正曾写信告诫王崇古，希望他和地方文武一道，共同商议封贡、互市诸事："刘院（指刘应箕，笔者注）既知此事颠末，又与公同心，必能共襄大事。幸采取其议，及镇守、

---

① 《兵部奏疏》，《乞赐庙议查例俯允上尊国体下慰夷情永弭边患事》，第 55 页。
② 《款塞始末》，第 91 页。
③ 《兵部奏疏》，《请议献俘枭示以昭国法事》，第 86 页。
④ 《兵部奏疏》，《查录效劳有功文武官役以溥恩赉事》，第 173 页。
⑤ 《兵部奏疏》，《请议献俘枭示以昭国法事》，第 121 页。

兵备以下所呈，折以高见，并图上贡额、贡期、市易事宜"①。张四维也建议其舅王崇古："疏内当据巡抚议云何，各道议云何，臣参酌当如何"②，奏疏中要体现地方诸臣的意见。由此我们不难看出，明廷是希望地方文武齐心合力、共同商议这一重大事件。因此，王崇古让三镇镇巡、司道官员及各级副参游守武官共同商议，"封贡""互市"是否可行，如果可行，具体如何实施，要各抒己见：

> 查议该镇某路可以通贡道，某城可以居虏使，某路道路适中防范为易？边外有何近地可为市场？某兵可以岁遣守市？虏马之进贡每岁应许若干，酬赏之价或以缎布或以官银，应否定以马匹年齿、尺寸以为价之低昂……虏中之交易，何物可听客商自相交易，何物当官府禁防？与其各部落抚赏之规、各酋长酬赠之等、每年纳贡之期及平时沿边禁革通虏赶马之例。各路守兵墩堠防范之略，防秋应否减调兵马之数，每年应否稍省客饷之费？与夫未尽事宜逐一详议开呈，以凭再加详定酌议。③

这些细致入微的具体事宜，得到了地方各级文武官员的详细回应。大同巡抚刘应箕在知会宣大总督的情况下，单独上疏指出"封贡""互市"的可行性："悬爵位之虚号以邀荒裔之臣，伏开入贡之旧道以给狂虏之奔趋，定交易之规则以示中国之羁縻，古今控御北虏之上策恐无出于此者"④，认为贡市可行，且是控御"北虏"的最好办法。大同总兵马芳和山西布、按二司参议黄九成、崔镛、佥事韩宰等官员向宣大总督会呈，认为贡道应"由威虏以历左卫大同抵阳和，经督抚衙门查验以后，自阳和入天城、怀安宣府，自怀来历居庸为便"，贡期"定于每年三月，盖春雪未消，胡马尚弱，非其驰骋之候也"，贡马、贡使"每年止许三百匹，夷使止许三十名"，互市市场"莫如左卫威虏堡边外，先于该堡西北之旁筑一圈城，外挑深壕如榆林易马堡之规，每遇虏使交易之期先期传示各堡各卫，愿与虏交者即以其物赍至堡下"。⑤这些具体建议体现了大同镇巡官员对于贡市具体安排的看法。

---

① [明]张居正：《张居正集》第二册《疏牍》，《答王鉴川计贡市利害》，湖北人民出版社，1994年，第185页。
② [明]张四维：《条麓堂集》卷17，《与鉴川王公论贡市书二十三》，《续修四库全书》第1351册，上海古籍出版社，2002年，第526页。
③ 《兵部奏疏》，《酌议北虏乞封通贡事宜以尊国体以昭威信事》，第235—236页。
④ 《兵部奏疏》，《刘应箕题为遵奉明旨酌议北虏乞封通贡事宜以尊国体以昭威信事》，第195页。
⑤ 《兵部奏疏》，《酌议北虏乞封通贡事宜以尊国体以昭威信事》，第246—248页。

宣府镇一应文武官员也就贡市的细节问题，展开了详细的讨论，"宣府总兵官赵岢并山西布按二司兵备、守巡口北道右参政郑洛、副使廖逢节、参议何棨各呈称，遵依会同协守副总兵刘国、五路参将麻贵、潘忠、贾国忠、王国勋、游击刘付、杨振、李浃及各守备等官会议"①，文官、武将均广泛参与，将讨论的各项细则上呈给了宣大总督。这其中包括严守内外界限、贡道由大同入紫荆或由宣府入居庸、开市于张家口、贡马不过三百匹并酬以等第银两、严禁市易铁器硝黄、贡期一年一次、禁革通房赶马等内容。而宣府巡抚孟重除了对总兵、司道等人会议的意见表示认可之外，又单独咨报宣大总督，提出两点补充性意见，一是"必先进贡而后酬以封章"；二是纳贡日期应"于仲秋朔日为期"，"盖时届八月，虏马正强，正往时狂逞之候，若容其通贡，往返三月，天寒水涸，即欲鹯抢，势无及矣。"②孟重认为时间应定在八月初一，因为此时正秋高马肥，有进贡这一要事牵制俺答，使其不至于抢犯地方。

山西镇由于距边较远，巡抚、诸司道给宣大总督的反馈也较晚，但是山西沿边兵备对此却十分积极。岢岚兵备副使纪公巡向宣大总督建议，该道所辖水泉营逼近板升，适合作为互市市场，但是要严加防范，"于红门外挨边筑瓮城一座，门设闸板，外筑大台一座，名为验虏台，两旁各设大台一座，名为瞭虏台，边里设一重关，内盖大厅一座，坐北向南，名为验市厅"③。互市之时，每次交易放三五十人进来，闸住闸板，交易完，于验市厅验赏完毕放出。分守冀宁道右参政孙枝则提议，贡期应定在正月的万寿圣节，宣府、山西都无适合作为市场之地，应选在大同边外，守市之兵应就近调遣以节省行粮，双方互市"应听客商与彼两平交易，然不得以滥恶之物诈伪相欺，致虏生怨"，严禁交易硝黄、铁器等违禁物品，不要轻易给予蒙古部落抚赏银物等④。山西巡抚石茂华、总兵郭琥虽然因为道里较远、文移耗时等缘故，反馈给总督较晚，但是在折中司道官员的建议之后，还是提出了关涉本镇的一些看法，"通贡之路……似当由大同入居庸关，本镇地方原非通贡之道。入贡之时应以万寿圣节为期，一年一贡"，开市"止总在大同开市，甚便关防，若以虏众散漫而居，在西路者携马远市不便及欲量分虏势，则应在水泉营"，⑤这些看法体现了山西镇巡对于本镇开市的考量。

---

① 《兵部奏疏》，《酌议北虏乞封通贡事宜以尊国体以昭威信事》，第 252 页。
② 同上注，第 265 页。
③ 同上注，第 268 页。
④ 同上注，第 275 页。
⑤ 同上注，第 351 页。

各镇巡抚、总兵、司道的议论较为具体，宣府巡抚孟重甚至"特因贡议来赴阳和"，亲自来到阳和与总督商议，最终来不及会同山西镇巡石茂华、郭琥，总督王崇古便会同宣府巡抚孟重、大同巡抚刘应箕，"督同宣大总兵官赵岢、马芳、兵备守巡各道"详议明白，向朝廷上奏提出了著名的"封贡八议"，即"议锡封号""定贡额""议贡期贡道""议立互市""议抚赏之费""议归降""审经权""戒狡饰"等八项内容①。倘若我们将提交的"封贡八议"与先前地方诸臣的呈议对照来看，"封贡八议"显然是吸纳了各镇镇抚、司道的意见，折中了各方的考量，是集思广益的一个结果，体现了地方重大事项的集体决策。这项集体决策的达成可能并非一帆风顺，也会经历一些波折。例如时任怀隆兵备郑洛就指出了最初各司道退避、观望的情形，"洛偕宣大各兵备侍公（指王崇古，笔者注）于筹边堂，进诸夷译之。既无异，命各道草牍，各道犹豫，计未定"，次日又见军门，崇古备述夷人诚心求贡、机不可失，慷慨之余甚至"泫然泪下"，各道仍未有所动，郑洛遂"奋然作色曰'诸士无先生远识，临事至首鼠两端，非夫也。先生忠义动天地，不佞当以死从，更曷惮！'"②。回去之后，郑洛即果断提出关于"封贡""互市"的具体建议，而其他各道也陆陆续续提交了议案。

余 论

"俺答封贡"的实现经历了一个较为复杂的过程，从把汉那吉入边至第一次互市完成，其间发生了频繁的交涉和相当多的争议，但是简要地看，整个的事件主要是由地方决策和中央决策来实现的。从把汉那吉投降至"封贡八议"提交，宣大山西地方官员逐步参与到这一事件中来，逐渐地建立起共识，最终达成了地方决策，而"封贡八议"提交之后，主要是由庙堂之上的朝臣来进行中央决策了。在"封贡八议"提交之前，宣大山西地方官员或是领军作战，如宣府总兵赵岢、大同总兵马芳；或是部署指挥，如宣大总督王崇古；或是遣间行计，如大同巡抚方逢时；亦或是参谋画策，如诸司道官员。可以说，宣大山西地方各层级官员参与了这一历史性的事件，是这一群体而非某一个人担负了这一重任。当然，在这一过程中，宣大总督王崇古作为三镇的最高军政长官，其胆识与魄力无疑是达成地方决策的关键，而事发地大同镇的长官——

---

① 《兵部奏疏》，《酌议北虏乞封通贡事宜以尊国体以昭威信事》，第 289 页。
② ［明］郑洛：《抚夷纪略》，薄音湖、王雄编辑点校《明代蒙古汉籍史料汇编》（第二辑），第 138 页。

大同巡抚方逢时，较其他两镇官员付出了更多的劳动，这恐怕也是《明史》将二人并称为"方、王"的原因①。但是我们还应该注意到，除督抚之外其他地方官员发挥的重要作用。这些司道、各级武职官员承担了具体的执行工作，并且提出了"封贡""互市"的最初方案。

我们在后续的历史演进中观察到，参与"俺答封贡"这一重要事件的三镇地方官员，俨然构成了一个意见大体一致、声气相投的"首事"群体。王崇古在担任宣大总督、主持数次贡市之后，继任者是丁忧服阙、参与"首事"的原大同巡抚方逢时，方逢时担任宣大总督长达五年，其继任者是宣府巡抚吴兑。吴兑虽未参与"处降"与"纳叛"，但在接替孟重担任宣府巡抚之后，对于"封贡""互市"还是参与了的，高拱曾写信称赞吴兑："封贡一节，仆朝夕在念。正如公意，得来谕为之跃然……鉴川毅然请决，可谓雄杰。然得公此说，益为有助"②，很显然吴兑为推动贡市是做出了贡献的。吴兑之后的宣大总督即为郑洛，郑洛在"首事"之时只是担任怀隆兵备，但是数年之后就担任大同巡抚，不久又升任宣大总督，并且担任宣大总督长达十年之久，是不折不扣的贡市"推进派"。其在给王崇古的书信中称："北虏款贡，断自辛未，于时不肖以职事服事师台，与闻末议"③，参与了"封贡""互市"的讨论。可以说，在长达二十年的时间内，作为宣大山西三镇最高长官的宣大总督一职，均是由参与"首事"之人担任的。

不独于此，在"俺答封贡"实现之后的一段时间之内，各镇巡抚、将领等也多用"首事"之人。例如，参与"首事"的司道官员申佐接替刘应箕担任大同巡抚，司道官员崔镛也接替郑洛担任山西巡抚④，而武将麻贵在"首事"之时担任参将，数年之后改任大同总兵，成为与蒙古开展贡市的第一流"专家"。总督郑洛曾写信告诉巡抚胡来贡："虏酋应赏等第烦促麻帅一定，麻帅连年在市，群酋名第熟于胸中，可托耳"⑤，可见麻贵对于明蒙贡市的熟悉程度，这与他参与"首事"恐怕不无关联。山西巡抚石茂华在讨论"封贡""互市"之后担任兵部侍郎，随即由兵部侍郎调任陕西三边总督，在陕西三边主持着明廷与河套蒙古之间的贡市⑥。参与"首事"之人久任宣大总督，在一

---

① ［清］张廷玉：《明史》卷222，《方逢时传》，中华书局，1974年，第5848页。
② ［明］高拱：《高拱全集》，《政府书答》，《与宣府吴巡抚书四》，中州古籍出版社，2006年，第499页。
③ ［明］郑洛：《郑襄敏公赤牍》卷8，《与王鉴川大司马》，山东大学图书馆藏明刻本。
④ 吴廷燮《明督抚年表》卷2《大同》《山西》，中华书局，1982年，第165、189页。
⑤ 《郑襄敏公赤牍》卷5，《与胡顺菴中丞》。
⑥ ［明］石茂华：《抑菴总督陕西奏议》卷1，《为恭进虏王表文鞍马乞赐升录效忠夷人昭恩信以永贡市事》，国家图书馆藏明刻本。《抑菴总督陕西奏议》中关于贡市之奏疏颇多，不再详举。

定时间内担任三镇镇巡等官，以及跨区域交流至别镇担任督抚，无疑会将明蒙贡市的主张维持下去，并且将处理明蒙关系的经验带至别镇，能够确保贡市的有效进行。而后来的历史也证明，这一"首事"群体是维持明蒙贡市的重要力量。

（韩帅，1988年生，山东菏泽人，历史学博士，现为山西师范大学历史与旅游文化学院副教授，研究方向为明清史。本文为山西师范大学现代文理学院基础研究项目［2018JCYJ23］成果。）

北方红巾军的失败
与元末"中兴之局"的出现

郭玉刚

刘福通是元末红巾军起义的领导者,他从至正十一年(1351)五月"颍州起兵"后即以河南为主战场,旨在占领汴梁以"复宋"。至正十七年(1357)六月,鉴于河南战场反复争夺以致胶着的战况,刘福通制定了"军分三道"以将元军调离中原的战略,以保证尽快攻占汴梁,"刘福通犯汴梁,其军分三道,关先生、破头潘、冯长舅、沙刘二、王士诚寇晋冀,白不信、大刀敖、李喜喜趋关中,毛贵据山东,其势大振"①。

"灭元"当然是"复宋"的重要基础,红巾军也确实将两大目标并列写在自己的旗帜上,"虎贲三千,直抵幽燕之地;龙飞九五,重开大宋之天"②。过去学术界显然过分强调"灭元"而相对忽视"复宋",以至对"军分三道"与进攻汴梁的关系感到疑惑,将其与"灭元"相联系,"军分三道"转换为"三路北伐",即关中为西路军、晋冀为中路军、益都毛贵为东路军③。

红巾军有"复宋""灭元"的两大目标,学界往往从两者的实现程度来评估刘福通事业的兴衰。张宁指出学界将"攻陷汴梁"当作红巾军的鼎盛阶段,她却认为"三路北伐"的成败才是红巾军盛衰的标准,故至正十八年(1358)三月毛贵兵逼大都标志着红巾军的鼎盛,五月"攻陷汴梁"只具地域性的政治军事意义④。其实,至正十七年(1357)六月"军分三道"是服务于"复宋"的,"攻陷汴梁"后"灭元"才成为刘福

---

① 宋濂:《元史》卷45,中华书局,1976年,第937页。
② [清]钱谦益撰,张德信、韩志远点校:《国初群雄事略》卷一,中华书局,1985年,第16页。
③ 陈高华:《说元末红巾军的三路北伐》,《历史教学》,1981年第5期;邱树森:《妥欢贴睦尔传》,吉林教育出版社,1991年,第150—153页。
④ 张宁:《不可把"入都汴梁"视作北方红巾军反元的鼎盛期》,《北京大学学报》,2003年第2期。

通的首要目标。"军分三道"真正起到作用的,是能够"直抵幽燕"的"晋冀""山东"两路军,河南战场的元军主力不得不北撤河北,阻遏红巾军北上,河北战场因成双方鏖战的焦点。"攻陷汴梁"前,"灭元"并非红巾军首要战略诉求,这是河北战场红巾军未能"直抵幽燕"以致遭遇溃败的根本原因。"灭元"上升为首要目标,已遭削弱的红巾军在晋冀察罕帖木儿、河北悟良哈台、孛罗帖木儿等军的夹击下,逐渐落于下风,终至在忻代、河北战场再遭溃败,北方红巾军已难挽败局。

红巾军要"直抵幽燕"即需以河北为主战场,但山西地区以"表里山河"的战略地位而发挥了重要作用。山西战场不但贯穿于河北战争的始终,而且往往成为战争胜负的关键。在"复宋"阶段,红巾军无法完成"直抵幽燕"的目标,即因察罕帖木儿抢占了潞州、泽州及晋冀地区;在"灭元"阶段,田丰集团功亏一篑,则因镇守大同的孛罗帖木儿在忻、代战场的关键胜利。

本文以《元史》为核心史料对"军分三道"后红巾军与元军战争的基本脉络予以勾勒,对北方红巾军盛衰的转变、元末"中兴之局"的出现等问题进行探索[①]。在战争史研究中,我们重视把握战场地理,注重分析双方军政集团的构成与活动。元军方面,除学界习知的"义军"出身的察罕帖木儿外,其主要部分仍是包括孛罗帖木儿在内的政府军;红巾军方面,可以地域为基础,将其划分为河南刘福通部、曹濮盛文郁、济宁-东昌的田丰集团、益都行省的毛贵军[②],活跃在河北战场的即是盛文郁及田丰两部。

由于史料较为丰富,山西战场成为本研究的重点与基础。山西在红巾军战争中的作用,瞿大风、崔树华《元末统治集团对山西地区的争夺及其作用》及周松《元末黄河中游地区的政治形势与军阀集团》两文均在山西与元末政局演变的视野下有所涉

---

① 元末"中兴之局"为学界习知,大体指察罕帖木儿击败红巾军平定晋冀、河洛、齐鲁等地而出现的华北重归元廷号令的状态,以至有称其为"中兴名臣"的,本文认为孛罗帖木儿也对此做出重大贡献。宋濂《元史》卷140中亦有类似的记述,它认为毛贵在柳林遭刘哈剌不花所败,"京城遂安",张士诚投降,加之察罕帖木儿屡在关陕、晋冀取得胜利,因而"有中兴之望矣",也就是说至正十八年(1358)三月毛贵兵败是"中兴之局"出现的上限,见《元史》,中华书局,1976年,第3370页。察罕帖木儿至正二十一年(1361)下半年进攻齐鲁时张翥曾寄诗曰"圣主中兴大业难,元戎报国寸心丹",则其预期的"中兴之局"将出现于察罕帖木儿平定齐鲁、南下江东之时,这或许是最保守的预期,张翥:《张蜕庵诗》卷四《寄野庵察罕平章时攻淄郓》,四库丛刊本。
② 邱树森《元末农民政权几方铜印的初步研究》中指出北方红巾军设置有益都行省、淮安行省、江南行省,见《文物》,1975年第9期。盛文郁、田丰所在的地区疑亦有行省设置。

及①，本文仅讨论至正十六年（1356）十月到至正二十一年（1361）四月约五年间史事，也就是山西在元末发挥作用的第一个历史阶段。山西在元末之所以重要，首先是这里成为核心战场，第二是战争孕育出察罕帖木儿与孛罗帖木儿南北对峙格局，第三是元廷调解"冀宁之争"促成"中兴之局"，此外则是在下一阶段两方战端再起引致朝廷党争、地域争端纷纭，终将华北主导权拱手送予朱元璋的"北伐军"。

一、察罕帖木儿东入晋冀

（一）追袭关中

至正十五年（1355）二月，刘福通在亳州建立宋王朝，即屡次北上占领汴梁，却每遭元河南平章总兵官答失八都鲁及所部"义军"察罕帖木儿所败，而不能得志。刘福通数次派兵攻击河北怀庆府以调动元军北进，却均因兵力不足而被察罕帖木儿军速败，难以起到支援河南战场的效果。至正十六年（1356）十月，刘福通派遣李武、崔德率兵西进潼关及占领陕、虢，终于将察罕帖木儿兵调出中原。

李武、崔德是从汝宁经虎牢关、洛阳而西抵潼关的。至正十六年（1356）八月己未（十一日），他们进攻洛阳失败，"贼侵河南府路，参知政事洪丑驴以兵败之"②，九月再败于潼关，但他们并不甘于东返而是就近占据陕、虢，察罕帖木儿受命率兵西来：

> 既而贼西陷陕州，断崤函，势欲趋秦晋。知枢密院事答失八都鲁方节制河南军，调察罕帖木儿与李思齐往攻之。察罕帖木儿即鼓行而西，夜拔崤陵（三门峡市陕州区硖石乡），立栅交口（三门峡市湖滨区交口乡）。陕为城，阻山带河，险且固，而贼转南山粟给食以坚守，攻之猝不可拔。察罕帖木儿乃焚马矢营中如炊烟状疑贼，而夜提兵拔灵宝城（即灵宝老城，今已没于三门峡水库中）。守既备，贼始觉，不敢动，即渡河陷平陆，掠安邑，蹂晋南鄙。察罕帖木儿追袭之，麾之以铁骑。贼回扼下阳津（运城市平陆县城），赴水死者甚众。相持数月，贼势力

---

① 瞿大风、崔树华：《元末统治集团对山西地区的争夺及其作用》，《蒙古学信息》，2002年第2期；周松：《元末黄河中游地区的政治形势与军阀集团》，《中国历史地理论丛》，2006年第1期；洪丽珠《元末华北将领与蒙元的亡国论述》是从华北将领的角度讨论元明嬗代史的最新作品，它以人物为线索试图重绘元朝视角的蒙元亡国图景，其中也涉及元末山西局势的变动，可堪参照；刘迎胜、姚大力主编：《清华元史》第五辑，商务印书馆，2020年6月。
② 《元史》卷44，第932页。

穷，皆遁溃。以功加中奉大夫，金河北行枢密院事。①

李武等据陕、虢，断绝崤陵、函关，"转南山粟给食"，南山即陕州以南的伏牛山，则南阳红巾军与"汝颍贼"李武等声势相通而为其接运粮饷。孙翥为解州创建的颍川忠襄王庙所写碑文载察罕帖木儿西来作战，"俄闻颍川王将大兵数万众转战南来，拔崤函，直薄陕州城，攻围计数日，贼分遣奇兵，渡河北蹂解南鄙，王将骑夜渡灵宝，要击于安邑南原，大破之，乘胜逐北数十里，抵达平陆城下阳津，贼争赴水死，无噍类遗，城中贼大夺气，会食尽，弃城乃遁去"。②

察罕帖木儿西来，首先抢夺崤陵，在逼近陕州的交口"立栅"，经过数日攻城难以如愿，遂在营中焚马矢迷惑敌军，乘夜提兵过陕州而陷灵宝，以断绝红巾军粮饷补给线，李武等不得不渡河掠平陆、安邑、夏县等地以为接济，又被从灵宝渡河追袭的察罕帖木儿击败。

察罕帖木儿歼敌主战场在夏县朱吕村（今夏县裴介镇朱吕村），归旸至正二十二年（1362）正月所作碑记有载：

> 其（至正十六年，即1356年）十月，盗由平陆济河趋夏县，去县二十里而憩。县郭为空，吏亦匿其妻子观望。须臾公济自沙涧，取他道先。既至，问盗所在，伏其兵以待。盗且近，又羸师以饵之。盗遂入伏，鼓作士纵，人马俱惊，不择高下，跋危踬深，死相蹈藉。其得走者，公且杀且追，婴尸蹀血数十里，歼然后已。③

红巾军自平陆渡河先在解州劫掠而后北进夏县，察罕帖木儿自"沙涧"渡河，以铁骑走他道而先至夏县，预作伏兵，红巾军身负辎重遭受伏击，故大败而溃。察罕帖木儿"要击于安邑南原"，应即朱吕村附近，"逐北数十里"，直至平陆"下阳津"而全歼敌军，山西形势转归平寂。

《顺帝本纪》将察罕帖木儿复陕、虢及战晋南均系于至正十六年（1356）九月，归旸将平陆、安邑战事定于十月，《察罕帖木儿传》明谓双方"相持数月"，则李武等食尽而退出陕州已至正十七年（1357）初。张翥《关关墓志铭》视察罕帖木儿定关陕为陕虢之战的继续，"丁酉，忠武定陕、虢，以功居多，升怀远大将军、颍息招讨正万

---

① 《元史》卷141，第3385页。
② 孙翥：《创建颍川忠襄王庙碑》，李修生主编《全元文》第58册，凤凰出版社，2004，第407页。
③ 归旸：《乃蛮公生祠记》，《全元文》第51册，第110页。

户，贼散入关中，势颇张，公追袭，抵凤翔，平陕西"①，则李武、崔德败出陕州不久即于至正十七年（1357）二月迁回荆襄破商州、经武关进入关中。察罕帖木儿应陕西行台侍御史王思诚之邀西入关中，粉碎了李武等攻占陕西行省的图谋，被朝廷任命为陕西左丞，"专守关陕"，并获"便宜行事"的特权，得以"自成一军"②。刘福通终于实现将察罕帖木儿调离中原的夙愿，这鼓励他在六月出台了更大规模的"军分三道"战略，以便尽快"攻陷汴梁"，河北战场逐渐成为"亡元"主战场。

（二）东击晋冀

河北战场的形成，始于至正十七年（1357）七月元归德府的降附，"归德府知府林茂、万户时公权叛，以城降于贼，归德府及曹州皆陷"，曹州、大名路渐次被红巾军占领，八月癸丑（十一日），"刘福通兵陷大名路，遂自曹、濮陷卫辉路，答失八都鲁之子孛罗帖木儿与万户方脱脱击之"③，"自曹濮陷卫辉路"，说明进入河北作战的"刘福通兵"实即"曹濮贼"，盖刘福通派遣李喜喜西趋关中外正全神贯注于进攻汴梁，实无暇渡河北上。《庚申外史》载，"答失八都鲁率本部兵渡河征曹州盛文郁"④，"曹濮贼"首领即盛文郁。

答失八都鲁八月先派遣其子孛罗帖木儿北上，九、十月间，他又亲率部北进，至大名路会合知院答里麻失里援军，答里麻失里兵败身死，"答失八都鲁与知枢密院事答里麻失里以军讨曹州贼，官军败绩，答里麻失里死之"，答失八都鲁向北退驻于石村（今邢台市隆尧县东良镇的石村）⑤，这就是所谓"渡河征曹州盛文郁"的情况。同时，驻守嵩、汝等河南西部山区的湖广左丞相太不花也率部北进，与盛文郁作战于大名路，九月丙子（四日），太不花子寿童出兵冠州，戊戌（二十六日），"太不花复大名路并所属郡县"，答失八都鲁兵败退驻石村，太不花也于十月率部退驻于彰德、卫辉⑥。

盛文郁进军河北，元军在河南的两个总兵官皆率部北上，元廷亦遣兵将南下，可见其干系之大。元廷九月"遣中书右丞也先不花、御史中丞成遵奉使便宜宣抚彰德、

---

① 李航：《关于元末乃蛮氏关关神道碑的实地考察及研究》，《西部蒙古论坛》，2017年第4期。
② 《元史》卷183，第4214—4215页。
③ 《元史》卷45，第938页。
④ ［元］权衡著，任崇岳笺证：《庚申外史笺证》卷下，第88页。
⑤ 《元史》卷45，第938—940页；《元史》卷142，第3397—3398页；敖长军：《元代西南世家纽璘家族研究》，内蒙古大学硕士学位论文，2018年，第48页。
⑥ 《元史》卷45，第938—940页；《元史》卷141，第3382页。

大名、广平、东昌、东平、曹、濮等处，奖厉将帅"①，除了东昌、东平两处是济宁路起家的田丰部北上活跃区域，彰德、大名、广平应即"曹濮贼"活动区域。

元军挫折，红巾军西向进逼至太行山，乘机侵入山西地区。《顺帝本纪》载至正十七年（1357）九月甲午（二十二日），"泽州陵川县陷，县尹张辅死之"，闰九月乙丑（二十四日），"潞州陷"，丙寅（二十六日），"贼攻冀宁，察罕帖木儿以兵击走之"。十月戊戌（二十八日），"曹州贼入太行山"；十一月壬寅（二日），"贼侵壶关，察罕帖木儿大破之"。②

红巾军既在九、十月间攻陷泽州、潞州并进军冀宁路，则十月红巾军"入太行山"显谓他们进攻晋冀失败东返时穿越太行山。红巾军自九月末至十月底，首次西进遭察罕帖木儿击败。十一月初，他们企图再次向西，又遭察罕帖木儿击败于壶关。"曹州贼"表明进攻河北及西入晋冀的红巾军，确系盛文郁部。"军分三道"中"寇晋冀"的关先生、破头潘、冯长舅，即是这一阶段进攻山西的盛氏军将。

察罕帖木儿西进关中，盛文郁遂得渡河纵横；晋冀形势危殆，又由察罕帖木儿举兵东来以为扭转，朱元璋谓刘福通非察罕帖木儿敌③，洵非虚语。刘福通为将察罕帖木儿调离中原，除派遣李武、崔德进入关中外，又在至正十七年（1357）六月派白不信、大刀敖、李喜喜等往援，这就是"军分三道"的关中一路军。潞州"义军"首领李维馨知红巾军非察罕帖木儿敌，故在关先生等侵晋冀之初即急入关请援。李维馨，字庭芳，潞州人，曾在脱脱至正十二年（1352）平定徐州一战中出谋划策，至正十四年（1354）末脱脱败逐而返乡，至正十七年（1357）九月，"曹濮盗逾太行陷陵川，乡民奔窜，维馨止之，率众凭险力守"，"察罕帖木儿时在关中，闻其名，聘参军事"，适值平定关中的关键时期，李维馨力劝察罕帖木儿东进晋冀：

> 时方议取兴元，维馨说之曰："将军用兵如神，威名冠世，今若西克兴元，必举巴蜀，连山带江，足以自全，止为一军富贵计耳。三晋河山之固甲天下，民勤物阜，形势都会，必欲消寇乱安王室，收不世之功，非河东无以为资。且东寇垂涎日久，志在必得，一失上党，是无河东，大事去矣。若选精骑昼夜疾驰出其不意，破之必矣。是将军舍区区偏隅而全中原之上游，苟利社稷专之尚可，况奉便

---

① 《元史》卷45，第939页。
② 同上注，第938—939页。
③ 朱元璋《谕晋燕二王敕》，"元义兵李察罕辈奋起河洛，刘太保莫能与敌，梁地遂平"。《大明太祖皇帝御制集》卷四，《稀见明史研究资料五种》第一册，中华书局，2015年，第421—422页。

宜乎!"察罕帖木儿然之,遂遣关保与偕趋潞州,而自以大军继之,勘定晋冀皆如所料①。

李维馨是在陵川失陷后结兵自保及西入关中搬取救兵的,时间应在九月底。"方议取兴元"表明察罕帖木儿基本平定了关中叛乱,正值追逐穷寇的关头,李氏以察罕帖木儿所奉"便宜行事"的特权力劝其放弃南下而疾兵东进。李氏认为晋冀所在的河东有重大战略价值,"收不世之功,非河东无以为资","东寇垂涎日久,志在必得",一失上党,大事去矣,盖河北战场难解难分,红巾军若得上党,既可东返威胁彰德战场侧翼,又可上直抵大都,这正是"东寇"垂涎已久、志在必得的原因,也是元廷兴亡的关键所在。当然,察罕帖木儿返旆东去也有前提条件,那就是关中战役恰告一段落,具体来说凤翔之战已经结束,然《顺帝本纪》将凤翔之战置于十月②,显与事势不合,即该战事当于九月末已告结束。察罕帖木儿命关保与李维馨"偕趋潞州"为先导,他亲率重兵尾随而东,并于闰九月二十六日击败红巾军于冀宁城下,又于十一月壬寅(二日)再败红巾军于壶关③。

与王思诚邀请察罕帖木儿西进陕西类似,李维馨也是鉴于红巾军入侵潞、泽而元军难以抵挡而献计邀约的,他们看重的均是察罕帖木儿部能征惯战,所不同者李氏无官无职,不过潞州"义军"首领,察罕帖木儿尽管有"便宜行事"的特权,但毕竟是"专守关陕"的陕西左丞,故其东出晋冀实难摆脱"擅调"之嫌。耿元益作于至正二十二年(1362)初的《关虎左辖二公勋德碑》中,似即有意回避察罕帖木儿专擅东来,"岁次戊戌,盗猖晋冀,宗戚二王力莫能遏,朝廷分金枢马乞剌俾以保卫而不能支,传檄关中求援,总兵关保适为裨将,屡立完勋,调御泽潞,戒以好生保民为务"④,只言关保、虎林赤等"调御泽潞"在至正十八年(1358)戊戌⑤,丝毫不提关保前一年已入潞作战之事实。关保等至正十八年(1358)东来有"宗戚二王""传檄关中求援",但至正十七年(1357)东征晋冀是《顺帝本纪》《长治县志》共认的事实,耿氏写法不过欲盖弥彰。

---

① (光绪)《长治县志》卷五,第68—69页。
② 《元史》卷45,第939页。
③ 同上注,第940页。
④ 耿元益:《关虎左辖二公勋德碑》,《辽金元石刻文献全编》第三编,北京图书馆出版社,2003年,第988—989页。
⑤ 归旸《乃蛮公生祠记》亦含混其词,将察罕帖木儿再次进入晋冀作战确定于"十八年",其同属替察罕帖木儿"擅调"所作"讳饰之词"无疑,见《全元文》第51册,第110页。

察罕帖木儿西入关中和东进晋冀均属"擅调",这反映出"义军"出身的察罕帖木儿并不十分看重朝廷诏旨,这是有原因的。首先,元政府军在与红巾军的战争中乏善可陈,很难不引起察罕帖木儿对元廷的轻慢之念;其次,军情如火,两次"擅调"均有难以请命的紧急状况。政府军在战争中的拙劣表现沉重打击了元廷权威,红巾军起"彼可取而代之"之心,"义军"若察罕帖木儿也生轻侮之心,已是明显不过的事实。

二、盛文郁在河北战场的失败

"军分三道"的东路军是山东毛贵军,毛贵是淮安红巾军领袖赵君用将,至正十七年(1357)二月自海州渡海北上攻陷胶州、益都,控制了山东半岛区域。稍后,控制运河沿线的田丰集团也向刘福通投降,他们也给予开辟河北战场的盛文郁军以巨大支持。河北战场对大都的威胁最烈,也是元军守备的核心,至正十七年(1357)六月丙辰(十三日)监察御史脱脱穆而的建言正是元廷对河南、山东、河北三大战场的认识与战略遵循,"去岁河南之贼窥伺河北,惟河南与山东互相策应,为害尤大。为今之计,中书当遴选能将,就太不花、答失八都鲁、阿鲁三处军马内,择其精锐,以守河北,进可以攻山东之寇,庶几无虞"①。

随着关先生第一波晋冀军的失败,盛文郁在河北战场渐次落于下风。至正十八年(1358)二月,毛贵攻陷济南,大都瞬间暴露在红巾军兵锋之下,驻守东昌的元山东总兵官纽的该放弃了外线防御迅速撤防至内线的大都南侧,河北战场更趋严峻,太不花升任中书右丞相为山东总兵官驻守于彰德、广平,答失八都鲁死后其子孛罗帖木儿继任河南平章驻守井陉口及石村,河北战场酝酿着一场战略决战。纽的该自山东北撤,刘福通命田丰自东平、东昌增援盛文郁,另以毛贵部沿御河北上直抵幽燕;其本人则率部为攻陷汴梁而继续战斗于河南。

(一)第二波晋冀军

田丰抵达河北战场之初,也积极西进晋冀,不幸其部将王士诚、沙刘二再遭察罕帖木儿击败。察罕帖木儿至正十八年(1358)初率部从晋冀返回关中,着手处理乘其东出蔓延到泾州、平凉等处的李喜喜红巾军。正月,元廷诏察罕帖木儿屯陕西、李思齐屯凤翔,二月丁亥(十九日),察罕帖木儿等"调兵复泾州、平凉,(按:应为红巾

---

① 《元史》卷45,第937页。

军退)保巩昌",恰逢田丰增援河北、毛贵北击大都,察罕帖木儿再次中断关中战事而东出晋冀。四月,察罕帖木儿再回关中围攻巩昌,终将红巾军赶出陕西,"察罕帖木儿、李思齐会宣慰张良弼、郎中郭择善、宣慰同知拜帖木儿、平章政事定住、总帅汪长生奴,各以所部兵讨李喜喜于巩昌,李喜喜败入蜀"①。自至正十七年(1357)九月到次年四月,察罕帖木儿在关中作战的关键时刻两度东出,不但扭转了晋冀战场,也平定了陕西,其救火队的角色的确令人印象深刻。

察罕帖木儿第二次东出约在至正十八年(1358)二、三月之交,时毛贵北逼京师,元廷诏其移驻涿州。三月二十日前后,行至绛州的察罕帖木儿就地设伏击败劫掠南归的红巾军,适值刘哈剌不花自彰德北上击败毛贵于柳林,察罕帖木儿遂引兵返回关中。第二波晋冀军兵分两路,"一出沁州,一出绛州"②,绛州红巾军的首领是王士诚,出沁州的一支则是沙刘二军。

二月庚寅(二十二日),王士诚进攻怀庆,遭守将周全击败,随即西入绛州;三月癸卯(五日),攻陷晋宁路,"总管杜赛因不花死之",甲辰(六日),察罕帖木儿遣赛因赤(答忽)复晋宁路,丙辰(十八日),"冀宁路陷",辛酉(二十三日),大同诸县陷,"察罕帖木儿遣关保等往击之"③。王士诚三月二十三日攻陷大同,同时毛贵兵败柳林,则其迂回晋冀与毛贵会师大都的意图非常明显,故田丰增援河北另负"直抵幽燕"之命,即由王士诚与"出沁州"的沙刘二迂回山西北上大都。毛贵兵败,王士诚折而南返,遭察罕帖木儿击败于绛州。《察罕帖木儿传》载:

> 曹濮贼方分道逾太行,焚上党,掠晋冀,陷云中、雁门、代郡,烽火数千里,复大掠且南还。察罕帖木儿先遣兵伏南山阻隘,而自勒重兵屯闻喜、绛阳。贼果走南山,纵伏兵横击之,贼皆弃辎重走山谷,其得南还者无几。④

"分道逾太行"即从河北西侵晋冀的两支红巾军,一是从绛州西来的王士诚军,一是"焚上党"而从沁州西掠的沙刘二军。王士诚自绛州而非经泽州与沙刘二会合于潞州,除在怀庆遭周全击败,也与泽州南侧的太行通道已被堵塞有关。至正十七年(1357)九月李维馨请援关中,关关奉察罕帖木儿命驻守高平,并在战后留守潞泽,王士诚西入晋冀前夕奉命南驻狐岭(济源市承留镇虎岭村),"抵凤翔,平陕西,乃移军

---

① 《元史》卷45,第941—942页。
② 《元史》卷45,第941—942页;《元史》卷141,第3386页。
③ 《元史》卷45,第941—942页。
④ 《元史》卷141,第3385页。

守高平，转河东山西宣慰司副使，贼方跳梁汾晋，公乃移军狐岭，贼间道出绛州邀我，惧而遁，升荆湖北道同知宣慰司事"①，王士诚因而不敢出狐岭北上泽州，只得"间道出绛州"。

怀庆路北上泽州的要道碗子城，可能也已被察罕帖木儿将伯帖木儿据守。至正十八年（1358）七月周全以怀庆降于刘福通时曾向北进攻碗子城，并击败伯帖木儿②，伯帖木儿或亦在王士诚西出前夕移驻碗子城。伯帖木儿、关关协助周全阻止了王士诚经泽州入侵的企图，迫使红巾军分由绛州、沁州西侵，这有效隔断了两军的互动，进而保全了晋冀局势，避免了他们与毛贵会师进攻大都可能造成的严重后果，李维馨所论河东的战略价值由此已充分显现。

"出沁州"的沙刘二也是田丰部将，其与王士诚分兵西进，或有吸取第一波晋冀军教训而以王士诚迟滞察罕帖木儿北上以保障沙刘二顺利北上的考量。《正德大名府志》载，至正十八年（1358），濮阳人伯颜结砦彰德以御寇，遇到沙刘二来攻：

> 戊戌，东昌贼沙刘二者帅众来攻。先宣言曰："颜先生河北名儒，慎勿伤也"。攻二日，垒破，妻子皆被执。刘二亲解其缚，温言语之曰："先生知古通今，天下十分，我有太半，尔能屈从，可与共图富贵"。侯曰："尔本良民，乃以妖言惑乱黔首，尔能改悔，我当上言朝廷，使汝为王官，不犹愈于受伪命乎。"③

伯颜亦属"民义"领袖，其家乡濮州沦陷后跟随太不花西驻彰德，沙刘二西入晋冀中途将其俘获。经长子县进驻潞州的关保击败了沙刘二的进攻：

> （关保）兵抵长子，盗由冀径潞，山西大惧，继犯襄垣，即分军三队，掩掠其众，盗惧，遁自黎城，下吾儿峪，是夕命弟赛因不花勒兵横击，大捷，以安潞境，居未几，命总分部藩御，就命为守。④

沙刘二"焚上党"，继犯襄垣，再上沁州，因而被称为沁州一路。沙刘二于三月会合王士诚攻陷冀宁路，"十八年三月，扫地王、沙刘陷冀宁"⑤，但终因毛贵兵败而南返，自黎城出吾儿峪（黎城县东阳关），再遭兵败，"潞境以安"。《察罕帖木儿传》谓两部

---

① 李航：《关于元末乃蛮氏关关神道碑的实地考察及研究》，《西部蒙古论坛》，2017年第4期。
② 《元史》卷45，第944页。
③ 正德《大名府志》卷十，八十、八十一叶。
④ 耿元益：《关虎左辖二公勋德碑》，《辽金元石刻文献全编》第三编，第988页。
⑤ 《元史》卷92，第2328页。

为"曹濮贼"并不准确，或与第一波晋冀军混淆而误，或因盛文郁部为河北战场红巾军主力而误，或此次西入晋冀，盛文郁部也分兵参与了作战。

至正十八年四月察罕帖木儿返回关中作战，王士诚、沙刘二合兵再出滏口陉①，经潞州攻陷冀宁路。察罕帖木儿击败李喜喜收复巩昌路，即受诏"还兵镇守晋冀"，他命董克昌率兵东进，遂于五月朔克复冀宁路，又命白琐住率军镇守。五月庚子（三日），元廷进察罕帖木儿陕西行省右丞，兼陕西行台侍御史、同知河南行枢密院事，并将他的"总兵"范围扩至晋冀等地，"守御关陕、晋冀，抚镇汉沔、荆襄"②，察罕帖木儿以关保驻守潞州，"就命为守"。

察罕帖木儿此前的晋冀作战，一直没有获得"名分"，沙刘二等两次经滏口陉进陷冀宁，皆因元政府军守备虚空，至此关保受命守备潞州，红巾军经滏口陉西进的道路因而堵塞。王士诚等败退东归，即遭关保部击败，五月庚子（三日），"贼兵逾太行，察罕帖木儿部将关保击败之"，乙巳（八日），"关保与贼战于高平，大败之"。六月壬辰朔，元廷以克复晋冀功再升察罕帖木儿为陕西平章，他再调虎林赤增援潞州，与关保同守晋冀东门③。

关保与王士诚战事始于四月末，故《关虎左辖二公勋德碑》将潞州战事均系于四月：

> 盗至壶关，即住（往）逆战，获其先锋，告以夜约入潞，遂冒雨率众衔枚设奇以待，寇知不敢犯，南据高平、泽郡，又整兵掩袭剿绝。总兵遣使劳之，升副河东宣闻，复遣招讨万户虎林赤为佐。

王士诚、沙刘二等经滏口陉败归河北，又遭河南平章孛罗帖木军邀截于武安，"六月，自武安由彭城邀截沙刘等"，彭城指磁州彭城镇（今邯郸市峰峰矿区彭城镇）④，武安即广平路武安县。大约同时，盛文郁将关先生等再次西出晋冀并攻陷冀宁路，六

---

① 太行八陉的情形，可参看李零：《说中国山水——以太行八陉为例》，氏著《我们的中国》第三编《大地文章》，生活·读书·新知三联书店，2016年，第10—26页。
② 《元史》卷45，第943页；《元史》卷141，第3386页。
③ 《元史》卷45，第943页。
④ 屠寄《蒙兀儿史记》改为"自武安出彭子冈"，并辨析"旧误作彭城"，意在确定邀截沙刘二在广平路，而非徐州附近。柯劭忞、屠寄：《元史二种》下册，上海古籍出版社，2012年，第771页。陈高华《说元末红巾军的三路北伐》亦注意到沙刘二活动的武安、彭城均在河北西南部，见《历史教学》，1981年第5期。嘉靖《彰德府志》卷二第三十叶，磁州有"彭城"，"在滏源里，居民善陶缶甖之属，或绘以五彩，浮于滏达于卫，以售于他郡"，《天一阁藏明代方志丛刊》本。

月庚辰（十三日），"关先生、破头潘等陷辽州，虎林赤以兵击走之，关先生等遂陷冀宁路"①。

《关虎左辖二公勋德碑》载关先生攻拔辽州在五月：

> 五月，盗拔辽州，据榆社，二公抵城破杀，乘胜大震，寇夜遁，追勦几尽。遂谓太行多阨，若分兵阻遏，盗必不入，功收万全，列守诸口，咸获其利。②

值得注意的是，关先生等绕过了关保守备的潞州，选择了更北方政府军守备的辽州、榆社，进而攻陷了白琐住镇守的冀宁路。察罕帖木儿部击退关先生等军进攻后，乘机完善了太行诸塞的守备，晋冀形势趋于稳固，这就是《察罕帖木儿传》所谓的晋冀布防体系的形成，"乃分兵屯泽州，塞碗子城，屯上党，塞吾儿峪，屯并州，塞井陉口，以杜太行诸道，贼屡至，守将数血战击却之，河东悉定"③。

（二）盛文郁兵溃彰德

王士诚、沙刘二两度西入晋冀作战，其主将田丰留在河北战场，协助盛文郁与元军作战于彰德、广平等地。四月壬午（十四日），田丰攻陷广平路，但不久孛罗帖木儿就将方脱脱打败，"退保东昌"④。

在察罕帖木儿军激战晋冀的五、六月间，河北战场元军阵营发生了总兵官太不花诛死的剧烈事变，招致元军形势急剧恶化。其一，据守汴梁的元将竹贞于五月壬寅（五日）"弃城遁"，刘福通终得偿夙愿，"入据汴梁"⑤；其二，太不花所部怀庆守将周全于七月朔突然"易帜"，归降于刘福通。

元廷罢逐太不花，先将军权一分为二，以知院悟良哈台为河北总兵官，周全为河南总兵官以相慰抚。不过旬月，察罕帖木儿又受命南移河南，"察罕帖木儿乃北塞太行，南守巩洛，而自将中军军渑池"⑥，侵犯了河南总兵职任，周全愤然"易帜"。怀庆易帜后，周全企图北经泽州侵入晋冀，却在击破碗子城后转而南返，驱兵民渡河南下汴梁。周全"易帜"，再次激励了屡遭挫折的盛文郁军，他们发动了新一轮的反攻却迅

---

① 《元史》卷45，第943页。
② 耿元益：《关虎左辖二公勋德碑》，《辽金元石刻文献全编》第三编，第988页。
③ 《元史》卷141，第3385页。
④ 《元史》卷45，第942页。
⑤ 同上注，第943页。
⑥ 《元史》卷141，第3386页。

速失败，不得不向南溃退，周全渡河南下即其表征。

彰德等处红巾军对潞州的进攻与失败，也是盛文郁军兵败的一部分：

> 是岁秋，盗复侵铁骑谷，连营数万，命裨将陈明等夜以死士劫之，黎明盗依山北遁，袭击余党，逃溃不复西犯。继有杏城（平顺县杏城镇）首盗刘子才掠林虑（林州市林虑山）、天平（林州市天平山）、冰山（林州市太极冰山）等二十余寨，皆没入盗，约侵泽、潞。整兵往御，北至壶关，寇已越山据险而阵，即令铁锜数千短兵相接，甲胄耀日，盗遂惊溃。复径羊嵬山，合众二十余万。二公身先士卒，神思安闲，遇野鹿突至，一发而殪，盗诧其能，军威愈壮。乃分部属为奇，自将大兵直捣其垒，大破之。①

杏城、林虑等地皆处潞州东面的太行山中，这些红巾军属盛文郁进入河北在本地发展的盟友，他们进攻潞州与周全北上泽州，均为盛文郁河北作战的一部分。周全七月南奔，彰德红巾军也告失败，陷于孤立的盛文郁军随之兵溃南遁。河南平章孛罗帖木儿统领诸将尾追攻击，九月抵达曹州，十月，曹州城破，"遣参政匡福统苗军自西门入，孛罗帖木儿自北门入，四门并进，克复曹州，擒杀伪官武宰相、仇知院，获伪印信金牌等物"②。"武宰相""仇知院"即"曹濮贼"将领，首领盛文郁或先率兵南入汴梁③。盛文郁自至正十七年（1357）八月渡河攻陷曹、濮进至大名、彰德，至此遭遇致命挫折，河北战场由此进入第二阶段。六月以来即在冀宁路作战的关先生、破头潘，在红巾军彰德溃败时不得已北进忻州、代州等地，遂成盛文郁留在北方战场的孤军，后来更经大同逸出塞外作战。

周全以河北兵败而南下，刘福通的河南战场顿时陷入危局，他发动的西进洛阳战役不过困兽犹斗，倘说盛文郁的失败标志着刘福通事业的中衰，离实际或不算太远。盛文郁是与刘福通共同发起"颍州起兵"而硕果仅存的老资格红巾军领袖，他在曹州的失败无疑是北方红巾军的重大挫折。"义军"出身的田丰集团代替了盛文郁的位置，成为河北战场的主力，但刘福通对他的期待恐怕终难达到"旧僚"盛文郁的高度。巧合的是，红巾军带来的"军阀割据"局势正好在这时明朗化，其主要标志就是察罕帖木儿集团的形成。察罕帖木儿南下河洛，加上关中、晋冀两地，俨然已成北方最强军

---

① 耿元益：《关虎左辖二公勋德碑》，《辽金元石刻文献全编》第三编，第988页。
② 《元史》卷207，第4601页。
③ 盛文郁养子马鉴在盛氏卒后率残部跟随刘福通南迁安丰路，为"同佥"，"庐州战后"于至正二十四年（1364）投奔朱元璋，见《明太祖实录》卷232，第3399页。

政集团。

察罕帖木儿亦出身"义军",数年间跻身元军最高军官行列,所辖区域日益"私人化"。至正十八年(1358)四月,察罕帖木儿移镇晋冀时,即在陕西势力范围内"自除州县官";六月奉命南下河洛,又"自命"刘尚质为冀宁路总管①。两次事件均发生在受命移防的当口,反映出察罕帖木儿对平定地区确有"独占"之心,当然他也有对政府军不信任的理由,至少从至正十六年(1356)九月以来,察罕帖木儿即始终充当"救火者"角色,红巾军蔓延到哪里,他就奉命到哪里作战,自陕虢、关陕、晋冀而河洛,莫不如此。也就是说,元军在红巾军的进攻下几乎一触即溃,察罕帖木儿为保持后方稳固,似确有亲自掌控守务的必要。

察罕帖木儿南下河洛迅速取得保卫洛阳的胜利,即进一步推进对辖区的控制,九月朔,曾于三月收复晋宁路的赛因赤答忽"特奉圣旨授中奉大夫河东山西道分宣慰使"移驻蒲州,并立即着手整备城池以加强守备②,晋冀区域的两路迅速私人化。太不花诛死事件,是元末"军阀割据"局面全面升级的催化剂。

三、田丰集团的失败

至正十八年(1358)九月,刘福通自西攻洛阳失败后即与察罕帖木儿在中原陷于对峙,流窜于忻、代区域的关先生、破头潘面临河北总兵知院悟良哈台军的进剿,盛文郁军则被孛罗帖木儿军围攻于曹州,红巾军破灭指日可待。改变红巾军危局的,就是自济宁、东昌北上进攻顺德、真定等地的田丰军,它也是河北战场第二阶段的主力。

九月壬戌(二十六日),田丰派王士诚经真定攻陷平定州,意在支援忻、代战场。关保由潞州北上和顺、平定等地:

> 九月,盗复据松子岭(和顺县北)及店城东山,其势振皇,恐士卒怯战,绐谓众曰:"所见乃山上草木形,非寇之众"。咸曰:"是盗则杀,草木则伐,山丘则平,何虑众寡"。知其可用,期死战以共底朝廷总兵之事业。虎公分领董仲义等为奇,天党尹郭从善部民义为掎角,关帅统洪义等鼓噪陷之,僵尸百里,蹂躏殆尽。③

---

① 《元史》卷45,第942—943页。
② 钟迪:《河中府修城记》,乾隆《蒲州府志》卷十九。
③ 耿元益:《关虎左辖二公勋德碑》,《辽金元石刻文献全编》第三编,第988页。

王士诚军继续北上大同，田丰军作战于河北。十月壬辰（二十七日），王士诚攻陷大同路，十一月丁未（十三日），田丰率部陷顺德路。结束曹州作战的孛罗帖木儿不敢怠慢立即整兵北上，以彰德等地与田丰军周旋，顺德路失陷即是两军激战的表现①。

田丰北援，关先生、破头潘九月初自忻、代战场兵出飞狐－蒲阴陉直扑保定，以图与援军会合于河北，却遭元军击败，不得不取完州（顺平县）寻原路西返。忻、代北出大同，东经蔚州以出燕赵，"控燕晋之要冲"，直接威胁元廷安全，因成两军势在必争的关键战场②。九月丙午（十日），关先生攻陷大同，纵横于塞外；十二月癸酉（九日），"关先生、破头潘等陷上都，焚宫阙"，"转往辽阳"③，逐渐开辟了辽东战场。他们留下的忻、代战场则逐渐由王士诚等军接手。田丰纵横于河北，王士诚据忻、代，关先生战塞外，三个战场互相配合，严重威胁大都安全，元廷急调察罕帖木儿部自洛阳北来应援。

王士诚九月进攻平定州时，察罕帖木儿蒲州守将赛因赤答忽即率兵北上应援，"戊戌，贼首号"扫地王"者，突入晋冀，势猖獗，公与战冷水谷，败之，贼遁去，迁金河南行枢密院事"④。"突入晋冀"即王士诚九月二十六日攻陷平定州后的动向，却遭赛因赤答忽阻击，只得向北"遁去"，于十月二十七日再陷大同路，随后出塞与关先生合流。至正十八年（1358）十二月庚辰（十六日），察罕帖木儿所遣枢密判官白琐住已追击至于辽阳。此次作战，大概未能取胜，以致王士诚又南返至于忻代区域，察罕帖木儿忙于至正十九年（1359）正月丙午（十三日）遣枢密院判官陈秉直、八不沙将兵二万守冀宁路⑤，意在加强守备以遏制颓势。

元军的这次颓败，确也有迹可循。至正十九年（1359）二月，悟良哈台所部政府军中数万太不花溃散之卒公然抄掠，终究还是察罕帖木儿军再次稳固了局势，"太不花溃散之兵数万抄掠山西，察罕帖木儿遣陈秉直分兵驻榆次招抚之，其首领悉送河南屯种"⑥，陈秉直榆次招抚就是兵胜而作善后处置。无独有偶，原太不花大将知院刘哈剌

---

① 至正二十三年（1363）六月戊戌朔，孛罗帖木儿与扩廓帖木儿兵端又起，急遣方脱脱迎匡福于彰德，扩廓帖木儿遣兵追击败还，"匡福遂据保定路"，看来孛罗帖木儿从至正十八年（1358）南下反攻起即占有彰德路，该地也长期成为他的势力范围，见《元史》卷46，第963页。
② ［清］顾祖禹撰，贺次君、施和金点校：《读史方舆纪要》卷四十四，中华书局，2005年，第2044页。也速此时转战于河北与忻代战场间，即两地红巾军密切配合作战的证据，"雄州、蔚州贼继起，也速悉平之"，见《元史》卷142，第3401页。
③ 《元史》卷45，第944—945页。
④ 罗火金：《元代赛因赤答忽墓志考》，《文物世界》，2004年第4期。
⑤ 《元史》卷45，第945页。
⑥ 同上注，第946页。

不花兵这时也遭兵败以致抄掠于大都北侧的怀来、云州，被淮南平章也速遏制而"招抚"，"知枢密院事刘哈剌不花所部卒掠怀来、云州，欲为乱，也速以轻骑击灭其首祸者，降其众隶麾下"①，两部应亦属总兵官悟良哈台节制，可见元军为解除田丰等从三个战场对大都威胁所投入的巨大兵力。

这次兵败，大都境遇骤然紧张。二月辛巳（十八日），元廷竟调兵出紫荆关跋涉讨敌于塞上，"枢密副使朵儿只以贼犯顺宁（张家口市宣化区），命张立将精锐由紫荆关（易县西紫荆岭）出讨，命鸦鹘由北口出迎敌"；甲申（二十一日），红巾军已进军至蔚州，"贼由飞狐、灵丘犯蔚州"；乏兵可用之际，元廷甚至动议从京城派出"民义"赶赴战场，"御史台臣言'先是召募义兵费用银钞一百四十万锭，多近侍权幸冒名关支，率为虚数，乞令军士凡已领官钱者，立限出征'诏从之，已而复止不行"。尤其值得注意的是，三月九日大都发生了谋叛案，"辛丑（九日），京城北兵马司指挥周哈剌歹与林智和等谋叛，事觉，伏诛"②。元廷之紧张，当不下于毛贵兵临京城。

河北战场的孛罗帖木儿也在此时受命跋涉北上，移镇大同。《顺帝本纪》载在二月，"诏孛罗帖木儿移兵镇大同，以为京师捍蔽"③。《孛罗帖木儿传》则谓在三月，孛罗帖木儿不负所托，首出塞外击溃关先生，再逐步平定了忻州、蔚州等地，一人而身当两个战场：

> 至正十九年（1359）二月，过代州，收山东溃将孟本周诸军。三月，诏孛罗帖木儿移兵至大同，置大都督兵农司，专督屯种，以孛罗帖木儿领之。当月，领兵丰州、云内（均在呼和浩特市），与关先生战，关军奔溃。时有杨诚者据蔚州，六月诏遣平章月鲁不花、枢密同知八剌火者督兵捕之。七月，围其城，俄有旨命回兵。十一月，再命剿捕。至正二十年（1360）正月，孛罗帖木儿追诚至飞狐县（今涞源县）东关，诚弃军遁，降其溃卒，回驻大同。二月，除中书平章政事。三月，命讨上都程思忠，兵次兴和，思忠奔溃。七月，击败田丰伪将王士诚于台州（今五台县），诏总领一应达达汉人诸军，便宜行事。八月，命守石岭关以北，察罕帖木儿守石岭关以南④。

至正十九年（1359）二月，孛罗帖木儿已北至代州征战田丰将孟本周，三月移镇

---

① 《元史》卷142，第3401页。
② 《元史》卷45，第946页。
③ 同上。
④ 《元史》卷207，第4601页。

大同。至正二十年（1360）正月，历经一年的围剿，据守蔚州的杨诚军溃，自飞狐县身遁，三月孛罗帖木儿又出塞击败程思忠，大都局势略见稳固。三月戊子朔，河北战场田丰军乘正面元军虚弱之机颇为活跃，"田丰陷保定路"，"乙巳（十八日），冀宁路陷"①；四月，元廷派员劝诱田丰，"庚申（四日），命大司农司都事乐元臣招谕田丰，至其军，为丰所害"。七月辛酉（七日），孛罗帖木儿最终击败王士诚于台州②，王只身东遁，至正二十一年（1361）跟随田丰、杨诚降附于李察罕。孛罗帖木儿升任总兵官，镇守大同，"便宜行事"，较其同袍察罕帖木儿已迟三年余。孛罗帖木儿升任中书平章的时间亦有歧异，此处谓在至正二十年（1360）二月其击败蔚州杨诚时，《顺帝本纪》则载在至正二十二年（1362）三月③，相差近两年之久。

王士诚兵败，沙刘二仍未放弃忻代战场，至正二十年（1360）九月壬戌（八日），他还率兵向东进攻真定路，癸未（二十九日）则已步关先生后尘出塞攻击至上都，"右丞忙哥帖木儿引兵击之，败绩"④，成为辽东战场的生力军。至正二十一年（1361）十月丁酉（二十日），沙刘二与关先生一起渡过鸭绿江进入高丽，"红贼伪平章潘诚（破头潘）、沙刘、关先生、朱元帅等十余万众渡鸭绿江，寇朔州（今朝鲜朔州郡）"⑤，又陷高丽首都，至正二十二年（1362）正月乙丑（十八日）兵败，沙刘二、关铎战死，潘诚率余部返回辽东。《高丽史》载：

> 昧爽，诸将四面进攻，我太祖以麾下亲军二千人奋击先登，大破之，斩贼魁沙刘、关先生等，贼徒自相蹈藉，僵尸满城，斩首凡一十余万，获元帝玉玺、金宝、金银铜印、兵杖等物。余党破头潘等一十余万遁走，渡鸭绿江而去，贼遂平⑥。

破头潘率残部返回辽东后，遭元辽阳行省同知高家奴邀截而成擒，"四月丙子朔，辽阳行省同知高家奴邀击红贼余众，斩首四十余级，擒其魁破头潘，遣使来报"⑦。至

---

① 《元史》卷45，第950页。
② 同上注，第951页。
③ 《元史》卷46，第959页。
④ 《元史》卷45，第952页。
⑤ 郑麟趾：《高丽史》卷三十九，《四库全书存目丛书》史部第160册，齐鲁书社，1996年，第35页。
⑥ 郑麟趾：《高丽史》卷四十，《四库全书存目丛书》史部第160册，第38页。权衡撰、任崇岳笺证《庚申外史》载至正二十七年（1367）貊高在彰德叛扩廓帖木儿，所部多孛罗帖木儿众，其中有参政沙刘，则沙刘二似自高丽返回辽东并归降于扩廓帖木儿，见第138—139页。
⑦ 郑麟趾：《高丽史》卷四十，《四库全书存目丛书》史部第160册，第39页。

正二十二年（1362）二月，辽东红巾军余部返回中原无望，遂至大同降于孛罗帖木儿，"伪平章左李遣杨荣祖至大同降"[①]。

孛罗帖木儿以大同为据点成功解决了塞外、忻代两个战场，大都危机得以解除，中原红巾军之失败因此定局。盖失去忻代战场的纽带，辽东战场已成死地，虽仍能经海道从益都获取些许援助，不过迁延岁月而已。益都确与辽东战场有所联系，至正十九年（1359）七月，毛贵被杀，同党续继祖自辽阳入益都，为其复仇[②]，就是证据。至正二十年（1360），益都内乱而衰微，送到辽东的接济更趋有限，辽东战场更形孤立；至正二十一年（1361）十月辽东红巾军进攻高丽已背离攻击大都以"灭元"的目标，看来不过为获取接济而困兽犹斗。

孛罗帖木儿移镇大同，是至正十八年（1358）末元军兵败引起的，忻代战场持续一年半之久，却与元军作战部署失误及内讧再起有关。孛罗帖木儿初抵大同，很快就控制了战场形势，元廷过分乐观，轻视了田丰军从河北的应援能力，至正十九年（1359）五月做出了分遣察罕帖木儿南下河洛反攻汴梁的决策，削弱了元军力量以致红巾军扭转了劣势延长了战争过程。

察罕帖木儿乘田丰集团征战于北无法脱身之际，顺利克复了汴梁路。八月戊寅（十八日），察罕帖木儿攻陷汴梁，刘福通南遁安丰，"察罕帖木儿督诸将阎思孝、李克彝、虎林赤、赛因赤答忽、脱因不花、吕文、完哲、贺宗哲、孙翥等攻破汴梁城，刘福通奉其伪主遁，退据安丰"[③]。元廷鉴于忻代战场的恶化，再调平定河南的察罕帖木儿北屯太行，"乃以兵分镇关陕、荆襄、河洛、江淮，而重兵屯太行，营垒旌旗相望数千里，乃日修车船，缮兵甲，务农积谷，训练士卒，谋大举以复山东"[①]。不承想察罕帖木儿与河北总兵官悟良哈台军爆发内讧，更资敌以可乘之机。知院悟良哈台同唐琰、高脱因屯孟州（孟县），方脱脱与弟方伯帖木儿守辽州（左权县），与察罕帖木儿冀宁守将八不沙地相邻近而陷入内争。十二月，悟良哈台引达达兵北返京师，方脱脱等军

---

① 《元史》卷207，第4602页。《元史》卷46《顺帝本纪九》至正二十三年（1363）有载"是春，关先生余党复自高丽还寇上都，孛罗帖木儿击降之"，显然系年有误，第963页，应从《孛罗帖木儿传》《高丽史》。

② 《元史》卷45，第948页。郑麟趾《高丽史》卷四十载高丽上报元廷书提及，"迩者红贼犯上都，污秽宫阙，攻破辽省，焚荡郡邑，山东之贼航海而来与之相合，势甚猖獗，己亥之春，小邦贱价贺正而回，尽为所害"，则毛贵等至正十八年（1358）已航海北上，与经忻代等地北上的红巾军合兵开辟辽东战场，见《四库全书存目丛书》史部第160册，第38页。

③ 《元史》卷45，第947—948页。

④ 《元史》卷141，第3387页。

北上大同投奔于孛罗帖木儿①。

察罕帖木儿与悟良哈台的争端，一是察罕帖木儿日趋明显的据地自为的"军阀"作风；二是悟良哈台所率元军战场表现上乏善可陈，在战胜而归的察罕帖木儿军前更难抬头。悟良哈台弃军返京，元廷并不打算将冀宁路完全交与察罕帖木儿，而是在至正二十年（1360）正月派右丞不花、参政王时"分省冀宁"，察罕帖木儿颇感不满。三月，红巾军乘机长驱直入再次攻陷冀宁路，恐与察罕帖木儿放任纵敌有关②。冀宁路失陷时，参政王时妻子安氏竟以不及出逃陷敌而死，即反映出察罕帖木儿开门揖盗之嫌疑③。察罕帖木儿随后克复并占领了冀宁路，则几与强抢无疑，随后的"冀宁之争"可谓悟良哈台弃军事件的发展。

四、"中兴之局"的出现

（一）"冀宁之争"的过程

至正二十年（1360）六月到至正二十一年（1361）四月，察罕帖木儿与孛罗帖木儿就冀宁路的归属展开兵争。《察罕帖木儿传》将争端的责任推给孛罗帖木儿，"先是，山西晋冀之地皆察罕帖木儿所平定，而答失八都鲁之子曰孛罗帖木儿以兵驻大同，因欲并据晋冀，遂至兵争，天子屡下诏和解之，终不听"④。这里公然鼓吹"谁平定谁占有"的"军阀正义"，河北战场的获胜，察罕帖木儿主持的晋冀战场从右翼的确起了很大作用，但奋战在彰德等地的元军就没有功劳么？何况，察罕帖木儿在至正二十年（1360）三月冀宁路失陷事件中还难脱开门揖盗的嫌疑。红巾军战争造成中央权威衰替，引致察罕帖木儿起了轻慢之心，才敢于公然抢占冀宁路。

《察罕帖木儿传》明显偏袒的写法，恐与史臣有意迎合朱元璋不无关系。第一，朱元璋对察罕帖木儿心存敬意，两人均是淮河中游底层出身的同龄人，白手起家而建立巨大功勋，惺惺相惜固属自然；第二，朱元璋希望诱降王保保，故在政治上多方拉拢，这一写法的目的亦在于此；第三，两人均为臣子出身，均不乏"军阀习气"乃至背叛

---

① 《元史》卷45，第949页。
② 《元史》卷92，第2328页。"二十年正月，以右丞不花、参政王时分省冀宁，三月，铁甲韩至，分省官皆遁"。
③ 《元史》卷201，第4515页。冀宁路失陷时，参政王时妻安氏也不及出逃而投井死，足见这次陷城确系敌军骤然兵临城下的意外事件，而这一意外的出现恐怕就是察罕帖木儿袖手旁观所致。
④ 《元史》卷141，第3387页。

旧主的行迹，为察罕帖木儿开脱也是为朱元璋避嫌；第四，孛罗帖木儿最后成为"逆臣"，将争端的责任推脱给他，也完全符合春秋笔法。

《顺帝本纪》对"冀宁之争"的记述更为翔实，也相对较为公正。至正二十年（1360）初，悟良哈台弃军返朝，所部方脱脱归队孛罗帖木儿即被派驻于冀宁路西北隅吕梁山区的保德州、兴州、岚州等地，很快就与察罕帖木儿军发生争端，以至六月己丑（四日）元廷已不得不下诏禁止，"今后察罕帖木儿与孛罗帖木儿部将，毋得互相越境，侵犯所守信地，方脱脱不得出岚州、兴州境界，察罕帖木儿亦不得侵其地"，此时孛罗帖木儿尚未结束与王士诚在台州的战事，此次冲突显非他所乐见，故察罕帖木儿对外扩张恐是冲突发生的主因。七月七日，孛罗帖木儿击败王士诚，控制了周边忻州、代州等地，加上方脱脱占据的保德州、岚州、兴州，多年来他作战的冀宁路北部区域皆成其势力范围。七月二十一日，元廷颁下任孛罗帖木儿为总兵官的诏命。八月戊子（四日），元廷基本遵循"军阀正义"中分了冀宁路，以石岭关（阳曲县大盂镇石岭关村）为界划分了双方区域①。

孛罗帖木儿不顾沙刘二、田丰近在咫尺的威胁，发动了南下进攻冀宁路的战事，以报察罕帖木儿逼走悟良哈台、侵袭方脱脱的新仇旧恨。孛罗帖木儿亲率主力经石岭关直指冀宁，又命方脱脱自辖境沿吕梁山区南下为右路，察罕帖木儿派阎奉先率兵应援并败敌于城下，孛罗帖木儿军退守交城。元廷于九月乙卯朔遣参政也先不花往谕两军讲和，双方重回石岭关一线南北对峙②。察罕帖木儿将泽州治中李老保即在此时移驻石州（吕梁市离石区），"后平方脱脱之乱，老保以功改除枢密院知院守石州，复随察罕帖木儿攻取山东"③，石州由此成为察罕帖木儿的北部边镇，"平方脱脱之乱"指孛罗帖木儿此次南下实为无视诏命的擅起兵端。

十月，元廷陡然颁布新诏，以孛罗帖木儿守冀宁路，引发双方更大规模兵争。元廷打算把孛罗帖木儿南移至冀宁路以收回大同作为朝廷周边稳固的粮饷供给地的，"考其初意，不过欲暂那三晋之地，少安彼军之心，彼军既离，则云中一带自可输之京师，以实国本"；此外则有意命孛罗帖木儿与察罕帖木儿合力以平定东南乱局，"根本稍定，然后合两军之众，并力东南，则门庭之寇，庶可指日而靖"④；虽未明说但也不难想到元廷最为关切的目标是将地方军队驱离大同以保证朝廷右翼安全。得此诏谕，孛罗帖

---

① 《元史》卷45，第951—952页。
② 同上。
③ 《明太祖实录》卷27，第419页。
④ 李士瞻：《与察罕平章书》，《经济文集》卷一，卢靖编《湖北先正遗书》本，1923年，第10—12页。

木儿遣部将保保、殷兴祖、高脱因倍道南趋以接收冀宁，却被察罕帖木儿守将拒之门外。十月己亥（十六日），察罕帖木儿遣陈秉直、白琐住率兵北上，却遭孛罗帖木儿将脱列伯击败①。察罕帖木儿坚决拒绝交割冀宁路，甚至不惜诛杀持异议的守将八不沙：

> 时帝有旨以冀宁畀孛罗帖木儿，察罕帖木儿以为用兵数年，惟藉冀、晋以给其军，而致盛强，苟奉旨与之，则彼得以足其兵食。乃托言用师汴梁，寻渡河就屯泽、潞拒之，调延安军交战于东胜州（呼和浩特托克托旗）等处，再遣八不沙以兵援之。八不沙谓彼军奉旨而来，我何敢抗王命，察罕帖木儿怒，杀之。②

察罕帖木儿显视晋冀两路为一体，则他不愿交出冀宁路就不仅是重视这里的出产足充粮饷，恐怕还因认同李维馨所谓的晋冀区域在华北高屋建瓴的战略优势，即这是可以对处于华北平原的河北甚至大都保持战略高压的关键地区。以此，察罕帖木儿誓死抗拒，不惜将这场战争升级为双方的全面战争，他不但命河南军队北调泽、潞，叫陈秉直、白琐住率以北上以拒脱列伯，还派延安驻军向北攻击东胜州，又拟调八不沙从冀宁路北上增援，以抄取孛罗帖木儿后路。脱列伯在冀宁败敌，孛罗帖木儿纵兵南下，十一月甲寅朔逼近汾州（今汾阳市），与察罕帖木儿相拒③。孛罗帖木儿奉旨接收冀宁路，而察罕帖木儿合豫、晋兵力步步抗拒，还从陕西方面调兵北上，逆顺之别不啻云泥，胜败之机亦即在此。察罕帖木儿部署北上东胜州一路军队，或与方脱脱前次南下遭遇覆败有关，故其戍守兴州、岚州、保德州等地因之守备虚空。

随着"冀宁之争"的升级，元廷于至正二十一年（1361）正月癸丑朔取消孛罗帖木儿守冀宁路前诏而恢复石岭关为界的初约，并遣中书参政七十往谕两者罢兵还镇，双方置若罔闻而兵交如故。二月己丑（七日），察罕帖木儿驻兵霍州，以拒孛罗帖木儿。霍州在晋宁路北境，这显示察罕帖木儿兵败而完全退出冀宁路，孛罗帖木儿则完成了出兵的目标。孛罗帖木儿随后接受了朝廷的调停，于三月撤守大同，并依诏旨遣脱列伯南据延安，"以谋入陕"④，察罕帖木儿以陕西为代价重获了冀宁路。

---

① 《元史》卷45，第952页。《顺帝本纪》载，陈秉直等击败了脱列伯，"与孛罗帖木儿将脱列伯战，败之"，但《孛罗帖木儿传》则谓脱列伯击败了陈秉直等，"孛罗帖木儿部将脱列伯战败之"，见《元史》卷207，第4602页。从后来孛罗帖木儿进攻汾州、察罕帖木儿驻兵霍州等情形看来，察罕帖木儿部在冀宁一战应是失败了，故有孛罗帖木儿步步南逼的态势。
② 《元史》卷45，第952页。
③ 同上。
④ 同上注，第955—956页。

（二）元廷对北方局势的部署

"冀宁之争"由此告一段落，察罕帖木儿终究遵守诏旨而保住了冀宁路，这应该对他此前蔑视朝令的行为是个深刻教训，即单纯依靠武力而不顾政治影响的蛮干很可能得不偿失。李士瞻《与察罕平章书》就写于这一时期，他在书中严厉指斥察罕帖木儿拒旨的行径，"使辄未返，遽致自相鱼肉"，指至正二十年（1360）十月朝廷命察罕帖木儿将冀宁路移交孛罗帖木儿而导致双方兵争；"自冬徂春，两军交恶，谤书迭积，至烦天子遣宰周公之使，至今兵不解而使不返焉，其迹则类乎拒命，其心则近乎要君，自是以来，阁下之名声，遂不能不损于前日，吾恐《春秋》之责，不在彼而在公矣"，至正二十一年（1361）正月元廷派往察罕帖木儿的使节看来并非凡辈，却遭执而不返，李氏斥为"拒命"、为"要君"，《春秋》之责所不能免，察罕帖木儿之声名因此而大损。李氏最后忠告察罕帖木儿顺从朝旨收复山东失地，"方今山东之寇，相继授疑，淮鲁之孽，久持观望。公不以此时提兵东向，克终前业，方且效两虎交斗，拥兵相持，此所谓谨其小而遗其大，快私憾而弃公义，安得不见笑于蔺相如乎？"①"山东之寇"即韩宋益都行省及田丰集团。"相继授疑"指益都行省毛贵、赵君用先后遭诛以致内争不断及田丰与其将王士诚陷于内斗，"花马王田丰、扫地王互相攻"②。"淮鲁之孽"分指刘福通遁归的安丰及济宁等地的田丰部。"久持观望"指两部旁观"冀宁之争"而久有跳梁蠢动，沙刘二至正二十年（1360）九月壬戌攻陷孟州、赵州并围攻真定，田丰军十一月癸酉进攻易州、十二月辛卯（八日）南返攻陷广平路③，尤为显证。其中尤以"山东之乱"对元军克复最为有利，朱元璋在至正二十六年（1366）末给王保保将完哲、貊高的信中评论察罕帖木儿进军齐鲁着重提及"山东之乱"的影响，"且王氏之强，侥幸乘山东之乱获胜于齐鲁，此非遇劲敌也"④。

李氏以朝廷调人，严厉冷酷地批评甚至恫吓察罕帖木儿，足以说明他在半年多的"冀宁之争"中确实负有重大罪责。察罕帖木儿接受了李士瞻的忠告，四月遣养子王保保贡粮入京，表达与朝廷和解及自愿东征之意；元廷接受了他的善意，"皇太子亲与定约"，王保保获赐扩廓帖木儿之名及太子詹事之官，察罕帖木儿获得东征山东的诏命。

---

① 李士瞻：《与察罕平章书》，《经济文集》卷一，《湖北先正遗书》本，第 10—12 页。
② ［元］权衡著，任崇岳笺证：《庚申外史笺证》卷下，第 111 页。
③ 《元史》卷 45，第 952 页。
④ ［明］朱元璋：《与完仲宜貊邦杰书》，《御制集》卷七，《稀见明代研究资料五种》第二册，中华书局，2015 年，第 208—209 页。

仅经月余整备，察罕帖木儿即于六月出兵山东，显示出他强烈的建立新功以重赢朝廷信任的愿望。元廷将冀宁路还给察罕帖木儿，一方面可以说是对他承担东征山东任务的酬报；另一方面，元廷允许孛罗帖木儿进入陕西，透露出以其主导陕西局势以南下四川、江汉以讨敌的政治安排，李思齐至正二十一年（1361）五月南下嘉定路并接受宿敌李武、崔德等投降，应该就是以陕西为基地南下的战果。总之，"冀宁之争"仍赖元廷调停而得结束，孛罗帖木儿与察罕帖木儿均接受诏旨安排，"中兴之局"由此得以成立。

至正二十年（1360）十月元廷推出冀宁换大同的设计，其收回京师附近区域控制权的核心关切，被察罕帖木儿挑起的"冀宁之争"所打断。元廷在河北方向继续推行这一设想，至正二十一年（1361）九月壬申（二十四日），元廷下诏收回保定、河间等地的统治权，"命孛罗帖木儿部于保定以东、河间以南从便屯种"①，这是以迤南诸路换回孛罗帖木儿对保定等路的统治权。元廷最早提出"冀宁换大同"设想的公开理由即推进察罕帖木儿与孛罗帖木儿协平东南也是有现实依据的，那就是孛罗帖木儿辖境的主体实在太行山东麓的河北诸路，孛罗帖木儿从大同南移冀宁路则接近这一区域，对双方合作剿灭东南红巾军无疑是有利的。冀宁路北部区域因被孛罗帖木儿平定而进入其辖境，彰德等地也为其所平定，则活跃在保定等地的田丰集团看来最终也被孛罗帖木儿所击败，时间约在至正二十年（1360）十一、十二月田丰攻陷广平前后。大体说，孛罗帖木儿此时对元廷的诏旨尚能较好遵守，而"义军"出身的察罕帖木儿更富于"军阀正义"，是肆无忌惮挑战元廷在地方统治权的急先锋。

"冀宁之争"重塑了北方的格局，孛罗帖木儿经延安进入关中，东出江汉、南向巴蜀，察罕帖木儿则由晋冀、中原用兵山东。将孛罗帖木儿、察罕帖木儿分处四川、河南的建议，出自中书参政危素，宋濂《危公新墓碑铭》载：

> 孛罗帖木儿、扩廓帖木尔俱以平章总兵河南，渐生衅端。公谓御史大夫普化曰："养虎者欲其不相搏噬，则别其牢，今欲二人无斗，莫若加其职而分地处之。用孛罗帖木儿为丞相，治四川，以扩廓帖木尔为丞相，治河南，各责其成功可也。大夫盍不为上言之？"普化如公言，顺帝及皇太子咸以为然，会丞相搠思监丧妻不出，事中寝。②

---

① 《元史》卷45，第955—957页。
② 宋濂：《故翰林侍讲学士中顺大夫知制诰同修国史危公新墓碑铭》，氏著、黄灵庚编辑校点《宋濂全集》卷五十四，人民文学出版社，2014年，1273页。

此段史料只需小心辨正，就不难发现它讨论的就是"冀宁之争"。"平章总兵河南""渐生衅端"，并非指"衅端"发生于河南，而指双方均以"河南平章"为总兵官时发生"衅端"。扩廓帖木儿至正二十二年（1362）六月其父察罕帖木儿遇刺益都时以中书平章为总兵官①，他未曾任职河南平章，故"衅端"只能在察罕帖木儿时期。一方面孛罗帖木儿至正十八年（1358）正月答失八都鲁亡故时就任河南平章，但其就任总兵官则在至正二十年（1360）七月，其以河南平章为总兵官到至正二十二年（1362）三月升任中书平章止②；另一方面，察罕帖木儿至正十七年（1357）二月就任陕西左丞时就取得"便宜之权"为总兵官，但其就任河南平章则是至正十九年（1359）八月攻陷汴梁时，他的河南平章总兵官生涯结束于至正二十一年（1361）十月迁任中书平章③。可见，"衅端"只可能发生在察罕帖木儿与孛罗帖木儿同时以河南平章为总兵官的至正二十年（1360）八月到至正二十一年（1361）十月之间，也就是说"衅端"就是"冀宁之争"。

御史大夫普化、丞相搠思监，在元末同为奇皇后及皇太子一党。二人同在至正十六年（1356）四月就任，辛亥朔，搠思监为中书左丞相，丙辰（六日），普化为御史大夫④，至正十七年（1357）五月丙申（二十二日），搠思监升中书右丞相，至正十九年（1359）七月壬辰朔，搠思监曾外任辽阳行省左丞相⑤，但未赴任就于至正二十年（1360）三月壬子（二十五日）复任中书右丞相⑥，普化直到至正二十三年（1363）十月太平倒台时还以御史大夫组织御史进行弹劾⑦，显见两人在元末同以后党领袖而久居要津。危素于至正十八年（1358）为中书参议，至正十九年转御史台治书侍御史，至正二十年正月壬子（二十四日）迁中书参政，直到至正二十四年（1364）离开权力中

---

① 《元史》卷46，第960页。
② 《元史》卷45、46，第941、945、959页。《孛罗帖木儿传》与《顺帝本纪》在孛罗帖木儿升任中书平章的时间上相差近两年，实情尚待详考。应该注意到元末朝廷授官与人们的认知是有差别的，孛罗帖木儿未曾任职河南总兵官，但其父却长期总兵河南，故此处孛罗帖木儿总兵河南；又扩廓帖木儿于至正二十一年（1361）三月受父命入京贡粮被元廷授官太子詹事，他接替其父为总兵官后职任屡迁，却被时人广泛称为"詹事""小总兵"。《元史》顺帝一朝的史料并非采用官方档案而是主要依靠史官四出采集而得，这些模糊之处与此不无关系。察罕帖木儿是进军山东并取得大胜时由河南平章转官中书平章的，其同僚孛罗帖木儿早于他两年迁任中书平章，似不尽可信。
③ 《元史》卷45、141、183，第936、3385、4215页。
④ 《元史》卷44，第931页。
⑤ 同上。
⑥ 《元史》卷45、205，第950、4587页。
⑦ 《元史》卷46、140，第965、3371页。

枢转任翰林学士承旨，他是依附于搠思监、普化而长期身处御史台、中书省的权力核心的[①]。危素在"冀宁之争"的背景下，向普化、搠思监进献"分地处之"的处理方略并赢得皇帝及太子的首肯，元廷也以此思路确立了对察罕帖木儿与孛罗帖木儿的仲裁者角色，从而实现了"中兴之局"的回光返照。宋濂的"事中寝"系从孛罗帖木儿与扩廓帖木儿终于纷争再起而致使元朝覆亡的总结局而言的，倘从"冀宁之争"的处理来看，毋宁说危素的建议是得到执行并取得了重大成效的。

结　语

北方红巾军是元末动乱的始作俑者，也是元军的主要作战对象，它对推翻元朝的统治做出巨大贡献，自应成为元明之际研究的重点。然而由于史料的匮乏，学界颇有巧妇难为无米之炊之憾。首先，朱元璋是通过否定红巾军、继承元朝正统而建立明朝的，《元史》的纂修也是在这一立场下进行的，其对红巾军的记述并不重视。其次，朱元璋是从南方崛起的，长期自外于中原的纷争，以至为编修顺帝一朝史事时已不得不两次遣使到中原采访方能着笔，《元史》对这一时期的记述缺乏系统性即肇因于此。

本文依据官私史料，对北方红巾军崛起中原后与元军主力鏖战河北的情形进行了梳理，基本勾勒了它在战场上日益走向失败的基本脉络。从红巾军方面看，"军分三道"是服务于中原战场的"攻陷汴梁"的，尤其是河北战场发挥了巨大的作用，因元军是视之为生死存亡的战略决战而全力以赴的，这就是盛文郁军溃败的战略根源。刘福通将"灭元"作为主战略而命田丰集团北上进攻时，甫遭溃败的红巾军已颇有力不从心之感，河北、忻代、塞外三战场互相策应的确曾对大都造成巨大困扰，但终究被察罕帖木儿、孛罗帖木儿两军击败，北方红巾军失败的命运由此定局。

从元朝方面看，"义军"出身的察罕帖木儿之崛起以至华北"群雄割据"局面的出现，是北方红巾军起义带来的突出变化。其根本原因是元军作战不力，以至察罕帖木儿灭火者的角色日益凸显，元廷不得不日益将军权、政权拱手相让，驯至其日益骄蹇自专，"冀宁之争"即缘此爆发。其次，元顺帝纵容党争的驭下之术极大加速了这一

[①] 《元史》卷45，第950页。肖超宇基本勾勒出危素与搠思监、普化同为太子党的史实，但他没有意识到宋濂笔下孛罗帖木儿与扩廓帖木儿争端实为至正二十年（1360）到至正二十一年（1361）之际的"冀宁之争"，争端的主角是察罕帖木儿而非扩廓帖木儿，以致误将此事与至正二十二年（1362）六月扩廓帖木儿于益都城下继承中书平章的史实相联系，氏著《元末士人危素研究》第二章，社会科学文献出版社，2020年，第79—82页。

进程，答失八都鲁因反间忧愤而死，太不花因与太平政争而被罢诛，均对元军此一阶段的战事造成恶劣后果。所幸，孛罗帖木儿担负起忻代战场的责任，其在河北、山西北部的巨大影响暂时还能遏制察罕帖木儿的野望，这是元末"中兴之局"能够出现的基础。

元末"中兴之局"是以危素"分而治之"策略来维系的，即孛罗帖木儿据大同经陕西以南下四川、察罕帖木儿据冀宁从河南东进山东。一方面，孛罗帖木儿没能续立新功，他主持陕西以南下四川的目标未能达成，尽管汝颍红巾军李武、李喜喜等部遭到剿灭但明玉珍却乘机控制了四川；另一方面，察罕帖木儿虽于至正二十二年（1362）六月殒命益都，其继承人外甥扩廓帖木儿仍于年末完成了平定齐鲁的任务。双方力量失衡了，至正二十三年（1363）起，扩廓帖木儿、李思齐盟军攘夺了孛罗帖木儿在陕西的主导者地位，故"中兴之局"也就难以为继了。

（郭玉刚，1985年生，河南宜阳人，历史学博士，现为山西师范大学历史与旅游文化学院讲师，研究方向为元明史。本文为2016年度国家社科基金青年项目"元明嬗代时期的社会大动乱与政府应对研究"［16CZS034］成果。）

胡聘之《王庆墓碣》跋文的文献学考察

王玉来

清光绪二十七年（1901），山西巡抚胡聘之主持编纂的《山右石刻丛编》正式刊行，与稍早刊行的光绪《山西通志·金石记》（又称《山右金石记》）并列为山西两大金石学名著。这部著作虽然存在一些方面的瑕疵①，但后来学者仍然肯定并称赞《山右石刻丛编》"是山西省收录最多、著录最详、考证最精的石刻学著作，极具史料价值和学术价值"②。《山右石刻丛编》中绝大多数石刻录文后面都附有题跋，这些题跋吸收了诸多前人研究成果，也包含着编纂者对山西石刻的认识和理解。但后来学者往往偏重《山右石刻丛编》所收石刻录文的史料价值，而忽略了众多题跋的史学价值。本文以胡聘之所撰《王庆墓碣》跋文为切入点，考察《山右石刻丛编》题跋部分形成过程的一个侧面，发掘题跋文字的学术价值，期待引起学界对《山右石刻丛编》学术价值的全面关注。

一、胡聘之撰《王庆墓碣》跋文简介

《山右石刻丛编》收录了自北魏到元代的当时尚存的山西各类石刻共计七百二十余方，几乎每篇石刻录文之后都附有题跋文字。柯昌泗说："天门胡蕲生中丞（聘之）又以公家之力，编成《山右石刻丛编》。备录全文，详为考释。"③但是这些考释文字都未标注出自何人之手，乃至后来有研究者直接将之归入胡聘之个人名下，称之为"胡聘

---

① 刘舒侠：《〈山右石刻丛编〉〈山右金石记〉石刻分域目录·前言》，三晋出版社，2018年，第3—5页。
② 刘纬毅：《山西文献总目提要》卷三《地方史（三）金石类、目录类、地理类》，山西人民出版社，1998年，第111页。
③ ［清］叶昌炽撰，柯昌泗注：《语石 语石异同评》卷二《山西三则》，中华书局，1994年，第90—91页。

之按语"①。经过文献对比，可以确定《山右石刻丛编》卷六所收唐开元十三年（725）九月《唐故处士王君之碣》（以下简称《王庆墓碣》）的题跋文字出自山西巡抚胡聘之之手。

清代中期，《王庆墓碣》出土于山西黎城县，现藏山西太原纯阳宫（山西艺术博物馆）石刻碑廊②。该石刻为八面幢形，每面均刻字③。碑额与末尾题名皆为篆书，其余文字为隶书，为僧人邈文书写并题榜。墓碣末尾空白处原刻有胡聘之所撰跋文，楷书十行，共计五百四十余字。根据实地考察，现存《王庆墓碣》末尾所刻跋文已不复存在，现据中国国家图书馆藏《王庆墓碣》拓片录文如下：

> 此碑为唐王处士庆与妻张合葬墓表。石形八棱，七面刻字，如幢柱。非铭幽之文，而从无著录之者。盖年久沈埋土中，近日始显於世。黎城知县马汝良访而拓之。王庆，两《唐书》无传，碑叙其始末最详。王氏为世著姓，古有二十二望。《碑》叙先世，第述王乔，盖以庆晚年好道故也。庆初举进士，徐王留之幕府，遂以终身。《新唐书·宗室列传》：徐康王元礼，神尧庶子。始王郑，后徙王徐。永徽中，加司徒，兼潞州刺史。庆卒於开元二年，年八十有五。逆计之，当生於太宗贞观四年庚寅。徐王刺潞州时，年才二十有余。《碑》称庆七岁能自致於乡校，盖蚤慧也。《碑》称王好畋游，正与《传》"善骑射"之言合。又叙王述齐桓"生我者父母"二语，与《史记》管子之言不同，未知何据。王终於潞州刺史，奉诏还京。庆遂称疾不出，而王亦旋薨。庆以张翰自况，岂以王子茂险薄无行，将遘人伦之变，故洁身以远之与。不为贾傅之悲，而为穆生之智。存神养寿，以葆天年。诚高士已。庆葬於黎城浊漳之阳。《新唐书·地理志》：潞州上党郡，有黎城县，上。《太平寰宇记》：浊漳水在县西北五十六里。县有八乡，柏谷当是八乡之一。碑文字皆渊茂古劲，得汉人家法。字波碟流利，神似《曹全碑》，在唐碑中足称神品。以出土较晚，字画极完整，仅泐一字。洵可宝也。光绪二十三年春正月，

---

① 刘泽民、李玉明：《三晋石刻大全·晋中市寿阳县卷》之《神福山寺灵迹记并序·简介》，三晋出版社，2010年，第32页。
② 刘泽民、李玉明：《三晋石刻大全·长治市黎城县卷》，三晋出版社，2012年，第16页。书中称之为"《唐古处士王君之碣》"。
③ 纯阳宫该碑《展览说明牌》："碑文占七个正面，每面四行。第一面行二十二字，第二至第七面每行约三十字。全文计七百六十多字。"如此，则未将墓碣第八面的篆书题名视为"碑文"的一部分。

山西巡抚天门胡聘之记。①

光绪二十一年（1895）八月，胡聘之由陕西巡抚改任山西巡抚。光绪二十二年（1896）秋至光绪二十四年（1898），《山右石刻丛编》初稿编纂工作完成。这篇落款"光绪二十三年（1897）春正月，山西巡抚天门胡聘之记"的刻石跋文，正是胡氏在《山右石刻丛编》初稿编纂期间所作。《山右石刻丛编》卷六《王庆墓碣》题跋文字与石刻跋文相比，除缺少拓片末尾落款一句外，二者几乎完全相同，即《山右石刻丛编》题跋全部录自刻石跋文。这是《山右石刻丛编》中一篇罕见的可以确定作者身份和具体来源的题跋文字。

二、胡聘之对《王庆墓碣》内容的分析

胡聘之在跋文中介绍《王庆墓碣》的出土情况："非铭幽之文，而从无箸录之者。盖年久沈埋土中，近日始显於世。黎城知县马汝良访而拓之。"成书早于《山右石刻丛编》的《光绪黎城县续志》和杨笃所撰光绪《山西通志·金石志》都未收录该石刻。直到20世纪50年代孙贯文整理北大图书馆所藏石刻拓片时，才介绍《王庆墓碣》"乾隆年间黎城小坂村出土"，后入藏"山西黎城尊经书院"②。可以说，《山右石刻丛编》是已知传世文献中最早收录并研究《王庆墓碣》的书籍，胡氏跋文则是最早研究这方石刻的成果。

承担《山右石刻丛编》初稿校订工作的缪荃孙将清代金石学者概括为以翁方纲为代表的"覃溪派"和以王昶为代表的"兰泉派"，认为前者"精购旧拓，讲求笔意，赏鉴家也"，后者"搜采幽僻，援引宏福，考据家也"，"二家皆见重于艺林。惟考据家专注意于小学、舆地、职官、氏族、事实之类。高者可以订经史之讹误，次者亦可广学者之闻见，繁称博引，曲畅旁通，不屑屑以议论见长，似较专主书法者有实用矣"③。胡聘之所作《王庆墓碣》跋文结合传世文献考证了王庆的家世生平、当时政局等诸多问题。这类所谓"考据家"文字约占全文篇幅的六分之五，剩下的则是品评书法的

---

① 北京图书馆金石组：《北京图书馆藏中国历代石刻拓本汇编》第21册，中州古籍出版社，1989年，第133页。按：此拓片为陆和九旧藏，《汇编》误记为"唐开元八年（720）九月十一日葬"。
② 孙贯文：《北京大学图书馆藏历代石刻拓本草目·唐代·开元·处士王庆墓碣》，三晋出版社，2020年，第754页。
③ ［清］缪荃孙：《缪荃孙全集·诗文》之《艺风堂文续集》卷五《王仙舟同年金石文钞序》，凤凰出版社，2014年，第361页。

"赏鉴家"文字。

在跋文中，胡氏集中笔墨分析身为徐王府僚的王庆过早退隐的原因。根据卒年和享年，他推算出王庆生于贞观四年（630），"徐王刺潞州时，（王庆）年才二十有余"。徐王李元礼奉诏还京后，"庆遂称疾不出，而（徐）王亦旋薨"。据研究，李元礼在永徽四年（653）至咸亨二年（671）出任潞州刺史①，咸亨二年李元礼去世时，王庆才四十出头。正值壮年的他突然选择了退隐不仕，直到八十五岁去世。对这一不寻常的退隐，《王庆墓碣》解释为王庆"慕巢、由，学轻举，属意遐旷，兼心明门。凝思幽闲，存神养寿"②。但是胡氏认为这种因求仙慕道而选择过早远离政坛的说法，显然说服力不够。

《王庆墓碣》载李元礼返京时，"（王庆）怃然而叹曰：'高吾名者累吾神，卑吾身者厚吾生。张翰、严陵，斯可也。'"③即此时王庆已有效法严光、张翰退隐山林之意。但在胡聘之看来，这只是一种言不由衷的政治表态，而非王庆过早退隐的真实原因。《旧唐书》载徐王李元礼嗣子李茂：

> 子淮南王茂嗣。茂险薄无行，元礼姬赵氏有美色，及元礼遇疾，茂遂逼之，元礼知而切加责让。茂乃屏斥元礼侍卫，断其药膳，仍云："既得五十年为王，更何烦服药。"竟以馁终。上元中，事泄，配流振州而死。④

《新唐书》卷七九《高祖诸子·元礼传》所载与上引《旧唐书》内容略同。结合这些传世文献的相关记载，胡氏提出了自己的新见解："（王）庆以张翰自况，岂以王子茂险薄无行，将遘人伦之变，故洁身以远之与。"所谓"王子茂险薄无行"，是指徐王李元礼之子李茂因非礼其父之妾赵氏而遭斥责，后来李茂故意停供药食，饿死其父。胡聘之认为身为徐王幕僚的王庆料到李元礼父子之间这种矛盾无法缓解，很有可能发生所谓的"遘人伦之变"，所以选择"洁身以远之"。从李元礼受虐致死的隐情被披露，已经袭爵的李茂被流配振州而死来看，王庆提早隐退来躲避府主父子间矛盾可能带来的政治灾祸，确属明智之举。胡聘之对《王庆墓碣》中"杜门却扫，不交人事"一句背后政治隐情的揭示，可谓淋漓透彻，其金石考证功力由此可见一斑。

---

① 郁贤皓：《唐刺史考全编》卷八六《河东道·潞州（上党郡）》，安徽大学出版社，2000年，第1232页。
② ［清］胡聘之：《山右石刻丛编》卷六《唐·王庆墓碣》，三晋出版社，2018年，第427页。
③ 同上注，第427页。
④ ［后晋］刘昫等：《旧唐书》卷六四《高祖二十二子·徐王元礼传》，中华书局，1975年，第2426—2427页。

胡聘之评论《王庆墓碣》的隶书"渊茂古劲，得汉人家法。字波磔流利，神似《曹全碑》，在唐碑中足称神品"。同时代的金石学家叶昌炽对《王庆墓碣》的隶书也有评价，他总结石刻题额"篆书为多，分书次之，有真书、有行书、有籀文"，"籀文"下列举"《唐开元处士王庆墓幢》《宋越王楼记》"，认为"盖石幢惟分书难得，篆书尤难得。分书惟新得黎城县《王庆墓幢》及淄川荣伏凤、成都王袭纲"[1]。对比叶昌炽的品评，胡聘之对《王庆墓碣》"赏鉴家"式的品评尚属中允。

三、胡聘之对《王庆墓碣》形制的见解

清代同光年间不少士大夫具备良好的金石学修养，进士出身的胡聘之对金石学也有自己的掌握和理解，其金石学修养不只表现在对《王庆墓碣》的史实考据和书法鉴赏上，还反映在对其形制的讨论上。对唐代碑碣的形制，《唐六典》载："碑碣之制，五品已上立碑；螭首龟趺，趺上高不过九尺。七品已上立碣；圭首方趺，趺上高不过四尺。"[2] 严耕望认为《唐六典》是"以开元时代现行官制为纲领，以现行令式为材料，其沿革则入注中"的"开元时代现行职官志"[3]。刻于唐开元十三年（725）的《王庆墓碣》题为"唐故处士王君之碣"，但它既非圭首亦无方趺，从形制来看不属于碑也不属于碣，而是唐代流行的经幢。

唐代经幢一般由幢座、幢身和幢顶三部分组成。因为大多是八面有棱，所以被称为"八觚"，并大多刻有《尊胜陀罗尼经》等佛教经典。清末以收藏经幢拓片而闻名的叶昌炽在所作《释幢》中讲："至六朝始有刻石为幢。周镌佛像，或六面或八面，盖即四面造象，而递增之，故只称为石柱。""开天以后，天下精蓝，八觚林立，遂无不刻经矣。"[4] 但在唐代中期开始出现一些另类的经幢，叶昌炽总结说"至有建幢而不因刻经者，若鲁公《八关斋功德记》、段公《祈岳降雨颂》是矣。闻高丽《唐纪功碑》亦八面刻，如幢"，"夫建幢所以刻经，有其名无其实，亦'觚不觚'之类也夫"[5]。正是在这种经幢世俗化的背景下，出现了开元十三年（725）《王庆墓碣》这一特殊介于墓碑与

---

① [清]叶昌炽撰，柯昌泗评：《语石 语石异同评》卷四《经幢八则》，中华书局，1994年，第278页。
② [唐]李林甫等：《唐六典》卷四《礼部尚书》，中华书局，1992年，第120页。
③ 严耕望：《略论唐六典之性质与施行问题》，氏著《严耕望史学论文集》，上海古籍出版社，2009年，第402页。
④ [清]叶昌炽：《释幢》，《叶昌炽集》，中华书局，2019年，第404页。
⑤ [清]叶昌炽：《语石》卷四《经幢八则》，浙江大学出版社，2018年，第142页。

经幢之间的石刻。

从现存石刻来看,《王庆墓碣》是一座典型的唐代八面经幢,只是遗失了幢顶,仅存幢柱和覆莲底座。但《王庆墓碣》的内容既不是唐代经幢常见的《尊胜陀罗尼经》或其他佛教经咒,也不是少见的道教经典,而是一篇纯粹记载死者生平事迹的碑文。如研究者所说,因为《尊胜陀罗尼经》特别强调拯救幽冥和破地狱的功能,所以唐代墓地往往建有经幢,称为"墓幢"或"坟幢"①。或许正是因为这点,王庆的后人选择以经幢的外形来承载先人的碑文,即这是一方刻着碑碣内容但外形为经幢的特殊石刻。"唐故处士王君之碣"中的"碣",应该是就其内容而言。

《王庆墓碣》跋文开头就显示出作者胡聘之对其形制的认识:"此碑为唐王处士庆与妻张合葬墓表。石形八棱,七面刻字,如幢柱。"首先,胡聘之对这方石刻进行了准确分类。清初黄宗羲在《金石要例·墓表例》中概括:"墓表,表其人之大略可传世者","碑、表施于墓上,以之示人。虽碑、表之名不同,其实一也。"②胡氏从石刻内容的角度指出这是一方"墓表",亦即通常所谓的"墓碑"且是夫妻合葬之"碑"。其次,胡聘之介绍这方石刻的形制是"八棱""如幢柱",但没有肯定地指出它就是幢柱。或许因为他并未亲见石刻,仅通过研究拓片而做出推断。在清代,根据石刻拓片来推测石刻形制是金石学者常用的研究手段。在未见原石的情况下,叶昌炽就曾根据所获的十一张拓片,推测当时直隶定兴县的《标异乡石柱颂》"当是累级四面环刻"③。叶昌炽推测《石柱颂》的形制尚属大体无误,但胡聘之对《王庆墓碣》形制的进一步推断则出现了问题,即他错误地推测《王庆墓碣》是"七面刻字"。根据前面对该石刻拓片的分析和太原纯阳宫的实地考察,现存《王庆墓碣》的外形是一尊失去幢首的八棱石幢,八面刻字。《王庆墓碣》落款为"并府北崇福寺沙门邈文并书兼题榜太原常思恩镌"二十一个字,篆体,分三行刻在石柱的最后一面即第八面,胡聘之所撰跋文原来就刻在落款下面的空白处。所以说《王庆墓碣》不是"七面刻字"而是"八面刻字"。

叶昌炽对《王庆墓碣》命名的思考过程,似可作为考察胡聘之金石素养的参考坐标。光绪二十七年(1901)三月初二,叶昌炽在日记中载:"得唐开元中处士《王庆墓碣》一通,八面如石幢。分书精美。后有胡蕲生中丞跋云,黎城新出,仅损一字。真墨宝也。"可知当时叶昌炽所获拓片已经附有胡聘之(胡蕲生)的跋文,叶氏应当是

---

① 刘淑芬:《灭罪与度亡:佛顶尊胜陀罗尼经幢之研究》,上海古籍出版社,2008年,第90页。
② [清]黄宗羲:《金石要例·墓表例》,《金石三例》,中州古籍出版社,2015年,第206页。
③ [清]叶昌炽撰,柯昌泗注:《语石 语石异同评》卷二《直隶四则》,中华书局,1994年,第72页。

根据拓片题额文字将之命为"《王庆墓碣》"。但到了当年四月十八日日记中,他改称"录唐开元十三年《王庆墓幢》一通,八分书。额籀文,末一面题字篆书"①。叶昌炽应该是根据石刻"八面如石幢"的特点,在录文过程中将之改称为"墓幢"而非"墓碣",即他不再以内容而以形制来命名这方石刻。但是在其晚年才定稿的石刻学名著《语石》中,叶昌炽对《王庆墓碣》的命名仍然没有固定下来,"《唐开元处士王庆墓碣》""《王庆墓幢》"两种不同称呼在该书中并存②。

叶昌炽在日记中记载《王庆墓碣》"八面如石幢",又说"末一面题字篆书",可知他一直都认为这方石刻是八面刻字,这一点要胜过胡聘之。但对于这样一件经幢外形而内容却是碑碣的特殊石刻,胡聘之仅据拓片就推测它"如幢柱",已属不易,他的学术素养毕竟不能与叶昌炽这类专业的金石学者相比。

四、《山右石刻丛编》编纂者对《王庆墓碣》跋文的不同态度

署名胡聘之的《山右石刻丛编后序》介绍该书编纂团队情况:"复委山西通判江宁吴君廷燮,并其兄陕西知县廷锡,与胡君分代考证。始于丙申(1896)之秋,至戊戌(1898)夏日而全书成。"③吴廷锡与胞弟吴廷燮,自幼随出仕山西的父亲吴师祁游学各地,同为当时的青年文史学者。此处"胡君"就是最早建议胡聘之搜集整理山西石刻的胡延。胡延,字长木,号砚孙,四川成都人,是清末名儒王闿运弟子。光绪二十二年(1896)调入巡抚幕府后,建议胡聘之设局汇编山西石刻文献,随后负责主持这项清末山西文化工程。吴廷燮自编方《景牧自订年谱》也记载《山右石刻丛编》的编纂者:"主持其事者华阳胡砚孙方伯延,时任平遥知县。同为考证者镜之兄及乡宁杨小湄明经,皆幕院署者。"④杨之培,字小湄,山西乡宁人,是《山右金石记》编纂者杨笃(号秋湄)之子,擅长书法算术。

胡聘之《后序》中自述《山右石刻丛编》初稿完成后,"复虑或有舛漏,录副邮致金陵,乞江阴缪筱珊编修复加厘订。筱珊邃于金石之学,又为补辑若干条。邮筒商

---

① [清]叶昌炽:《缘督庐日记抄》卷九《辛丑全年》,《续修四库全书·史部·传记类》,上海古籍出版社,2002年,第599、601页。
② [清]叶昌炽撰,柯昌泗注:《语石 语石异同评》卷三《碑额七则》、卷四《坟幢》、卷六《书碑之例》、卷八《缁流三则》,中华书局,1994年,第152、279、404、491页。
③ [清]胡聘之:《山右石刻丛编后序》,《山右石刻丛编》,三晋出版社,2018年,第3747页。
④ 吴廷燮:《景牧自订年谱》,北京图书馆编《北京图书馆藏珍本年谱丛刊》第188册,北京图书馆出版社,1999年,第297页。

权再三，始付剞劂"①。应邀承担校稿工作的缪荃孙在所撰《后序》中谦称"谬承谁诿，略有补苴"②，缪氏自撰《艺风老人年谱》中光绪二十四年（1898）八月则载"山西胡中丞聘之寄《山右石刻文编》稿本，嘱订定。为检拓本，补入一百余种并加考，成书四十卷"③。可知缪氏统校《丛编》初稿的同时，为之补充一百多种山西石刻并加以考证，这应该就是其所谦称的"补苴"工作。

综上所述，时任山西巡抚胡聘之接受属下胡延建议，设局编纂《山右石刻丛编》，延揽了省内外一批文史兼长的人才从事初稿编纂工作。这批学养有素的中青年学者在两年多的时间里就完成了《山右石刻丛编》初稿。随后当时著名金石学家缪荃孙承担该书初稿的校订工作。

《山右石刻丛编》初稿本不分卷，现藏南京大学图书馆，其中保存了《王庆墓碣》的全部稿本内容④。比较现存的《山右石刻丛编》稿本和刻本，可以发现《山右石刻丛编》编纂过程中不同学者在处理包括胡聘之在内的前人研究成果的态度不尽相同。从初稿编纂者和校订者的笔迹来看，两次编辑工作对胡聘之《王庆墓碣》跋文的处理思路存在差异，但最终以校订者的文字为准。

第一，稿本中《王庆墓碣》部分首页粘贴有浮签，内容为该石刻的形制、每面文字多少、字体和出土地点等介绍性文字。从浮签中的改动字迹来看，原稿为这方石刻所拟题目为"《唐故处士王庆之碣》"，这与石刻碑额"《唐故处士王君之碣》"相差不大，但校订者改为"《王庆墓碣》"⑤，最终呈现在刻本中。

第二，稿本中《王庆墓碣》的录文和题跋以小楷书写在红格稿纸上，校订者几乎没有改动录文，但是录文前的石刻介绍文字和后面的题跋部分多处增减文字，改动颇大。初稿的题跋部分在全面采纳胡聘之跋文的基础上，增加了一些有价值的学术信息，但是被校订者全部删除。如稿本中题跋的开头为"案碑在黎城县西峪村，为唐王处士庆与妻张合葬墓表"，但校订者把"在黎城县西峪村"一句删去。实际上这是现在已知的关于《王庆墓碣》具体出土地点的最早信息。前引孙贯文整理北京大学图书馆藏拓

---

① ［清］胡聘之：《山右石刻丛编后序》，《山右石刻丛编》，三晋出版社，2018年，第3747、3748页。
② ［清］缪荃孙：《山右石刻丛编后序》，《山右石刻丛编》，三晋出版社，2018年，第3745、3746页。
③ ［清］缪荃孙：《艺风老人年谱》，北京图书馆编《北京图书馆藏珍本年谱丛刊》第180册，北京图书馆出版社，1999年，第713页。
④ 中国古籍善本书目编辑委员会：《中国古籍善本书目·史部·金石类》，上海古籍出版社，1993年，第1478页。
⑤ 南京大学图书馆：《南京大学图书馆藏古籍珍本丛刊·稿钞本卷》第29册，南京大学出版社，2017年，第31页。

时，认为该石刻"乾隆年间黎城小坂村出土"，与初稿中出土地点信息不一致，但这一珍贵信息因为被删去而没有出现在刻本中。

再如，初稿在胡聘之跋文的末尾加一段话：

> 晋中近日新出碑碣，类多村民造象，无足录者。此碑文字并佳，流传必广。汝良汲古之功，洵不可没。汝良访得此碑，为移树村庙，而别树一石于得碑之所，题为"唐王处士庆之墓位置"，诚得宜也。①

据上面引文，光绪初年黎城知县马汝良不但最先访到此石，而且在移动保护后，于出土地另立石刻进行标识。校订者把这段文字全部删去，后人无从了解《王庆墓碣》出土之后的相关信息。刻本《山右石刻丛编》只保留了胡聘之跋文文字。

总体来看，《山右石刻丛编》题跋部分在吸收其他研究成果时处理手法比较复杂，或是删减文字，或是增加内容，或是糅合多种文献。如卷六《裴光庭碑敕》题跋的前半部分完全过录自杨笃《山右金石记》卷四的相关内容，后半部分则加上《资治通鉴》里关于裴光庭获得谥号的文字②。像《王庆墓碣》题跋部分几乎完全过录某一种研究成果的情形，在《山右石刻丛编》刻本中尚属罕见。

通过比较稿本和刻本还可以发现，《山右石刻丛编》刻本继承了校订者的大部分意见，甚至因袭了校订者的失误。如胡聘之跋文认为《王庆墓碣》形制为"石形八棱，七面刻字，如幢柱"，《山右石刻丛编》初稿照录不误，但是校订者将之改为"石形九棱，八面刻字"，这一改动竟为刻本采纳。如前文研究所示，校订者把"七面刻字"改为"八面刻字"属于纠谬，但顺势将"石形八棱"改为"九棱"，则纯粹属于谬误。

当然，刻本也并非处处依从校订者成果，如胡氏在跋文中说"又叙王述齐桓'生我者父母'二语，与《史记》管子之言同，未知何据"，《山右石刻丛编》稿本全文过录，校订者也未改动。《史记·管晏列传》载管仲说"生我者父母，知我者鲍子也"③，那么跋文中"与《史记》管子之言同"的"同"当改为"不同"。刻本中也的确改为了"与《史记》管子之言不同"。可见经过缪荃孙校订后的稿本在最终付梓之前，又经过一番修改。

---

① 南京大学图书馆：《南京大学图书馆藏古籍珍本丛刊·稿钞本卷》第29册，南京大学出版社，2017年，第36页。
② ［清］胡聘之：《山右石刻丛编》卷六《唐·裴光庭碑敕》，三晋出版社，2018年，第464、465页。
③ ［汉］司马迁：《史记》卷六二《管晏列传》，中华书局，1982年，第3132页。

结　语

　　山西巡抚胡聘之在属下胡延的建议下，于光绪二十二年（1896）设立机构，邀请吴廷锡、吴廷燮、杨小湄等学者参加《山右石刻丛编》的编纂工作，后又请当时著名学者缪荃孙校订初稿，该书最终在光绪二十七年（1901）刊行。作为山西文化工程的主导者，胡聘之在公务之余也参加了山西石刻的研究工作，这主要体现在他撰写的唐《王庆墓碣》跋文上。

　　胡聘之结合传世文献分析认为，徐王李元礼与儿子李茂之间尖锐的家庭矛盾，才是王庆壮年辞官不仕的主要原因，这远比《王庆墓碣》中所宣扬的因求仙慕道而归隐更具说服力。其跋文又探讨了《王庆墓碣》形制与内容不一致的问题，比较全面地展示了胡聘之的金石学修养。这篇瑕不掩瑜的跋文，在光绪二十七年（1901）三月之前就被刻在了该石刻第八面下半部的空白处。

　　《山右石刻丛编》是第一部收录《王庆墓碣》和胡聘之跋文的书籍，通过比较其稿本和刻本可以发现，吴廷锡、胡延等初稿编纂者和负责校订工作的缪荃孙，并没有因为胡聘之的巡抚身份而过分迁就其所撰写的跋文，但他们对胡氏跋文的处理意见并不一致。初稿编纂者在全文过录胡氏跋文后，补充了与《王庆墓碣》有关的各种信息，增加了诸如该石刻的详细出土地点等内容。但是校订者将这些增加的文字全部删去，仅保留了胡聘之所撰的跋文。《山右石刻丛编》刻本虽然对校订者的意见也有修改，但后者的修改意见基本上都采纳，初稿中被删去的文字最终都没有出现在刻本中。

　　（王玉来，1982年生，山东龙口人，历史学博士，现为山西师范大学历史与旅游文化学院讲师，研究方向为魏晋南北朝隋唐史与石刻文献。本文为2019年度全国高等院校古籍整理研究工作委员会资助项目"《山右石刻丛编》整理"（批准编号1958）和2019年山西省哲学社会科学规划课题"《山右石刻丛编》与文化建设启示研究"［2019B207］阶段性研究成果。）